POLITIQUE DU REBELLE

Traité de résistance et d'insoumission

Michel Onfray déconstruit les mythologies religieuses, philosophiques, sociales et politiques génératrices d'illusions. Auteur de plus d'une cinquantaine de livres traduits dans une trentaine de pays, il a créé l'Université populaire de Caen en 2002. Il vient de lancer son média indépendant : michelonfray.com.

Paru au Livre de Poche :

APOSTILLE AU *CRÉPUSCULE*
L'ART DE JOUIR
CONTRE-HISTOIRE DE LA PHILOSOPHIE
1. Les Sagesses antiques
2. Le Christianisme hédoniste
3. Les Libertins baroques
4. Les Ultras des Lumières
5. L'Eudémonisme social
6. Les Radicalités existentielles
7. La Construction du surhomme
8. Les Freudiens hérétiques
9. Les Consciences réfractaires
LE CRÉPUSCULE D'UNE IDOLE
CYNISMES
ESTHÉTIQUE' DU PÔLE NORD
FÉERIES ANATOMIQUES
LES FORMES DU TEMPS
L'INVENTION DU PLAISIR : FRAGMENTS CYRÉNAÏQUES *(inédit)*
JOURNAL HÉDONISTE
1. Le Désir d'être un volcan
2. Les Vertus de la foudre
3. L'Archipel des comètes
4. La Lueur des orages désirés
MÉTAPHYSIQUE DES RUINES
PENSER L'ISLAM
PHYSIOLOGIE DE GEORGES PALANTE
LA PUISSANCE D'EXISTER
LA RAISON GOURMANDE
LA SAGESSE TRAGIQUE. DU BON USAGE DE NIETZSCHE *(inédit)*
LA SCULPTURE DE SOI
THÉORIE DU CORPS AMOUREUX
LA THÉORIE DU VOYAGE *(inédit)*
TRAITÉ D'ATHÉOLOGIE
LE VENTRE DES PHILOSOPHES

MICHEL ONFRAY

Politique du rebelle

Traité de résistance et d'insoumission

GRASSET

Ouvrage publié sous la direction de Jean-Paul Enthoven.

© Éditions Grasset & Fasquelle, 1997.
ISBN : 978-2-253-94282-5 – 1re publication LGF

« Il m'est odieux de suivre autant
que de guider. »

NIETZSCHE, *Le Gai Savoir*.

INTRODUCTION

Physiologie du corps politique

Je sais ma fibre anarchiste depuis mes plus jeunes années, indistinctement, de manière confuse et trouble, sans que j'aie pu poser un nom sur cette sensibilité issue des viscères et de l'âme. Dès l'orphelinat de salésiens où je fus envoyé par mes parents à l'âge de dix ans, dès la première main levée sur moi, dès les premières vexations infligées par les prêtres, dès les autres humiliations contemporaines de mon enfance, plus tard, à l'usine où je fus quelques semaines, puis à l'école ou à la caserne, j'ai rencontré la révolte, connu l'insoumission. L'autorité m'est insupportable, la dépendance invivable, la soumission impossible. Les ordres, les invites, les conseils, les demandes, les exigences, les propositions, les directives, les injonctions me tétanisent, me vrillent la gorge, me tordent le ventre. Face à tout commandement, je me retrouve dans la peau de l'enfant que je fus, ravagé de devoir reprendre la route du pensionnat pour la quinzaine qui était devenue la mesure de mes incarcérations et de mes libérations.

Presque trente ans après mon entrée dans cette pension, je constate ma peau hérissée, ma volonté arc-boutée et ma violence sous-jacente dès qu'apparaissent des velléités d'accaparement de ma liberté. Seuls peuvent me supporter et vivre dans mon entourage le plus proche ceux qui acceptent cette chair blessée, cette écorchure encore à vif et cette incapacité viscérale à supporter un quelconque ascendant. On obtient ce que l'on veut de moi sans demander, rien dès que pointe ce qui peut s'apparenter à l'expression d'une puissance qui me mettrait en péril ou entamerait ma liberté.

Je n'ai que tardivement, vers l'âge de dix-sept ans, découvert qu'il existe un archipel de rebelles et d'irréductibles, un continent de résistants et d'insoumis qu'on appelle des anarchistes. Stirner me fut un viatique, Bakounine un éclair trouant mon adolescence. Depuis mon abordage sur ces terres libertaires, je n'ai cessé de me demander comment, *aujourd'hui,* on pouvait mériter l'épithète anarchiste. Loin des options datées du siècle dernier ou des démarquages de ce qui relève encore du christianisme dans la pensée anarchiste des grands ancêtres, je me suis souvent interrogé sur ce que serait, en cette fin de millénaire, une philosophie libertaire ayant pris en considération deux guerres mondiales, l'holocauste de millions de juifs, les camps du marxisme-léninisme, les métamorphoses du capitalisme entre le libéralisme échevelé des années 70 et la planétarisation des années 90, et surtout l'après-Mai 68.

Avant de parvenir à ces zones contemporaines, je voudrais raconter l'hypothèse d'informations qui travaillent d'abord les viscères, le corps, la chair. Je souhaiterais retourner à des sapiences qui touchent en premier lieu une viande, une charpente, un système nerveux. J'aimerais retrouver l'époque où s'inscrivent dans les plis de l'âme les expériences génératrices d'une sensibilité dont on ne se départit jamais, quoi qu'il arrive ensuite. Mon propos est une physiologie du corps politique. Je tiens que, pour moi, *l'hédonisme est à la morale ce que l'anarchisme est à la politique :*

une option vitale, exigée par un corps qui se souvient.
Ce douzième livre complète les précédents qui invitent
tous à une philosophie du corps réconcilié avec lui-
même, souverain, libre, indépendant, autonome, jubi-
lant d'être ce qu'il est plutôt que souffrant dans les rets
de l'idéal ascétique. Je n'imagine pas de philosophie
sans le roman autobiographique qui la permet.

Tout commence avec le corps d'un enfant épouvanté
par l'usine du village qui souffle vapeurs et fumée par
ses naseaux, tel un animal monstrueux et fabuleux. Son
ventre grouille de bruits sourds et réguliers, longs et
lents, noirs et inquiétants : des moteurs, des souffleries,
des machines magiques, des zébrures de fer, des grondements d'acier, des palpitations de rouages et de longs
jets de brumes fades ou saturées d'odeurs écœurantes.
Ainsi m'apparaît la fromagerie du village dans les rues
duquel j'ajuste mes premiers pas. L'usine rejette
dehors des brouillards menaçants pour l'enfant que je
suis. Je vais régulièrement de la maison de mes parents
aux frontières de cet animal furieux pour remplir une
timbale de lait et revenir en sentant dans ma main creu-
sée le poids et la rondeur bosselée du manche de bois
écaillé de peinture rouge. Le liquide pèse et tire mon
bras. Je me souviens de la différence entre un aller
léger avec un récipient vide qui oscille à mon poignet
et que je fais sonner en le jetant de temps en temps
contre les murs, et le retour avec un contenu qui débor-
dera si je ne prends garde à la stabilité de l'ensemble.
Alors le lait coule en filaments crème le long de l'aluminium, voire, l'été, sur mes jambes nues.
Qui donc m'avait appris cette magie de la force centrifuge avec laquelle on pouvait, en faisant vivement
tourner autour de l'axe de son épaule la timbale tenue

en poids mort le long de son bras, réaliser une rotation intégrale sans qu'une seule goutte de lait s'échappe du récipient ? La réponse me revient aujourd'hui, en écrivant : un complice d'école primaire mort il y a peu d'un cancer généralisé. De ces sons mats de l'aluminium cogné le long du mur à ce souffle, ce sifflet d'air après les mouvements que, plus tard, j'expérimentai avec l'encensoir dans la sacristie les jours de messe, il m'apparaît que je découvrais le monde, en morceaux, par fragments.

J'allais donc chercher tous les deux jours ce lait donné par le patron de l'usine à ses ouvriers — mon père travaillait à sa ferme, ma mère au ménage dans son château, comme on disait. Je longeais l'animal et pénétrais parfois la fumée qui sortait des ventilations pratiquées dans les fenêtres occultées avec les carreaux de verre épais qui séparaient ces entrailles et la peau du village. En conquérant de brouillards magnifiques, en conquistador de contrées saturées par des *fogs* usinés, j'entrais dans ce monde comme on pénètre dans des grottes sombres, des anfractuosités mystérieuses où l'on s'attend à tomber nez à nez avec un animal préhistorique. Je ne savais pas alors que je serais face à un dragon dont, depuis, j'ai conservé la haine.

Dehors, dans le froid des hivers ou la lumière des étés, je retrouvais cette vapeur comme un signe de proximité avec le Léviathan. De l'intérieur me parvenaient des bruits sourds, secs, froids, nets, des hurlements composés au métronome, des gémissements mécaniques et des furies travaillées par un vent méchant. Longtemps, je ne sus de cette baleine blanche que les lèvres, la gueule, en ignorant tout de son ventre. Autour d'elle, tels des marins en partance pour des bancs de poissons non loin de continents hyperboréens, les laitiers partaient dans la nuit, comme les terre-neuvas embarquent pour des mondes lointains : les camions quittaient l'usine en théories, en processions.

Réveillé par eux et leurs mouvements nocturnes semblables à ceux des méharistes s'enfonçant dans le désert, j'entendais d'abord les bidons qui s'entrechoquaient dès le ralentissement, non loin du stop, près du carrefour. Puis les nouveaux brinquebalements au redémarrage avant éparpillement aux quatre points cardinaux. À mes yeux d'enfant, mon oncle était de ces guerriers de la laiterie, un genre de chevalier levé aux aurores quand le village dormait encore.

Au bout des chemins tracés dans les verdures alors menaçantes, encore dans la nuit, ils chargeaient les bidons dans leur camion et descendaient les autres, que le paysan retrouverait vides dès son lever. Cette noria permettait l'alimentation de la bête restée au village. De retour très tôt à l'usine, les laitiers rapportaient le lait en quantité et je voyais alors le ventre de l'animal rempli jusqu'au bord, aux limites du vomissement. J'imaginais le débordement du liquide gras et blanc par-dessus les bidons, les cuves, les containers, les gigantesques marmites d'acier qui rivalisaient en monstruosité avec la majesté du donjon médiéval qui domine le village. Puis l'envahissement des rues, des maisons, des commerces, de mon école, de la boulangerie où j'allais chercher le pain dans les lueurs vacillantes du petit matin.

Vagissements, plaintes contenues, bruits étouffés, mugissements modulés en longues phrases, grondements des moteurs et des ventilations, l'usine m'était interdite sous peine de découvrir là un univers peuplé de monstres, de furies, d'horreur et de damnés ; j'étais autorisé au seul abord de ce que l'on appelait les quais, débarcadères des nombreux bidons. M'enfonçant dans l'air de plus en plus saturé par le bruit, la vapeur et l'activité laborieuse, j'empruntais un petit escalier de

fer, toujours ruisselant, toujours glissant, pour parvenir
à un endroit où la lumière tombait dru d'un trou pratiqué dans le plafond. La plate-forme était envahie par
un serpent de fer et d'acier, de chaînes et d'huile, sur
lequel les bidons avançaient régulièrement, de l'arrière
du camion où on les déchargeait aux cuves où moussait
le lait vidé avant d'être englouti par l'usine.

Là, soit je me servais, malhabile, maladroit, soit on
emplissait pour moi le récipient. Parfois, un adulte
velu, toujours le même, plongeait la mesure dans le lait
et versait le contenu dans ma timbale ; de temps en
temps des gouttes coulaient sur ses avant-bras et le
mélange des poils bruns et des filets blanchâtres
m'écœurait. Deux mots, de lui à moi, et je repartais, le
bras lesté, laissant derrière moi l'usine menaçante pour
retrouver le village. La limite était perceptible à la hauteur du hangar à vélos où, sous les tôles, les bicyclettes
étaient pendues comme des carcasses sanguinolentes à
des crocs de boucher, attendant qu'après la journée de
travail les ouvriers viennent dépendre leurs victimes
exsangues.

La cour était traversée par des corps en mouvement,
comme sur une scène de théâtre : certains, droits,
raides, propres, dignes, habillés en tenue de ville ;
d'aucuns, plus voûtés, plus courbés, plus sales, plus
accablés, en bleus de chauffe, cottes ou salopettes ;
d'autres, enfin, tordus, vrillés, écrasés par un poids
dont j'ignorais la provenance, hantaient l'espace et
allaient, pareils à des fantômes échappés de je ne sais
quelle sombre douve. Ici se croisaient les gens des
bureaux et de la comptabilité, ceux de l'entretien et
de la mécanique, ceux de la production et des travaux
pénibles. Mon enfance côtoyait ces mouvements de
troupe, déjà imbibée de la révolte qui fait aujourd'hui
mon irréductibilité viscérale.

Les paysans allaient et venaient aussi, conduisant

des tracteurs cahotants, bruyants et fumants. Derrière eux, ils tiraient en attelage des tonnes métalliques dans lesquelles ils versaient le sérum du lait avec lequel on avait fait le beurre. Ce petit-lait, clair, légèrement verdâtre, débordait au gré des cahots dans la cour. Des traces liquides se dessinaient sur le sol, cartographies magiques et mystérieuses, salement parfumées d'une odeur piquante et acide. Enfant, j'enjambais ces flaques laissant derrière moi l'animal et ses dégorgements pour retrouver petit à petit, aux dimensions de mon pas, la rue qui descendait au village.

Le hameau était construit autour de cette usine : cinq cents habitants, cent vingt employés. Tous y avaient travaillé, y travaillaient ou y travailleraient. Les commerçants, l'école, le conseil municipal, les artisans, le médecin, les cafés, le pharmacien, la poissonnière, tous tenaient de cette entreprise l'essentiel de leur substance et de leur subsistance. Le patron de l'usine vivait en dandy, grand seigneur méchant homme, beau, élégant, amateur de voitures puissantes et de femmes, comme on aime les chevaux, de costumes superbement coupés et de chaussures italiennes sur mesure. Et aussi de parfums entêtants. Son nom était celui de ses fromages et de sa fromagerie, mais dans l'usine, on l'appelait par son prénom : Monsieur Paul. Mes parents lui devaient leur emploi et mon père quelque gratitude, notamment parce qu'il avait prêté une voiture pour conduire sur sa fin ma grand-mère à l'hôpital. On l'aimait comme alors le paternalisme rendait possible ce genre d'amour. Il possédait tout, du ventre des femmes qu'il élisait aux maisons qu'il collectionnait dans le village.

Je reçus ma première lettre d'embauche le jour de la fête de mon père, l'année de mes seize ans. Je venais de passer le bac de français et attendais la reprise de l'année scolaire 1975-76. Ce devait être mon premier contact avec le ventre de l'animal, l'intérieur de la machine. Il y en eut un autre, deux années plus tard, en 1977, alors qu'une saison de philosophie à l'université, en dilettante, m'avait conduit à mes dix-huit ans et au vide qui s'ouvrait devant moi. Je voulais être conducteur de train à la SNCF, qui m'avait refusé, et tentais de repousser le plus loin possible la date de mon incorporation à l'armée... Je pénétrai donc dans les entrailles de la bête le 1er juillet 1975 à sept heures le matin.

Si la pension n'avait brisé l'enfant en moi pour me propulser dans le monde brutal des adultes dès l'âge de dix ans, je serais devenu vieux ce jour-là, à cette heure-là. Je n'ai pas oublié ce que j'ai appris dès cette date et ne l'ai jamais négligé depuis, quels qu'aient été mes trajets, quels qu'aient été les lieux où j'ai traîné ma curiosité et mon désir inextinguible d'expériences. Les portes souples et isolantes en plastique rayé par les froissements des allées et venues se sont ouvertes pour moi ce matin-là. J'ai laissé ce qui me restait d'enfance à leur limite et suis définitivement devenu adulte en franchissant cette barrière initiatique.

Je vis alors les glaires qui tapissent le ventre de l'animal, ses poumons brûlés et sales, son système digestif où se fomentent les exhalaisons et les putréfactions de son haleine, j'ai regardé la carcasse dont il était fait, les murs humides, trempés d'une transpiration tiède et visqueuse, les pavés glissants et recouverts d'une pellicule grasse, les allées et venues avec palettes et chariots divers qui transportaient la nourriture, la matière à transformer, à digérer, à régurgiter, à rendre solide, liquide, à métamorphoser en pâte, en rubans de beurre et coulées de crèmes épaisses et fades, en camemberts. De l'intérieur, je découvrais enfin ce qui faisait l'épicentre de l'usine, imaginé pendant des années et décrypté d'un seul coup.

Et puis j'y voyais des hommes et des femmes, peu d'hommes, essentiellement des femmes. Les premiers travaillaient dehors, sur le quai, au déchargement, à conduire les camions, à assurer l'entretien ; les dernières au contact des liquides, de la matière en gésine, en gestation, en perpétuelles transformations, du côté des levures, des bactéries, des proliférations de champignons, des coulures et des tremblotements de masses caillées. Je fus affecté au salage en compagnie d'un ancien ouvrier des abattoirs qui me racontait le sang brûlant bu à la carotide des taureaux abattus ou les foies crus déchiquetés à pleines dents en forme de concours avec ses compagnons de travail. Il me conta aussi la Légion étrangère et son engagement dans l'armée.

Tous les deux, nous travaillions au saumurage des fromages. Lui, avec un palan, immergeait un assemblage de clayons d'acier et de fromages frais dans d'immenses bacs d'eau salée creusés dans le sol ; moi, je récupérais l'ensemble, dégoulinant de saumure, avec pour tâche de déplacer à la main ces fromages, de les disposer de façon qu'ils ne se touchent pas au moment de l'arrosage bactérien. Botté, coiffé d'un calot, habillé de blanc dans des vêtements qui jamais ne furent à ma taille, je m'acquittais au mieux de ma tâche. Des erreurs de plaçage ou d'emboîtage des clayons pouvaient induire l'effondrement de tout l'édifice. Alors plusieurs dizaines de fromages tombaient et roulaient au sol. Ce qui ne manquait pas d'enclencher soit le rire, soit la colère sans nom du mangeur de foie cru.

L'entrée dans le hâloir, puis dans le lieu du salage,

me soulevait le cœur et me donnait envie de vomir. Après l'odeur de métal rouillé des vestiaires, où l'on se défaisait de ses vêtements civils pour revêtir la tenue de travail, il fallait supporter les effluves de mauvais vins, de cidres avariés ou de charcuterie débordant des sacs en papier du casse-croûte de la matinée. Enfin, la journée de travail se passait dans des tissus saturés de sueur, de larmes, de sérum, de présure, de saumure, voire de glaires accrochées aux murs et dégoulinant sur le corps dès qu'on les frôlait un peu trop. Les odeurs de transpiration se mêlaient au petit-lait qui mouillait les cheveux et coulait sur le visage. Aux coins de la bouche, sur les lèvres, on trouvait parfois mélangées des saveurs de sel dont je me demandais ce qu'elles devaient aux pleurs de colère, aux salissures saumurées, aux traces sudoripares.

Le corps devenait une mécanique intégrée dans l'ensemble des fonctions de l'animal : respiration, digestion, circulation, flux d'airs et de vents, d'odeurs et de miasmes, de solides et de liquides, de travail et de douleurs, d'hommes et de femmes. L'usine vivait à la manière d'un Léviathan embusqué dans les marécages. Les doigts pincés dans les clayons bleuissaient puis noircissaient de sang coagulé, les yeux piquaient à force de liquides brûlants instillés sous les paupières, les nerfs et les os du dos vrillaient l'influx et la colonne vertébrale dans les reins, les muscles des bras tremblaient, tétanisés par la réitération de l'effort et la pensée vagabondait, mais toujours ramenée dans mon esprit au travail et aux conditions dans lesquelles elle s'exerçait.

La peau de mes mains commença à se gondoler, à gonfler, à blanchir, puis à partir, morceau par morceau. De petits fragments, des pellicules, des amas cellulaires grattés à l'ongle se déposaient au creux de mes paumes. Puis de plus grands lambeaux qui, sous eux, laissaient une chair à vif chaque matin arrosée à nouveau de saumure. Je devenais comme ces fromages dont les croûtes recouvrent une matière tendre : il me semblait qu'un mimétisme transfigurait tout un chacun qui finissait par ressembler à l'objet indéfiniment travaillé, manipulé, ouvragé. Sous la douche, l'eau claire et chaude lavait les douleurs de l'âme et ramenait à la forme humaine, à la consistance métaphysique nécessaire.

Les après-midi, dans les premiers temps, furent suivis d'effondrements, presque d'évanouissements tant la fatigue minait le corps qui explosait dès que la tension faiblissait. Sur l'herbe, dans la campagne où je vagabondais avec un ami compagnon d'infortune, dans un fauteuil, sur un lit, n'importe où, je sombrais en pleine inconscience dans un sommeil abrutissant dont je ne sortais que la nuit venue, comme si une horloge interne me réveillait pour m'inviter à prendre le chemin du lit. Dormir : il n'y avait plus de sens à mon existence que dans cet abandon à la tyrannie de la fatigue. Après douze heures de sommeil, je repartais au travail encore embrumé par le souvenir de lassitudes rêvées, moulu, harassé, exténué, vidé, hanté encore par les songes vécus eux aussi dans le ventre de la baleine.

Ce corps-là, j'en ai gardé le souvenir intact, sans une once d'entropie. Et je sais qu'il n'est pire esclavage que de sentir, petit à petit, sa chair se modeler, se défaire et se reconstituer autour des impératifs du travail. Au pied de la chaîne de lavage où des jets de vapeur giclaient parfois en direction du visage de celui qui enfournait les cuves, j'ai travaillé avec un ouvrier fier de l'excroissance apparue à la jonction de son bras et de son avant-bras : une boule de viande, de chair, de muscle, construite et fabriquée par les milliers d'heures consacrées à la répétition du même geste. Dans le vacarme, la vapeur et les trombes d'eau, il me montrait

parfois avec un clin d'œil ce signe qui fait le mutant :
un animal tout entier dressé pour le travail.

Ma première odyssée dans le ventre bestial cessa
avec la fin des vacances. Je lus pour tâcher de
comprendre ce monde-là. Marx d'abord, parce qu'il me
semblait le seul à parler de ces damnés, à avoir
consacré une pensée tout entière au service d'une
révolte que, désormais, je savais fondée et légitime.
J'aimais Nietzsche et déjà la gauche m'apparaissait
comme ma seule famille pensable. Je m'inquiétais du
devenir de Marx dans ce XXᵉ siècle : l'idéal marxiste
me passionnait, mais le spectacle soviétique me
consternait. Jean Grenier disait dans l'*Essai sur l'esprit
d'orthodoxie,* qui m'avait enthousiasmé, ce que l'on
pouvait savoir, alors, bien avant la publication de Soljenitsyne, de la peste hégélienne en matière politique.
Le Parti communiste français dilapidait idéologiquement un capital essentiel et le gâchis me désolait d'autant qu'il me semblait qu'ainsi on s'acharnait sur le
corps de ceux qui font face à la douleur au quotidien.
Puis je découvris les grands textes anarchistes. Je
sus, dès lors, que j'étais de cet archipel. Stirner et son
individualisme radical, Bakounine et son dionysisme
libertaire, Jean Grave et Proudhon, puis d'autres, Kropotkine et Louise Michel, toutes pensées roboratives
dont certaines n'étaient pas si éloignées de Nietzsche
qu'on aurait pu le croire. Ni Dieu ni maître, voilà qui
me semblait, et me semble toujours, d'une redoutable
actualité et qui paraît bien proche du nietzschéen : « Il
m'est odieux de suivre autant que de guider. » En
même temps que je progressais dans la voie libertaire,
je ne trouvais que des textes anciens, pas de références
récentes, rien après Mai 68 qui ait la densité et la

consistance des classiques du siècle dernier, sinon des comètes, tels Alain Jouffroy ou Marcel Moreau. Les publications libertaires contemporaines sont encore pleines de la poussière du XIXe siècle, tout autant que les librairies anarchistes parisiennes que je visitais de temps en temps lorsque je quittais ma province.

Il y eut le bac, une année à l'université, d'autres lectures et un nouveau voyage dans le ventre de la même bête. Cette fois-ci moins en touriste que la première fois : il s'agissait plus nettement de rentrer dans la vie active, même si rien n'était alors engagé avant les obligations militaires. Nouvelles retrouvailles, vieilles figures, vieux lieux et immuabilité des tâches. Chacun était resté à son poste pendant que j'avais vécu ailleurs ces deux années-là, loin d'eux, oublieux même de leur existence.

Je fus du genre *volant,* sans tâche fixe, mais itinérant dans l'usine au gré des besoins, pour remplacer la plupart au moment des pauses de la matinée, quand le vin coulait à flots, quand les dents déchiquetaient les sandwiches épais et quand aussi d'aucuns se dépensaient en ruts tragiques, enfermés dans les toilettes ou les douches, pour copuler comme des bêtes dans un zoo. Fabrication, lavage des cuves, présurage, coupage, salage, manutention, plaçage, entretien, bricolage, je fus de toutes les corvées.

Travailler dans les jets de vapeur continuels, sous la pluie de saumure, les mains plongées dans les détergents qui trouaient la peau, le poignet et les doigts tétanisés par les envois de présure à la seringue, le bras ankylosé par les mouvements nécessaires aux déplacements de cuves, les gestes effectués dans une salle chauffée constamment à 33 degrés, une hygrométrie qui faisait ruisseler dès l'entrée dans la pièce, le bruit constant, le petit-lait mouillant et collant les cheveux sur le visage, le sérum qui sautait et giclait à la bouche

dès que la pompe vidait le fond des cuves, les brû-
lures : je crois n'avoir rien ignoré de ce qui faisait le
quotidien des différents postes dans l'usine.

Mais le pire fut, dans cet enfer glaireux, la figure
humaine du contremaître. Déhanché et déambulant
pareil à un singe en quête de victime. Il ne se départis-
sait jamais d'un béret de feutre noir, le même, jour
après jour, huileux de crasse, lustré de saleté, frangé
d'un feston d'écume dessiné par les couches successives de sueur. Blouse blanche et bottes noires, il allait
et venait, distribuait le travail et contrôlait avec un zèle
minutieux ce qui avait été fait. Peu de paroles, des gro-
gnements à déchiffrer aussi vite que possible si l'on ne
voulait pas risquer un emballement du borborygme en
question et l'impossibilité devenue totale de
comprendre quoi que ce soit à ses injonctions. Les
gestes, les signes cabalistiques, les moulinets de bras,
s'ils n'étaient pas compris, devenaient encore plus obscurs, toujours plus confus.

On disait de son couvre-chef — jamais expression
ne fut mieux appropriée — qu'il cachait d'affreuses
cicatrices après la boucherie d'une trépanation. Chacun
pensait trouver là l'explication et la cause de son
manque de finesse, sinon de sa franche nature caracté-
rielle. Il était le *contremaître,* j'étais l'*étudiant,* un
genre d'animal insupportable, quelque chose qui
appelle l'intellectuel et signifie la forte tête à mater.
D'autant que, cette fois-ci, j'étais moins un saisonnier
destiné à disparaître à la fin du temps convenu qu'une
recrue avec laquelle il faudrait peut-être compter au
quotidien, et pour longtemps. Car dans l'esprit de la
plupart, on entrait à la fromagerie pour la vie...

Je découvris dans ses brimades moins l'expression
de la lutte des classes que les effets radicalement pervers de l'exercice du pouvoir sur n'importe quel individu, fût-il normalement constitué. Son autoritarisme

et sa perversion avaient leur équivalent dans l'obsé-
quiosité et la déférence chaque matin exhibée au passage de Monsieur Paul auquel il dit un jour combien
j'étais un fauteur de trouble, un mauvais esprit. Son
œil d'abruti pétilla lorsqu'il se fut déchargé de sa
dénonciation. L'heureux sycophante avait joui pour la
semaine, au moins. Le reste du personnel enfouit le
regard dans la tâche du moment, pour y perdre un peu
plus son âme.

Suivit une convocation au bureau dudit Monsieur
Paul remise en bonne et due forme par le contremaître
au béret noir. J'allai au saint des saints pendant ma
journée de travail et fus reçu par un homme affable,
onctueux, affectueux presque. Il commença par rendre
hommage au caractère *brave* de mon père et au *courage* de ma mère, ses employés. Je sus dès lors que je
n'écouterais guère le reste. Il chargea le trépané, en
ajouta sur son compte, et, en nietzschéen d'opérette,
me fit une tirade sur ceux-qui-ne-sont-pas-de-la-même-
nature, un genre de race des seigneurs à usage local.
Peu avare de ficelles, il fit l'éloge de mon mauvais
caractère, rendit hommage aux natures et aux tempéraments, me félicita de tel ou tel trait, puis me proposa
tout de go un poste de cadre dans son usine. Le ciel
me tombait sur la tête. Il continuait en énumérant les
avantages qu'il faisait miroiter comme un bonimenteur
de foire. J'expérimentai alors, pour la première fois, la
jubilation qu'il y a à dire non.

Les jours suivants, je repris ma place dans l'animal
humide entre le gnome au crâne défoncé que je voyais
et subissais au quotidien, et le prédateur traversant
l'usine comme un météore. Il réitéra son invitation un
matin, lui, parfumé, sucré, propre, net, rose, moi,
puant, sale, collant, glaireux, cireux. L'échange verbal
eut lieu sous les regards interrogateurs et dubitatifs,
curieux et intéressés. Nouveau refus de ma part, nou-

veau délai offert par le patron qui avoua n'être pas pressé et ne pas attendre de réponse dans l'instant.

Il y eut de nouveaux jours avec ce qui faisait les huit heures de tous. Certains qui étaient là depuis trente ou quarante ans avaient fini par se fondre dans le paysage, par devenir des morceaux de l'usine, des fragments de la bête qui soufflait toujours autant ses vapeurs méphitiques et ses brumes fades. Le matériau humain se confondait aux autres, au fer des poutrelles, au bois des palettes, à l'aluminium des cuves, au caillé flasque des fromages, aux mucosités noires qui dégoulinaient sur les murs comme des limaces. Le temps ne passait pas, il reculait même et remontait. Le sable paraissait grimper de l'ampoule inférieure vers l'ampoule supérieure, et cette rétroversion de la durée infligeait au corps une irréfutable régression.

La physiologie des chairs poussées là comme des plantes vénéneuses au milieu d'une serre où l'on cultivait des végétations lactées, la viande tuméfiée huit heures par jour, cinq jours sur sept, onze mois sur douze pendant plus de quarante années, le système nerveux en sommeil pour le cortex, en éveil pour le cerveau reptilien, l'influx contenu dans des gaines où des milliards de fois l'énergie passe, dirigée vers les mouvements de l'entreprise, tout disait le corps politique, la physiologie dressée sur le mode politique.

Puis, un jour sans importance, la pendule allait marquer onze heures, je ne sais plus pourquoi, mais je n'ai pas supporté les vexations du trépané. La remarque fut certainement bénigne, mais dite sur le *ton* qui justifiait qu'on ne l'accepte pas. Au milieu du vacarme, de l'humidité, de la sueur, coincé dans la chaîne, mon travail dépendant du précédant, mais celui du suivant n'étant rendu possible que par le mien, je me rebellai. J'arrêtai de travailler et regardai le contremaître qui vociféra de plus belle. Les cuves s'entassaient autour de moi, l'accumulation en amont s'accompagnait d'un manque de matière à travailler en aval. La chaîne tournait à vide. Ses cris se firent de plus en plus hystériques. Je quittai mon poste et me dirigeai vers lui, décidé, lentement mais décidé, mon regard s'emparant du sien. Le silence se fit, il hurla, je criai plus fort que lui.

Je fus peut-être insultant, je l'ignore aujourd'hui, mais je me souviens lui avoir dit du plus fort que j'ai pu combien ils me répugnaient, lui et son pouvoir minable. La chaîne avait été arrêtée dans l'urgence par une ouvrière, terrifiée. Seuls demeuraient un bruit de moteur à vide et ce silence de tous que je n'oublierai jamais. Tous les regards étaient braqués sur ces deux bêtes qui se faisaient face. Après mon torrent de colère, je pris mon calot, défis mon tablier et lui fourguai le tout dans les bras.

Je n'ai plus aucun souvenir de la façon dont je me suis retrouvé dehors, dans l'état d'esprit du petit enfant que j'avais été et qui eut soudain l'impression d'en avoir fini avec un cauchemar en laissant l'animal souffler derrière lui, dans son dos. J'ai oublié, aussi, le détail de mon retour chez mes parents, de la lumière, du soleil dans le village, des carcasses de vélos accrochées sous le hangar. Je n'ai plus souvenance du bruit de ma respiration, alors, ni de celui que faisait l'aluminium de la timbale sur les murs de l'usine. J'ai perdu toute mémoire du bruit des maillets de bois qui décoiffaient les bidons, des lents et longs vagissements des ventilateurs, des allées et venues mécaniques des camions et du bras des chauffeurs qui pendait à la portière. Je ne peux me remémorer les odeurs blêmes du lait, les couleurs fades de la crème, la pâleur des rubans de beurre sortis dans les matinées glacées d'hiver, tout gît comme en un cimetière.

Car l'usine est aujourd'hui une friche, un navire échoué, abandonné, déserté, vide depuis son rachat, puis sa liquidation. Monsieur Paul est mort, le contremaître trépané également, par zèle mimétique, peut-être, ou goût du service bien fait et de la domesticité poussée à son paroxysme. Le village n'est pas loin, lui aussi, de sombrer corps et âme. Déjà, son âme l'a quitté depuis belle lurette. Découpées au chalumeau les anciennes cuves, vendus les clayons, recyclées les machines, mortes aujourd'hui, vraisemblablement éteintes, les souffleries. Le pavé se fendille, le béton s'effrite, le bitume de la cour laisse place à l'herbe, à la végétation. D'antiques objets rouillés gisent un peu partout. Et seule mon enfance et mon adolescence hantent encore ces lieux-là. Mais ce que je n'oublierai jamais, ce que j'emporterai avec moi dans la tombe et qui sans cesse travaillera mon âme, c'est le regard qu'avaient ceux qui, ce jour où je donnai mon congé, ont assisté à la scène : un mélange d'envie et de désespoir, un désir d'exprimer ce qu'ils ne pouvaient s'offrir le luxe de dire. En écrivant aujourd'hui ce livre que je porte depuis ces années-là, c'est aux yeux vides de ceux qui ne peuvent rendre leur tablier que je pense.

DU RÉEL

Plaidoyer pour l'espèce humaine

PREMIÈRE PARTIE

DU RÉEL

Plaidoyer pour l'espèce humaine

1

DE LA GENÈSE

Afin de combler de mémoire le trou noir

> *Ces pages sont dédiées à mon ami Pierre Billaux, matricule 39359 au camp de Neuengamme. Mon indéfectible complice depuis toujours.*

Le samedi 11 avril 1987, peu après dix heures du matin, alors que sa femme était partie faire des courses et que la concierge venait de lui remettre son courrier, Primo Levi a enjambé la rampe d'escalier de son palier pour se jeter dans le vide et se retrouver cinq étages plus bas, écrasé au pied d'un ascenseur. Le corps de celui qui avait vécu Auschwitz rendait ainsi son dernier soupir. Les nazis triomphaient-ils encore, là, un demi-siècle plus tard ? Il n'a laissé aucun mot expliquant son geste. Mais on sait qu'une profonde dépression l'accablait depuis des années. Bien sûr, la vie privée, mais qui dira ce que l'histoire du monde rencontrant l'histoire singulière produit comme réactions noires ou motivations sombres ?

Primo Levi ne supportait plus la montée des thèses

révisionnistes et négationnistes. Il avait décidé de sortir
de la réserve qu'il avait choisie jadis pour se faire plus
présent partout où il lui semblait nécessaire de témoi-
gner afin de ne pas laisser mourir deux fois ses compagnons de camp et aussi de donner un sens à sa survie.
Des pages, des conférences, des colloques, des mises
au point, des interventions médiatiques et puis l'anté-
pénultième œuvre, un article paru dans la *Stampa* le
22 janvier 1986 et intitulé : « Buco nero di Auschwitz » (Le trou noir d'Auschwitz), dans lequel il réfute
point par point les thèses négationnistes de Hillgruber
pour qui les chambres à gaz se réduisent à une simple
invention technologique — puis le suicide.

La montée de ces thèses en Europe, sous le prétexte
fallacieux d'une nécessaire réconciliation entre les
pays, l'oubli d'une condamnation de celles et ceux qui
ont fait l'histoire sinistre de cette époque, l'absence de
mémoire dont font preuve les nouvelles générations, la
lassitude de la plupart, sur ce sujet, la confusion des
registres virtuels et réels, les mélanges de fiction et
d'images d'archives, le renvoi de toute histoire digne
de ce nom aux calendes grecques par le grand public,
et, surtout, la permanence disséminée sur la planète de
ce qui a fait le nazisme : tout cela affecte nombre de
déportés qui, revenus, ne se contentent pas de gérer
une carrière parallèle à celle des anciens combattants.
Primo Levi était de ceux-là.

À son suicide, il faudrait ajouter ceux de Bruno Bet-
telheim et de Jean Améry, anciens déportés eux aussi,
et de combien d'anonymes rescapés des camps ?
Certes, il faut éviter de désigner nettement des coupables et des responsables à la décision de mort volontaire chez tel ou tel. Éviter aussi d'exploiter la victime
pour une cause qui peut être diluée dans une multitude
de douleurs enchevêtrées et impossibles à démêler.
Pour autant, la fin de la vie de Primo Levi et les pages

de *Par-delà le crime et le châtiment* consacrées par Jean Améry au ressentiment inassouvi témoignent assez pour supposer quelles parts la déportation et la fin politique crasseuse de ce siècle ont pu prendre chez eux dans la décision d'en finir avec l'existence.

Chaque douleur due aux nazis, chaque peine, chaque mort, qui plus est, induite un demi-siècle plus tard par leur barbarie, chaque triomphe de Thanatos en relation proche ou en lointain écho à leurs thèses, tout cela doit rencontrer, aujourd'hui et maintenant, dans l'urgence absolue, une mémoire fidèle maintenue par les générations qui suivent. Dont la mienne qui verra ses quarante ans à l'aube du prochain millénaire. Ce *trou noir** [1] ouvert par les nazis et dans lequel ont été précipités les corps et les âmes de millions d'hommes ne doit pas se refermer. Du moins, doit-on sans relâche contribuer à le remplir de mémoire.

Comment ? En prenant le contre-pied de toutes les thèses d'Adorno, bien intentionnées mais catastrophiques dans leurs conséquences, en vertu desquelles l'horreur aurait été telle que plus rien ne serait possible, après Auschwitz, dans le domaine de la pensée, ni poésie ni philosophie, ni écriture, ni quoi que ce soit faisant de cette tragédie un objet de réflexion ou un moment susceptible d'être dépassé. Car, sur le terrain hégélien de l'*Aufhebung,* il faut dépasser le nazisme, c'est-à-dire le conserver en le dépassant. Autant dire qu'il en va du national-socialisme comme d'un moment dans un mouvement et non comme d'une fin, une impasse, un arrêt définitif de l'histoire, ou une éclipse de la raison. Sacrifier à cette hypothèse fait le jeu de ceux qui attendent l'occasion de banaliser le fascisme pour mieux en assurer le retour et occuper le terrain laissé libre et vacant, alors qu'il faut le hanter

---

1. Les astérisques renvoient à l'annexe : « En guise d'invite à poursuivre », p. 315.

et l'habiter par les pensées fidèles et les mémoires maintenues.

Pour ce faire, il s'agit d'aller au-delà des deux termes de l'alternative à laquelle la plupart réduisent cette question aujourd'hui : soit un genre de théologie négative, soit une manière de théodicée procédant d'un Dieu mauvais. Les tenants du premier temps glosent à longueur de page, et l'exercice en ce sens peut être infini, sur l'impossibilité de dire, sur l'ineffable et l'indicible, l'impuissance du langage et les limites de la raison. Sur l'expérience nazie, il n'y aurait rien à dire tant l'entreprise de destruction dépasserait l'entendement. Et, bien que concluant de la sorte, ces glosateurs, plutôt que de consentir au seul silence qui, alors, s'imposerait, publient de longues pages obscures pour expliquer à satiété qu'il n'y a rien à dire, et qu'on ne peut rien dire. Impossibilité de transmettre, inutilité des mots, limites du langage, trahison d'essayer, crime de tenter. D'où l'abondance, chez ceux-là, d'une littérature pour dire la fin, les limites, sinon la haine de la littérature. Éloge du blanc et du silence à force de mots et de pages, célébration du vide et du néant à l'aide de longues et interminables logorrhées.

Anti-littérature, post-littérature, mise à mort du roman, caducité de la pensée, tout est bon pour recycler l'éternelle thèse hégélienne des fins, partout traquée et trouvée nulle part. Car pour un Antelme auteur d'un seul livre, sublime, la production de Primo Levi, celle de Jean Améry, celle de David Rousset ou de Jorge Semprun montrent qu'auteur d'un livre sur les camps, on peut n'avoir pas réduit à néant son inspiration d'écrivain, ni été épuisé par la rédaction d'un ouvrage sur le sujet, quelles qu'aient été les souffrances nécessaires à son écriture. Mais le livre impossible s'impose en fantasmagorie des théoriciens de l'écriture qui trouvent là une occasion de dire plus justement leurs propres fantasmes que la vérité du texte en matière de littérature concentrationnaire.

Sur l'avers de la médaille nihiliste, on trouve les partisans d'une sorte de théodicée associée à un mauvais démiurge, un Dieu méchant. Ces théologiens qui dissertent sur le mode néo-leibnizien se voient condamnés à aborder le genre sur le mode compassionnel : le nazisme n'aurait été que l'occasion d'incarner le mal radical, la négativité absolue, d'où la sympathie généreuse et le condouloir érigé en vertu devant les variations sur le thème de l'immonde, de l'horreur, de l'enfer, du camp de concentration et d'extermination entendu comme anus du monde, cloaque de l'Europe entière. Et les pages de se noircir sur l'épouvantable, l'horrible, la monstruosité, la laideur, l'atrocité, l'odieux. Puis rien d'autre. À ce sujet, je me souviens de l'injonction de Spinoza qui invitait à se déprendre du rire ou des larmes pour se contenter du désir de comprendre.

Évidemment, le nazisme comme réalité met à mal le langage pour l'exprimer, tout autant qu'il est l'un des sommets de l'infamie. Mais quand on n'aboutirait qu'à ces deux certitudes, qu'aurait-on fait pour combler le trou noir de mémoire, pour rendre justice, le plus modestement qu'on puisse, aux millions de victimes, puis aux rescapés, les uns pour n'avoir pas été sacrifiés dans la seule pure perte voulue par les nazis, les autres pour n'avoir pas survécu dans un monde absurde ? Les premiers, théologiens négatifs, rendent mal justice à toutes les entreprises d'écriture qui ont été tentées, sur le registre du livre ou du cinéma — je songe à *Shoah*, de Claude Lanzmann, monument de ce siècle —, par les plus brillants et les plus modestes ; les autres, théologiens de la théodicée noire, oublient les pages qui invitent, chez Antelme ou chez Levi, à prendre appui sur l'expérience concentrationnaire pour penser autrement la politique. C'est sur ce terrain que je souhaite poursuivre.

Pour tous ceux qui n'ont connu de destin que dans les fours crématoires et les cheminées de brique des camps ; pour ceux dont les peaux tatouées ont servi d'abat-jour ; pour ceux dont la graisse est devenue savon, les cheveux tissus ; pour ceux, enfants, femmes et hommes, qu'on a salis, avilis, humiliés, détruits ; pour ceux qui en sont revenus, brisés, habités par des failles, des fêlures, des cauchemars qui creusent dans leurs lits la raideur des paillasses et transforment en suaires les draps où ils risquent tant de nuits d'être ensevelis par une mémoire sombre ; pour tous ceux-là, il faut en finir avec les impasses de l'indicible et des expériences limites afin de vouloir la politique d'aujourd'hui et de demain éclairée par les leçons qu'il faut tirer de l'expérience concentrationnaire nazie.

J'aurais eu mauvaise grâce à écrire ces lignes si le désir de Pierre Billaux, mon ami de toujours, rescapé de Neuengamme, n'avait rencontré celui de Robert Antelme et de Primo Levi, puis de tant d'autres anonymes avec lesquels j'ai pu parler et qui veulent n'avoir pas souffert en pure perte puis souhaitent que leurs compagnons de châlits ne soient pas morts pour rien. Dans la voiture qui le ramène à Paris, quelques heures après sa libération, Robert Antelme dit : « Chaque fois qu'on me parlera de charité chrétienne, je répondrai Dachau. » Que faut-il entendre par cette parole infusée dans les mois de traversée du miroir ? Que le vieux monde, les vieilles valeurs, les antiques vertus du christianisme ont fait leur temps face à la barbarie nazie, notamment, et qu'il s'agit, d'une certaine manière, de déchristianiser le monde. Dont acte.

On a tout dit de ce qui fait la spécificité de l'horreur des camps, des wagons de l'arrivée aux chambres à gaz, des chiens-loups aux militaires en uniforme, des miradors aux barbelés, de la faim au froid, des coups aux vexations, des plaies qui pourrissent et de l'absence de sépulture, des poux et des diarrhées. En revanche, on a été silencieux sur les invites faites par ces mêmes hommes à ne pas oublier et à prendre en considération ce qu'il avait été possible d'apprendre, là-bas, afin de transmettre, ici. Car l'enfer vécu et habité rend légitime et désirable un monde où l'on tâcherait d'éviter le retour de ce qui, de près ou de loin, peut lui ressembler.

Si l'on sait l'œuvre majeure de Hegel susceptible d'être lue comme l'odyssée de la conscience qui chemine vers l'absolu, on peut dire que toute la littérature concentrationnaire paraît mêmement odyssée de « la conscience qui ne se dissout pas sous l'oppression » — ce sont les mots de Robert Antelme. Quelles qu'aient été les variations, et leur multiplicité, sur le thème du sadisme des seigneurs à l'endroit de ceux qu'ils voulaient transformer en esclaves, il est patent qu'une *espèce humaine* a résisté, s'est manifestée, évidente, solide et fixe, assenant comme une indéfectible vérité la permanence de l'*essence* humaine contre l'*artifice* de l'idéologie. Si l'on en croit les témoignages de cette littérature, l'entreprise de négation de l'humanité dans la personne et le corps de certains hommes n'a fait qu'aboutir à la démonstration de l'inverse : l'unité absolue de l'espèce, bourreaux et victimes, seigneurs et esclaves, tous logés à la même enseigne, hommes, désespérément hommes, plus proches dans leurs écarts et leurs différences que le dernier des hommes et le premier animal.

Les hiérarchies sont factices, les inégalités fantoches, pas de sur-hommes ni de sous-hommes, pas d'hommes changés en animaux alors que d'autres auraient reçu l'onction des dieux du Walhalla : l'artifice vaut pour rien quand l'essence dit tout et exprime la vérité absolue de l'espèce. Du SS, Robert Antelme écrit : « Il peut tuer un homme, mais il ne peut pas le changer en autre chose. » Voilà la première vérité découverte en camp de concentration, elle est de nature ontologique : l'existence d'une seule et unique espèce, et la nature essentielle de l'humain en l'homme, chevillé au corps, viscéralement associé à la chair, au squelette, à la peau et aux os, à ce qu'il reste d'un être, pourvu qu'un souffle, même fragile, l'anime encore. La vérité d'un être, c'est son corps propre.

Perclus de furoncles, défoncé par des anthrax, les plaies grouillantes de vers, la chair dévorée par les poux, la peau violette, des trous qui mangent le visage, le sang volé par la vermine, les membres gelés et pourris, rasé, tondu, forcé chaque jour à danser une danse macabre jusqu'à épuisement, effondrement, voire jusqu'à ce que la mort envahisse enfin et définitivement le corps — à ces dernières extrémités, le corps d'un homme triomphe en lieu inexpugnable de son humanité. Voilà la deuxième vérité issue des camps, planant sur les charniers. Devant la nature et devant la mort, Antelme constate : il n'y a pas de différence substantielle. L'essence, c'est l'existence et vice versa. Aucune ne précède l'autre, elles sont confondues, comme le corps et son ombre.

De sorte que cette ontologie dégagée par une physiologie, sinon l'inverse, impose qu'on sache essentiel l'*individu,* sûrement pas le sujet, l'homme ou la personne. Ce que montrent les camps, troisième vérité, c'est qu'au-delà de tous les artifices possibles et imaginables, communs et familiers aux nazis autant qu'aux amateurs d'idéologies grégaires, qui font de l'un un sujet de droit, de l'autre un genre de l'espèce humaine, ou une personne évoluant sur une scène métaphysique, ce qui fait l'irréductibilité d'un être, c'est son individualité, et non sa subjectivité, son humanité ou sa personnalité. C'est l'individu qui souffre, peine, a froid et faim, va mourir ou s'en tire, c'est lui, dans sa chair, donc dans son âme, qui subit les coups, sent progresser les parasites aussi bien que la faiblesse, la mort ou le pire. Toute nouvelle figure à inscrire sur le sable après la mort de l'homme passe par cette volonté délibérée de réaliser l'individu et rien d'autre.

L'homme pourrait bien, d'ailleurs, avoir vécu ses derniers moments dans les camps. Après Foucault donnant les dates de naissance, on pourrait formuler l'hypothèse d'une date de décès pour sculpter et matérialiser, sur une pierre tombale, les bornes entre lesquelles il aura exercé son magistère. Et puis il faut en finir avec ce terme qui, jouant sur la duplicité et la pluralité des définitions, permet de soumettre l'ensemble de l'humanité, y compris sa moitié féminine, sous la seule et unique rubrique d'Homme.

Que les femmes soient des hommes, sur ce registre, m'a toujours gêné — pour elles, si elles me le permettent. Car les camps ont montré, au-delà des variations sémantiques et des diversités, que l'individualité est ce qu'il y a de commun aux êtres, quels que soient leur sexe, leur âge, leur couleur de peau, leur fonction sociale, leur éducation, leur provenance, leur passé : un seul corps, enfermé dans les limites indivisibles de leur individualité solipsiste. La physiologie qui constitue l'ontologie ignore le divers pour définir un seul et unique principe.

Du sujet, on peut malheureusement dire qu'il a été exacerbé dans cette époque et dans ces lieux. Il définit l'être par la relation et l'extériorité, en lui déniant une identité propre seulement attribuée par et dans la soumission, la subsomption à un principe transcendant, le dépassant : la loi, le droit, la nécessité, ou n'importe quoi d'autre qui invite à faire l'économie de soi au profit d'une entité structurée par sa participation, sa docilité. Le sujet l'est toujours de quelque chose ou de quelqu'un. De sorte qu'on rencontre chaque fois un sujet moins sujet qu'un autre dans la mesure où, appuyé sur le principe en question, l'un s'en autorise sans cesse pour soumettre l'autre : le juge, le policier, l'enseignant, le prêtre, le moraliste, l'idéologue, tous aiment d'autant les sujets, soumis, qu'ils craignent ou détestent l'individu, insoumis. Le sujet se définit en relation avec l'institution qui le permet, d'où la distinction entre les bons et les mauvais sujets, les brillants et les médiocres, à savoir ceux qui consentent au principe de soumission et les autres. Avec son souci de la conscience qui se rebelle et n'accepte pas, Antelme rappelle qu'un sujet se définit moins par sa conscience libre que par son entendement soumis, fabriqué pour consentir à l'obéissance.

La personne ne m'agrée pas plus. Là aussi l'étymologie, étrusque en l'occurrence, rappelle que le mot procède du masque porté sur scène. Que l'être soit par ce à quoi il se soumet ou par sa façon d'apparaître ne me convient ni dans un cas ni dans l'autre. La métaphore baroque du théâtre, la vie comme un songe ou un roman, la nécessité de la ruse ou de l'hypocrisie, du jeu social que sous-entend la *persona* du théâtre, supposent là encore le recours à l'artifice : l'être pour autrui n'est pas l'être dans sa flamboyance, ni dans sa misère. Le camp de concentration a oublié l'homme, célébré le sujet, rendu improbable la personne et mis en exergue l'individu. Les trois figures de la soumission ont fonctionné dans le juridisme, l'humanisme et le personnalisme. Restent à formuler les conditions de possibilité d'un individualisme qui ne soit pas un égoïsme.

Loin du réseau, de la structure, des formes extérieures qui dessineraient les contours venus du social, la figure de l'individu renvoie à l'indivisibilité, à l'irréductibilité. C'est ce qui reste quand on a dépouillé l'être de tous ses oripeaux sociaux. Sous les couches successives qui désignent le sujet, l'homme, la personne, on trouve le noyau dur, insécable, la monade dont rien, sinon la mort, et encore, ne peut briser l'identité. Unité distincte dans une série hiérarchique formée de genres et d'espèces, élément indivisible, corps organisé vivant d'une existence propre, et qui ne saurait se diviser sans disparaître, être humain en tant qu'identité biologique, entité différente de toutes les autres, sinon unité dont se composent les sociétés, l'individu demeure irréductiblement la pierre angulaire avec laquelle s'organise le monde.

L'évidence de l'individu, sa nature première, atomique, oblige à déduire et conclure au solipsisme. Sans consentir aux frasques métaphysiques et excessives d'un Berkeley, on peut avancer l'idée d'un solipsisme — *solus ipse* — en vertu de quoi chaque individualité est condamnée à vivre sa seule vie, et seulement sa vie, à ressentir, expérimenter, le positif comme le négatif, pour soi seul et par soi seul. Les jouissances et les souffrances, les plaies et les caresses, les rires et les larmes, les pleurs et les joies, la vieillesse, l'angoisse et la peur, la mort, tout cela, tout un chacun a connu, connaît ou connaîtra, mais seul, sans pouvoir transférer quoi que ce soit de sa sensation, de sa perception ou de son émotion à un tiers, sinon sur le mode participatif, mais désespérément tiers, éloigné et étranger.

Quatrième leçon susceptible d'être tirée du camp de concentration, toujours sur le registre ontologique : la perpétuelle évidence du solipsisme et la condamnation de l'individu à soi-même. *L'Espèce humaine* fait du camp de concentration le lieu de cette expérimentation. Les scènes au cours desquelles on découvre des violences physiques, des passages à tabac, sont décrites avec sobriété. De la même manière, sur le ton d'un moraliste qui aurait pris des leçons de concision et de lucidité chez La Rochefoucauld, Antelme précise que tout un chacun « savait qu'entre la vie d'un copain et la sienne propre, on choisissait la sienne ».

Réduit à la pure individualité, à la protection de ce qui, en soi, fait le substrat de toute vie et de toute survie, Robert Antelme met au jour un principe nommé par lui *la veine du corps* selon lequel, devant le spectacle de celui qu'on bat, qu'on frappe, il y a toujours, au fond de soi, là où croupissent et gisent les parts maudites, une satisfaction d'un genre particulier, une jouissance d'un mode étrange, qui suppose un plaisir à ne pas être cet homme frappé. Non pas qu'on jubile de la souffrance de l'autre, mais on s'en protège, en évitant qu'elle nous contamine dès lors que l'événement vaut comme le plaisir d'une douleur évitée, principe d'un hédonisme négatif. Touchée par la compassion, fragilisée par le condouloir, toute individualité soumise au rythme et aux cadences violentes des camps de concentration aurait purement et simplement explosé. Veine du corps, donc...

De l'individu ainsi décrit, montré, circonscrit, de cette figure rendue possible par le dénuement, la déconstruction maximale, il s'agit de faire quelque chose. Tombé au degré zéro de l'unité, face à ce qui permet de construire ou reconstruire, il s'agit maintenant de remonter vers une complexité qui détermine et définit le passage de l'ontologie et de la métaphysique à la politique. Toute politique, classiquement, propose un art de soumettre l'individu et d'en faire un sujet à l'aide des travers et avantages que permet une personne. Elle excelle comme technique d'intégration de l'individualité dans une logique holiste où l'atome perd sa nature, sa force et sa puissance. Toutes les utopies déclarées, mais également les projets de société qui ont prétendu se réclamer de la science, de la positivité, de l'utilitarisme le plus sobre, ont posé cet axiome : l'individu doit être détruit, puis recyclé, intégré dans une communauté pourvoyeuse de sens. Toutes les théories du contrat social s'appuient sur cette logique : fin de l'être indivisible, abandon du corps propre et avènement du corps social, seul habilité, ensuite, à revendiquer l'indivisibilité et l'unité habituellement associées à l'individu.

Or, la politique qui construit sur, par et pour la monade reste à écrire. En tant qu'art d'oublier, de négliger, de contenir, de retenir, de canaliser, de dépasser ou de pulvériser l'individu, elle propose depuis des siècles des variations qui toutes se font sur le thème de cette négation. Jamais l'individu n'est perçu et conçu comme une entéléchie, mais toujours comme une parcelle, un fragment qui appelle, pour être réellement, un grand tout promoteur de sens et de vérité. Soumission, sujétion, assujettissement, renoncement, subsomption, c'est chaque fois au nom du tout qu'on appelle à en finir avec la partie, qui, pourtant, triomphe comme un tout à elle seule.

Toutes les politiques ont visé cette transmutation de l'individu en sujet : les monarchistes au nom du roi, figure de droit divin, représentant du principe unitaire céleste sur terre ; les communistes, en vertu du corps social pacifié, harmonieux, sans classes, sans guerres, sans contradictions, enfin résolu sur le mode monothéiste ; les fascistes, en regard de la nation homogène, de la patrie militarisée et saine ; les capitalistes, obsédés par la loi du marché, la régulation mécanique de leurs flux d'argent et des bénéfices dégagés. Traditionalistes et intégristes côtoyant orthodoxes et dogmatiques ont des auxiliaires zélés du côté des positivistes, des scientistes et de certains sociologues pour lesquels le sacrifice du divers se fait au nom des universaux

dans lesquels ils communient : Dieu, le Roi, le Socialisme, le Communisme, l'État, la Nation, la Patrie,
l'Argent, la Société, la Race, et autres artifices combat-
tus depuis toujours par les nominalistes.

Dans ces mondes où triomphe le culte des idéaux,
des universaux générateurs de mythologies — totalitaires ou démocratiques —, l'individu passe pour quantité négligeable. On le tolère ou le célèbre seulement
lorsqu'il met son existence au service de la cause qui
le dépasse et à laquelle tous vouent un culte. Le Prêtre,
le Ministre, le Militant, le Révolutionnaire, le Fonctionnaire, le Soldat, le Capitaliste flamboient tous en
auxiliaires de ces divinités qui font l'unanimité auprès
de la plupart. Où sont les individualités solaires et solitaires, magiques et magnifiques ? Que sont devenues
les exceptions radieuses dans lesquelles s'incarne, jusqu'à l'incandescence, cette conscience qui ne se dissout pas sous l'oppression ? Quid des comètes qui,
elles seules, traversent le ciel avec superbe avant de
s'abîmer dans la nuit ?

Vouloir une politique libertaire, c'est inverser les
perspectives : soumettre l'économique au politique,
mais aussi mettre la politique au service de l'éthique,
faire primer l'éthique de conviction sur l'éthique de
responsabilité, puis réduire les structures au seul rôle
de machines au service des individus, et non l'inverse.
Le camp de concentration peut s'entendre comme la
démonstration exacerbée de ce que donne le triomphe
absolu et sans partage d'universaux posés comme tels
— la race pure d'un Reich millénaire — et d'une
volonté d'éradiquer l'individu pour construire une
vaste et immense machine homogène, purifiée, fixe,
arrêtée dans ce qui est le modèle absolu en matière de
fixisme et de négation de tout dynamisme : la mort —
quand tout libertaire veut et célèbre la vie.

À l'inverse des modèles platonicien, hobbien, rousseauiste, hégélien, marxiste, qui célèbrent une société close aboutissant en ses variations incarnées au nazisme et au stalinisme, puis dans tous les totalitarismes qui procéderont, de près ou de loin, de cette logique de fermeture, une politique libertaire veut la société ouverte, les flux de circulation libres pour les individualités susceptibles d'aller et venir, de s'associer, puis de se séparer, de ne pas être retenues et contenues par un argument d'autorité qui les mettrait en péril, entamerait leur identité, voire la rendrait impossible, la supprimerait. Là où Machiavel exprime la vérité politique autoritaire, La Boétie formule la possibilité de son versant libertaire. J'y reviendrai.

L'intérêt que présente Robert Antelme par rapport à ses semblables qui ont laissé un nom dans la littérature concentrationnaire purement descriptive, c'est de proposer, çà et là, dans le cours de *L'Espèce humaine,* des phrases ou des pages mettant en perspective ce qui s'est vécu dans un camp nazi et ce qui se vit ensuite, et depuis, dans le monde qu'on dit libre. Constatant l'unité et l'unicité d'une essence humaine, au-delà de tout ce qui fait différence et divergence, Antelme conclut à la nécessité de lutter contre tout ce qui masque cette unité. Faux et fou, dit-il, tout ce qui contribue à creuser les différences entre les individus, à vouloir transformer de légères fissures en abîmes impossibles à combler parce que l'âge, le sexe, la couleur, la fonction sociale et tout ce qui caractérise une personne parmi d'autres montrent, au premier abord, de quoi lire une dissemblance. C'est sur elle que se construit le régime d'exploitation et d'asservissement. L'existence d'une multiplicité d'espèces pourrait seule justifier un mode d'intersubjectivité qui légitime l'esclavage, le servage ou l'exploitation. Or, l'unité de l'espèce humaine fait une monstruosité ontologique, métaphysique, puis politique de tout ce qui place des individus en situation d'être exploités ou exploiteurs.

Une phénoménologie des comportements nazis dans le camp a permis à Robert Antelme de conclure qu'il n'y avait pas de différence de nature essentielle entre ce qui se passait dans l'enceinte de Buchenwald et ce qui est visible dans le monde du travail habituel. D'une certaine manière Jean Améry illustre ce thème en montrant combien l'intellectuel était plus démuni devant le camp que le travailleur manuel, déjà habitué, dans son existence quotidienne, à ces régimes de soumission et d'exploitation, à cette servilité qui transforme les hommes en bêtes de somme, les utilise comme du bétail, de la marchandise, des machines. Antelme voyait dans le camp un pur et simple *grossissement* sinon une *caricature extrême,* ce sont ses expressions, de ce qui se passe dans *le monde véritable* auquel chacun aspire, enfermé dans son block.

Ici une répartition en races, là une distinction en classes, mais dans les deux cas triomphe une idéologie de la division supposant l'absence d'unité et d'homogénéité dans l'espèce humaine. Impossibilité de changer de race ou de classe, soumission pour l'éternité à la damnation dans laquelle enferme le destin : être juif, tzigane, ou aryen, être prolétaire ou capitaliste ; avec, dans les zones intermédiaires, où ne se disent pas les races, de quoi exprimer la hiérarchie, une base et un sommet : les homosexuels, les francs-maçons, les laïcs, les opposants, les résistants, les communistes, les objecteurs de conscience, ceux qui disent non, et les autres, les *Kapos, Vorarbeiter* ou *Stubendienste,* caste intermédiaire, comme respectant le schéma indo-européen, entre la masse et l'élite, composée des nazis, des Allemands aryens. Cette répartition, ce morcellement *artificiel* de l'espèce humaine *naturelle* fournissent le principe avec lequel se font les exploitations et les régimes disciplinaires. Tout se passe, dans le camp nazi, et dans l'usine capitaliste, comme s'il y avait des espèces, différentes, irréductibles, incapables de se rencontrer, de se regarder, de se parler et de se comprendre, tels un animal et une plante, une pierre et un homme, chacun dans son registre. Leur seul mode de relation, dans ce cas, demeure la sujétion, l'assujettissement, la soumission, la subsomption : la loi darwinienne de l'exploitation de l'un par l'autre. Ainsi, le plus fort soumet le plus faible ; le plus rusé, le plus fourbe, le plus armé, le plus hypocrite mettent l'autre à leurs genoux, à leurs pieds.

Dans cette volonté de hiérarchie, dans ce désir de compartimenter, structurer, répartir dans des lieux homogènes, dans cette irréductible volonté de réduire le divers à des classes, des races, des castes, Robert Antelme voit le mode d'action de ceux qui veulent pouvoir dire : « Ce ne sont pas des gens comme nous. » Pour parvenir à leurs fins, ils entreprennent, l'histoire en témoigne, ce qui est resté sans effet : avilir, humilier, transformer, marquer et produire une différence, animaliser puis inviter à constater l'animalité, oubliant qu'il s'agit seulement d'un processus impossible et non une nouvelle figure, là même où subsiste coûte que coûte l'humanité. Ils voulaient l'artifice culturel racial, ils n'ont que l'essence naturelle de l'espèce humaine, triomphante sur les monceaux de cadavres et même dans les chambres à gaz et dans les charniers.

Ces idées sont disséminées dans le grand œuvre d'Antelme. Elles sont reprises, plus tard, en septembre 1948, dans un superbe texte intitulé « Pauvre-Prolétaire-Déporté », un sommet dans la généalogie de l'art politique après Auschwitz. Ici, plus encore qu'ailleurs, dans ces quelques pages denses, s'expriment le désir et la nécessité de ne pas faire de l'expérience concentrationnaire d'hier un objet de recyclage onaniste pour les amateurs de théologie négative ou de théodicée noire, mais une occasion de penser toutes les formes concentrationnaires postérieures à la libération des camps nazis, partout, y compris dans les cathédrales de douleur que sont les usines, les entreprises et autres endroits organisés et gérés par le capitalisme. Je n'aurais pas osé seul cette proximité si Antelme n'en avait donné lui-même la formule.

L'article de 1948 permet à son auteur de revenir sur cette idée forte : le camp de concentration est exacerbation maximale du politique où se trouve légitimée la soumission d'une catégorie d'hommes à une autre, nouveaux seigneurs, nouveaux esclaves. Seul un rescapé de ces lieux d'apocalypse peut en avancer l'idée. Poursuivons : une morale de maîtres, associée à leur puissance, croise les désirs, les rêves et les aspirations d'âmes errantes et privées de destin. Pauvres et prolétaires ont à voir avec le déporté dans le dénuement, la misère, l'absence de futur, la condamnation à une réitération sans espoir d'en finir avec ce qui fait l'emploi du temps de la journée : lever, travail, souffrance, peine, asservissement aux rythmes et cadences imposés par d'autres, soupes misérables, santé précaire, espoirs interdits, droits pour les seigneurs, devoirs pour les esclaves, sans possibilité d'imaginer une inversion ou un partage des ordres, quelques devoirs pour les chefs, deux ou trois droits pour les travailleurs.

Lisons Antelme : « Il n'y a pas de différence de nature entre le régime "normal" d'exploitation de l'homme et celui des camps. Le camp est simplement l'image nette de l'enfer plus ou moins voilé dans lequel vivent encore tant de peuples. » Et plus loin : « La "morale" qui recouvre l'exploitation camoufle le mépris qui est le ressort réel de cette exploitation. » Sur ces évidences, il ajoute ne pouvoir accepter et reconnaître comme telles, parmi les valeurs et la morale, que ce qui est concrètement universalisable. Pour ce faire, l'impératif catégorique formule nettement et radicalement la suppression de l'exploitation de l'homme par l'homme. Peut-on être plus clair ?

On évitera de tergiverser et de pratiquer la casuistique. Les pages sont nettes, fortes, précises, denses et autorisent qu'on jette au rebut tout ce qui s'est écrit en matière de morale, vertus, droits de l'homme et autres justifications du caritatif contemporain depuis un demi-siècle, et plus encore de ce qui est servi sur ce sujet depuis quelques années. Résumons et décidons des amis et des ennemis sur ce programme : on peut dire plus, mieux et au-delà sur la littérature concentrationnaire que des gloses stériles et ressassantes ; on dispose, de la sorte, des moyens d'être fidèle à l'esprit de résistance, de rébellion, d'opposition, d'insoumission de la conscience et, fidèle au principe d'Antigone, on peut ainsi faire que les morts dans les camps ne soient pas restés sans tombeaux ; les vieilles valeurs ont fait leur temps, il s'agit d'en solliciter et inventer de nouvelles qui prennent en considération ce qui a eu lieu, là, dans les camps de déportation, concentration et extermination ; la conscience résiste et, dans ce raidissement, elle formule puis structure l'unité et l'existence de l'espèce humaine, une, unique, impossible à fragmenter, amender ou aménager en tenant compte d'exceptions ; l'artifice de l'idéologie ne détruit pas l'essence de la nature humaine et jusque dans la mort, ce qui est tué, c'est un homme, une individualité irréductible que même le trépas ne parvient pas à priver de son unicité ; l'individu solipsiste fournit le lieu et l'occasion d'une éthique nouvelle, la plus petite instance susceptible de permettre, après la déconstruction dont elle participe, la reconstruction qui autoriserait le politique à son service.

Et j'ajoute : le camp de concentration nazi fonctionne tel un lieu exacerbé de ceux où se font et se

disent les exploitations, partout ailleurs sur la planète ;
le capitalisme a créé depuis qu'il règne sans partage
les conditions qui permettent trop souvent et tragique-
ment une assimilation du pauvre, du prolétaire et du
déporté, associés dans une communauté de destin,
privés de leur individualité, assujettis, sujets, soumis
et sans espoir de quitter les geôles dans lesquelles ils
croupissent comme expiant une faute majeure, un
péché capital : celui d'avoir vu le jour, d'être né.

À partir de ces conclusions, on retrouvera l'idée de
Clausewitz, le stratège, pour lequel la guerre c'est la
continuation de la politique par d'autres moyens, et
celle de Foucault, le philosophe, réactivant et affirmant
en écho que la politique c'est la guerre continuée par
d'autres moyens. Pour fournir la phrase emblématique
de ceux qui mènent ces deux guerres de front, il faut
reprendre celle que prononçait un kapo entendu par
Robert Antelme : « Je peux tout comprendre, mais je
ne comprends pas qu'on ne soit pas discipliné. » Voici
la formule de l'impératif éthique de tous ceux qui veulent l'assujettissement.

De ce voyage en pays concentrationnaire, il s'agit
maintenant non pas de faire le bilan, mais d'envisager
ce qui est possible pour aujourd'hui et pour demain, ce
qui, tenté, proposé, défendu, existant comme tel, aurait
pu, peut-être, apporter un peu de soulagement à ceux
qui, comme Primo Levi, en ont fini volontairement
avec l'existence. Car je n'ose imaginer qu'il ait pu, en
agissant de la sorte, de près ou de loin, donner raison
aux nazis qui voulaient lui dérober sa vie comme on
vole le bien le plus précieux d'un être.

Voici, à mes yeux, ce qui doit être posé au-dessus
de tout : la Vie. Option hédoniste, s'il en est, confirmée
par les tragédies de ce siècle qui ont fait des existences

singulières une denrée si négligeable alors que dans le même temps les tyrans et leurs domestiques installaient les universaux en lettres d'or surplombant les villes, les pays, les nations, les empires et les camps. Combien de millions de morts pour les aigles bicéphales, les étoiles rouges, sinon les tours vertigineuses où se font, virtuelles, les opérations monétaires planétaires dont les sigles sont les signes fiduciaires ? Qu'on se satisfasse de l'individu vivant, qu'on célèbre les unicités traversées de vie, d'énergie, de force, de santé et de vitalité. Je ne veux pas d'une autre définition de la vie que celle de Bichat pour qui elle définit l'ensemble des forces qui résistent à la mort.

De sorte que, disposant d'un principe, la vie, et d'une occasion, l'individu, il m'est venu à l'esprit, à plusieurs reprises, lisant Robert Antelme et d'autres livres consacrés à tel ou tel camp de concentration, qu'on pouvait tenter de formuler une méthode, en l'occurrence nominaliste. Qu'est-ce à dire ? Par-delà le détail technique de la querelle médiévale entre tenants et opposants à la théorie des universaux, du réalisme, du concept, du mot comme *flatus vocis,* retenons de cette joute métaphysique ce qui est susceptible d'être encore d'actualité à ce tournant de millénaire.

Ainsi faut-il s'installer au-delà de toutes les considérations juridiques qui vaudraient pour des groupes et eux seuls, au détriment des individualités qui les composent. Là où les réalistes légifèrent pour l'homme en général, le sujet de droit, le nominaliste prescrit ce qui permet d'être au plus proche de l'individualité, de la particularité, définies en soi, et non relativement à une totalité dans laquelle il faudrait se fondre. Soucieux de l'individu, le nominaliste évite de produire du juridique en tout, pour tout, dans toutes les occasions, pour toutes les circonstances.

Trop de droit tue le droit. Et les arcanes dans lesquels il faut maintenant s'engager, alors que nul n'est censé ignorer la loi, sont trop complexes pour que la juridiction soit autre chose qu'une arme entre les mains des seuls scolastiques contemporains. Aguerris et connaisseurs, ils maîtrisent le droit et lui font servir les intérêts qu'ils défendent — ceux du monde auquel ils doivent leur pitance. Alors le droit n'est plus au service de l'individu mais de ce qui permet de l'asservir. Le symptôme de la religion des droits de l'homme dit d'ailleurs assez combien sont oublieuses des particularités les prescriptions juridiques qui ne définissent que des citoyens, des sujets assujettis au service de machines sociales, idéologiques, politiques, contre lesquelles il est devenu difficile, voire impossible, de se défendre.

Qu'on en finisse avec les déclarations de principe, les grandes idées utiles aux seuls effets de voix et de manches : elles autorisent la rhétorique et les scolastiques propres au métier qui, définitivement, ont abandonné toute volonté de demeurer proches des individus pour ne plus servir que les sujets. Ni transcendantaux, ni universaux, ni concepts, ni idées pures, ni religions construites sur les fétiches qui servent de fondations aux mythologies démocratiques, un droit nominaliste commencerait par revendiquer un retour radical et généalogique à l'individu.

Pour ce faire, après le principe vital, l'occasion individuelle, la méthode nominaliste, il reste à promouvoir la construction éthique. À cet effet, il me semble qu'on pourrait envisager, une fois encore à la lumière des enseignements de la littérature concentrationnaire, une redéfinition du droit naturel. L'idée fait sourire depuis le triomphe sans partage des positivismes juridiques et l'empire des thèses de Kelsen. Peu importe. L'antique combat d'Antigone a traversé les siècles et a toujours opposé ceux qui prennent le parti de la conscience aux défenseurs de l'oppression. Il en est toujours certains pour préférer la justice à leur mère, d'autres l'injustice à un désordre.

Le droit naturel, reformulé sur des bases nouvelles, celles d'après Auschwitz, suppose qu'on se démarque des formes prises par lui dans l'Antiquité, puis dans la période moderne. De l'origine jusqu'aux fins de l'époque médiévale, le droit naturel renvoie aux lois de Dieu, à ce qui, supposant antérieure une idéologie pourtant postérieure à la nature, était appelé à légitimer et fonder le droit positif. L'interrogation subsiste : sur quoi asseoir le positivisme juridique, si ce n'est sur l'idée préalable que l'on se fait de la justice ? Car on conviendra que l'édiction d'une loi ne procède ni de rien, ni d'elle-même, mais d'une antériorité éthique en vertu de quoi le droit découle du juste ou de l'idée qu'on s'en fait *a priori* à partir des formes éthiques universelles malgré leurs contenus divers et divergents.

Bien sûr, le juste n'est pas absolu, dans la mesure où lui aussi procède d'une civilisation, d'une idéologie. Vérité au-deçà, erreur au-delà, on sait depuis Pascal la variabilité de certains absolus, la précarité d'hypothétiques vérités. D'ailleurs, se réclamer d'un juste absolu, total et universel reviendrait à contredire l'option nominaliste et à réinjecter une figure transcendante platonicienne dont j'ai dit vouloir faire l'économie. Quel juste, alors ? Me souvenant de ce qu'écrit Robert Antelme, je retiens qu'il faut moins un principe *universel,* ici et maintenant, qu'un principe *universalisable* et capable de rallier le plus de suffrages possible. Et je songe, dans la logique hédoniste, à la formule de Chamfort qui invitait à jouir et faire jouir, sans causer de dommage ni à soi ni à personne, comme impératif catégorique d'une éthique jubilatoire dans laquelle les occasions de la justice coïncident avec les fins.

Que viendrait faire, ici, le droit naturel ? Loin der-

rière Dieu, mais plus proche des conceptions des jusnaturalistes modernes, il viserait moins la législation
posée par Dieu, des dieux ou des lois depuis toujours
non écrites mais intangibles, qu'une éthique appuyée
sur la raison commune hédoniste, même si les moyens
de réaliser ces options partagées diffèrent. Quels
seraient les articles de base d'un droit naturel après
Auschwitz ? Conservant du fidéisme des Anciens le
rapport à l'absolu, du jusnaturalisme moderne le désir
d'en appeler à la raison, on pourrait vouloir la formule
de ce qui exprimerait la précellence, l'excellence et la
prééminence de *ce qui permet de vivre*.

Le camp de concentration, en négatif, a montré ce
que pouvait être une politique ennemie de la vie,
déniée et interdite à celles et ceux qui n'en avaient pas
été jugés dignes, parce que relégués dans des lieux où
l'on s'évertuait à les persuader qu'ils n'étaient pas des
hommes. Un droit naturel nominaliste et libertaire,
hédoniste, affirme pour chaque individu la possibilité
de tout mettre en œuvre pour vivre et *a fortiori* survivre, quand ces deux objectifs lui sont déniés par le
social. À charge pour la société d'éviter que tel ou tel
soit conduit à des extrémités dans la revendication de
son bien, en vertu de ce principe.

Que sont ces droits naturels ? Vivre et survivre, c'est
le moins, suppose la satisfaction des besoins du corps
et de l'esprit dans la mesure où, ainsi apaisés, ils autorisent l'existence d'un corps qui soit et dure hors de
toute souffrance, tout autant que celle d'une âme, dans
les mêmes conditions, pourvu qu'elle soit, quant à elle,
entretenue dans la dignité. Le droit naturel ayant élu
ces objectifs, il est transposable dans toutes les civilisations comme un absolu : en Papouasie-Nouvelle-Gui-
née tout autant que dans la Cinquième Avenue à New
York, dans un village de la campagne vietnamienne ou
dans un campement installé dans un désert africain,

partout et pour tous, les lois naturelles sont défendables sur ces principes : existence, intégrité et santé du corps, identité, durée et dignité de l'âme. Tout, ensuite, est affaire d'interprétation, pour déterminer le nécessaire en quantité aussi bien qu'en qualité. La politique définit les principes et les moyens de cette herméneutique.

Le droit naturel pose un principe, le droit positif sublime et cristallise l'expression du compromis formulé par une civilisation sur ce qu'elle estime être juste en matière de quantité et qualité proposées pour satisfaire les besoins élémentaires afin de vivre et de survivre. Survivre ? C'est tout simplement ce qui, faisant défaut, induit à plus ou moins longue échéance la décadence, la déchéance, la fin et la mort : boire, manger et dormir, par exemple. Sans cela, pas d'intégrité physique digne de ce nom. Les nazis l'avaient compris qui privaient les déportés au maximum dans le seul dessein de maintenir leur assujettissement.

Ce corps connaissant des défaillances a droit, selon le principe vitaliste et hédoniste, à tout ce qui permet le maintien de sa santé, voire le développement ou le recouvrement de celle-ci. Recevoir assistance en cas de besoin et soins appropriés. Enfin, lorsque la santé fait défaut ou que la mort est là, le droit naturel oblige à une sépulture digne de ce nom. Là encore, on sait comment procédaient les nazis : déni total et complet du droit à la santé tout autant qu'à la sépulture. Le *Revier* vaut comme un endroit d'où la plupart du temps il est convenu qu'on ne sort pas vivant. Et les fosses communes, tout autant que la cheminée des fours crématoires, étaient l'occasion de dire l'absence d'identité, d'unicité et d'individualité des cadavres moins soignés que traités pour recyclage et disparition.

Qui dira le capitalisme, aujourd'hui, absolument civilisé ? Sur ces seuls besoins, avec ces seules nécessités vitales, il a trouvé mieux qu'une interdiction ou un déni en obligeant à l'achat, à la taxation, au paiement. Manger et boire ? Il faut payer la nourriture, tous les jours, et dilapider l'argent sans cesse, pour chacun des repas. Ce qui est d'autant plus un crève-cœur pour qui gagne peu ou rien. Dormir ? Il faut trouver de quoi se loger et payer un loyer. On sait ce qui différencie les quartiers chics aux coûts impossibles pour les pauvres, et les zones sauvages, plus abordables financièrement — et encore ! — mais qu'on paiera, en plus de l'argent abandonné aux propriétaires, d'une promiscuité quasi permanente avec ceux qu'on entraîne à être en cage avant de leur reprocher un jour de rugir. Quel quotidien élémentaire pour les démunis et les misérables ?

Droit à la santé ? À quel prix, pour quelles prestations ? Selon quelles modalités toujours plus précaires ? Des cotisations partout, en matière de sécurité sociale, mais pas assez pour couvrir les frais dans leur totalité ; des assurances complémentaires, encore de l'argent et des prélèvements, certes, mais cela ne suffira pas pour l'intégralité du paiement ; le ticket modérateur, enfin, supposant que pour une opération de médecine dentaire, trois cotisations ne suffiront pas à couvrir l'intervention, car il faudra encore payer de sa poche ce qui, jamais, ne sera remboursé. Quelle santé, donc, pour les pauvres et les miséreux ?

Droit à la sépulture ? Mieux encore en matière de vilenie : en civilisation capitaliste, la mort fournit un marché, une occasion de ponctionner encore et toujours, de taxer. Taxes sur le cercueil et le capiton, sa qualité et ses dimensions — gare aux gros et grands —, taxes sur la cérémonie et le transport, le funérarium et les soins conservateurs, taxes pour le déplacement d'un cercueil en dehors des zones définies par la loi, taxes sur le trou dans le cimetière, taxes sur la crémation, l'incinération, taxes sur les taxes, car il faut songer aux impôts. Taxes sur les successions. Cessons là. Mourir coûte au smicard deux mois de son salaire. Quelle dignité pour les désargentés, ces réprouvés majeurs ?

Boire, manger, dormir, garder la santé, la recouvrer et mourir ? Voilà qui fait de plus en plus problème et justifie ma détestation des gouvernements satisfaits de gérer le capitalisme. Les riches traversent cette société avec de moindres dommages que ceux qui n'ont rien. Qu'on se souvienne d'Antelme : fractionner l'espèce humaine, construire des classes, des castes, des races, voilà le principe qui a permis à la mécanique nazie de fonctionner, ainsi qu'à toutes celles qui justifient l'exploitation ou la domination violente et brutale de leurs seigneurs. Là où les nazis avaient poussé les limites au plus près du précipice, les capitalistes ont balisé le terrain dont ils ont rendu l'accès payant. Tant mieux pour ceux qui peuvent, les autres se contenteront de gémir, on les y autorisera...

Qu'on imagine ce qu'il en est des besoins spirituels ! Le défaut de satisfaction des besoins naturels est visible. Et la sanction arrive dès qu'ils ne sont pas pris en compte : on meurt de faim et de froid, on trépasse parce qu'on n'a pas les moyens de se soigner, on termine à la fosse commune car les obsèques sont trop coûteuses. Ce qui, de temps en temps, fait désordre, mais guère au-delà d'une désapprobation générale et verbale. Mais où et quand se voient les manquements aux besoins spirituels ? Comme ils peuvent n'être pas satisfaits sans dommages immédiatement repérables et majeurs, on laisse faire, en attendant. Si l'absence de satisfaction des premiers conduit à la mort des corps, le défaut pour les seconds mène directement aux âmes mortes et aux esprits corrompus, desséchés, aigris,

sombres ; autant dire qu'il conduit par voie directe et
expresse aux terrains vagues où se retrouvent les abs-
tentionnistes, les électeurs de partis protestataires symboliques, et, pire, les soutiens, de quelque ordre et de
quelque nature qu'ils soient, au Front national, cet
accélérateur du fascisme français.

Quand et où nourrit-on ces âmes ? Et qui ? L'école
a démissionné sur ce sujet, se contentant de reproduire
le système des élites, puis d'accélérer le mouvement et
la force centrifuge. L'assiette au beurre de l'éducation
nationale envoie les moins adaptés en marge, sur les
bords, de la même manière que l'urbanisme obéissant
à la seule loi du marché : au centre, les élus, les seigneurs — faut-il rappeler Antelme ? —, à la périphérie,
les domestiques, ceux qui iront grossir le rang des
réprouvés, des miséreux et misérables, les habitants des
cercles de l'enfer dont je propose, plus loin, la cartographie.

Lycées chics des centres-villes contre lycées professionnels des banlieues, établissements des villes contre
écoles des campagnes : seules les familles peuvent
encore assurer la nourriture des âmes, quand elles n'ont
pas été pulvérisées sous le coup des mariages,
divorces, remariages, séparations et autres occasions
fournies par le système de vivre en reclus, séparé des
autres. Pour les familles qui dureraient, encore fau-
drait-il qu'elles aient les moyens financiers et intellectuels, sinon tout simplement l'énergie, après les
journées consacrées aux trajets, au travail, aux brimades, aux craintes de perdre son emploi — le tout
pour des salaires symboliques et des souffrances
réelles.

Ni l'école, ni la famille. Alors la télévision ? Qu'on
ose, sur ce sujet, écouter aux deux extrémités de la
réflexion politique, chez Karl Popper et chez Pierre
Bourdieu, des pensées exprimant tout ce que l'on doit,

à cet instrument qui pourrait être formidable, de triomphe du pire quand la seule loi du marché détermine son fonctionnement. Nouvelle religion et seul hypothétique moyen, aujourd'hui, d'un reste de lien social, elle est devenue véhicule de trivialité, de pensées débiles, d'intérêts vils. Les jeux, les livres et les disques, les films et les politiciens à promouvoir sur le marché, d'autant plus célébrés qu'ils accélèrent le mouvement vers le pire et ne présentent aucun danger pour la machine elle-même, saturent l'écran et l'espace qu'on dit encore intellectuel ou culturel.

Alors, le livre, la bibliothèque, la librairie ? Peut-on encore attendre de ces lieux-là et de ces objets-là les moyens d'assurer la satisfaction des besoins intellectuels et spirituels ? Il faut craindre que non, sinon de moins en moins. Là aussi l'offre et la demande régulent le marché et l'on sait que le désir n'est pas libre, sollicité par la publicité, au sens large du terme, c'est-à-dire *ce-qui-passe-à-la-télévision*. Les pratiques culturelles sont devenues festives et tribales, holistes et grégaires, simplistes et triviales ; moins des occasions de pratiquer l'art en rebelle qu'en consommateur satisfait dès qu'on aura été du nombre des milliers de visiteurs, lecteurs ou spectateurs de l'événement promu comme tel et auto-engendré.

Reste la jungle. La chance sauvage des affinités électives et des élections singulières, l'amitié, vertu qui manque à l'appel et que devrait célébrer notre fin de siècle en mal de principes communautaires. Ces intersubjectivités radieuses rendent encore possible la rencontre d'œuvres, au sens large du terme. Celles qui offrent des perspectives critiques, loin des pensées prédigérées vendues et promues par la mode de tout temps et en toute saison, celles qui font de la culture un moyen de s'emparer autrement du monde pour le vouloir autre, différent, plutôt qu'une occasion supplémentaire de pratiquer la distinction et de creuser les abîmes qui séparent les classes comme en d'autres temps les castes et les races.

La défaite de la pensée n'est pas généralisée et le triomphe de la barbarie pas encore effectif. Le dessein d'une pensée critique libertaire consiste toujours à opposer la culture aux forces sombres et grégaires, en quelque sorte à réactualiser le message et la puissance des Lumières qui présidaient à la Révolution française. Les objectifs de l'époque restent d'actualité : l'autonomie de la raison, la réflexion libre, débarrassée des attaches dominantes du moment, l'arrachement à la condition passive, afin de célébrer l'activité, la positivité et le volontarisme éthique aussi bien qu'esthétique, la libre-pensée opposée à toutes les formes de religion et de communautarisme, la méfiance, la défiance, sinon la haine à l'endroit de tout ce qui est grégaire.

Les ennemis eux aussi persistent et durent, semblables : les promoteurs de l'ordre tel qu'il est. Ceux qui, plutôt que de réactualiser l'impératif catégorique voltairien — écrasons l'infâme — ou même kantien, allons jusque-là — *sapere aude,* pense par toi-même, ose —, préfèrent célébrer la morale et la religion avec lesquelles ce siècle finit dans l'état que l'on sait. L'objectif demeure indéfectiblement nietzschéen : « Nuire à la bêtise. » À défaut, celle-ci triomphera sans partage au point que les autoritarismes d'antan paraîtront ternes et pâles à côté de ceux qui auront réussi à asservir les corps, certes, mais aussi et surtout les âmes. Le fascisme à venir, sinon venu, ne se contente plus d'un assujettissement des corps, il dispose des moyens de réussir celui des âmes, dès aujourd'hui, avant une quelconque et hypothétique prise de pouvoir sur le mode putschiste.

Dans les camps nazis, la conscience résistait et le corps était bafoué sans cesse, tous les jours. Là, dit

Robert Antelme, s'est forgée la résistance des âmes et des consciences se refusant à collaborer. En revanche, dans le camp planétaire presque gouverné sans partage par l'ordre capitaliste, le corps est généralement célébré, dans l'hédonisme le plus vulgaire, de sorte que, polarisés sur un rapport égocentrique et narcissique à soi, convertis aux mérites de cette nouvelle religion de l'amour de soi, les fidèles oublient qu'ils ont aussi une âme. Ils en sont au point où ils ignorent qu'à défaut d'être sollicité l'esprit est purement et simplement inexistant.

Or les troupeaux qui se font derrière les fascistes et amateurs de sensations totalitaires de tous ordres — le Front national en France, mais partout en Europe existent des équivalents — sont constitués de ceux qu'on aura privés des moyens décents de vivre et de survivre ou de ceux qui craignent d'en être privés un jour. Parmi eux, des gens qui ont faim ou soif, qui sont sans toit, ou, pire, ceux qui savent qu'ils pourraient bientôt être privés de ces biens-là, tant les situations sont précaires, même de petites richesses, sinon de richesses minables. Des personnes qui ont peur pour leur santé, leur retraite, leur avenir, et taillent dans le nécessaire pour vivre et survivre, même modestement, même petitement.

D'une manière semblable, on trouve dans les rangs de ces masses qui n'attendent qu'un chef et une occasion pour marcher au pas ceux qui auront été privés de culture, de savoir, de mémoire, d'intelligence ; et pire encore, ceux mêmes qui, en lieu et place de ces vertus, disposeront d'un catalogue de références de combat à usage fasciste : les racistes, les sexistes, les misogynes, amateurs de lutte contre l'avortement, défenseurs acharnés du papisme sous toutes ses formes, parfois militants de la cause animale ou antivivisection, les militaristes, nostalgiques de l'Algérie française, les pétainistes, bien sûr, et, parce qu'il fallait bien les retrouver, les négationnistes et les révisionnistes. Eux veulent la hiérarchie, les castes et les groupes, les races et les classes, ils sont dans la droite descendance de ce qui provoquait le désir réactif chez Robert Antelme de militer pour une politique soucieuse de célébrer l'espèce humaine, une et nue.

Chaque inadéquation du droit positif au droit naturel, chaque oubli de la dimension nominaliste du droit, chaque écart creusé entre ce que la justice ou l'équité demandent et ce que la politique politicienne s'évertue à ne pas offrir, ne pas donner, chaque refus de mettre la politique au service de l'individu doublé de l'entreprise inverse, le soumettre en permanence au tout qui le digère, tout cela agit comme de nouveaux coups de pelle et de pioche dans l'agrandissement du trou noir décrit par Primo Levi où il me semble qu'il a fini par jeter son vieux corps fatigué comme d'autres se précipitaient sur les barbelés électrifiés pour faire cesser le cauchemar.

Je veux aussi me souvenir qu'Antigone, chez Sophocle, parce qu'elle avait fait le choix du droit naturel — ce que j'appellerai le *principe d'Antigone** —, des lois divines, infrangibles et intangibles, parce qu'elle s'était opposée à Créon, tyran de Thèbes, compromis avec l'un de ses neveux usurpateur, le propre frère d'Antigone, avait supporté d'être emmurée vivante, par sa décision, jusqu'à la mort. Son crime ? Avoir voulu enterrer son autre frère, au moins couvrir son corps de poussière, afin d'être en règle avec les lois naturelles en vertu desquelles on ne laisse personne sans sépulture, l'âme errante et le corps en proie aux chiens et aux oiseaux carnassiers.

À deux reprises Antigone brava l'interdit après que le vent eut une première fois soufflé au loin la terre qui protégeait Polynice, son frère. Elle revint, malgré la présence de soldats auxquels elle avait échappé une première fois, au risque de se faire prendre. Ce qui eut lieu. Exultant, Créon décida de métamorphoser une prison en tombe jusqu'à la fin des temps, puis signifia à son fils qu'il lui interdisait de songer à épouser Antigone. Tirésias, le devin aveugle de Thèbes, annonça une incroyable série de malheurs à celui qui persécutait ainsi une femme soucieuse jusqu'aux dernières extrémités des droits naturels.

Avant que Créon pût se reprendre, l'apocalypse annoncée eut lieu et les catastrophes s'enchaînèrent : Antigone se pendit, d'une certaine manière se jetant dans le trou noir désigné par Primo Levi, puis le fils du tyran, amoureux d'Antigone, se transperça le corps après avoir maudit son père et lui avoir craché au visage. Terrassée par la douleur, la mère du jeune homme, la femme du tyran, elle aussi se suicida pour échapper au malheur. Restait à Créon une pierre pour s'asseoir et pleurer. Dans le trou noir où ont sombré tant d'hommes et de femmes depuis Antigone jusqu'à Primo Levi, tous soucieux de faire primer la vie contre la mort, la culture et la civilisation contre la barbarie et l'horreur, la férocité et l'inhumanité, il s'agit aujourd'hui de verser de la mémoire, en quantité maximale. De cette manière, fidèles, un peu, à ceux qui ont dû y précipiter leur corps, leur âme, leur jeunesse, leur vie, leurs souvenirs, leur passé, sinon leur avenir même, nous pourrons du moins marcher un peu plus droit, en évitant de grossir, au loin, le troupeau de ceux qui jubileraient, si l'occasion leur était donnée, d'envoyer par le fond, et dans ce trou, tous ceux sur lesquels ils cristallisent leur haine.

2

DE L'INDIGENCE

Cartographie infernale de la misère

Loin du Harrar où Rimbaud expiait son génie vision-
naire, un bateau ivre a descendu des fleuves impas-
sibles où croupissait dans les marais énormes, entre les
joncs corrompus et pourrissants, un Léviathan qu'accompagnait, à cinquante lieues, le souffle du rut des
Béhémoths. J'ai retrouvé ces animaux voraces et cruels
sous la plume de Thomas Hobbes, lorsqu'il parle du
corps social et de la meilleure théorie politique selon
ses vœux. Léviathan signifie l'automate assimilé à
cette machine politique, pareille à une mécanique animée de ressorts, de cordons, de roues qui sont autant
de cœurs, nerfs et articulations pour un gros animal
obsédé de nourriture et tout entier tourné vers ce qui
peut satisfaire son appétit d'ogre.

Léviathan est monstre du chaos primitif, un genre
de serpent capable d'engloutir le soleil d'un seul coup,
fomentant ainsi des éclipses pendant lesquelles des sor-
cières lançaient leurs sorts. Il quitte la mer, où pourtant
il repose quand on le laisse en paix, pour faire régner la
terreur parmi la plupart des hommes qui, aujourd'hui,
vivent sous sous régime et sa puissance, dans sa crainte
et selon ses caprices. Béhémoth, quant à lui, sévit en

herbivore fantastique affamé qui engloutit la végétation de mille montagnes, en quoi il est devenu l'emblème de la force brutale.

Hobbes a raison de convoquer ce bestiaire fantastique pour désigner la toute-puissance du corps politique, du corps social et des machines à soumettre l'individu sous le registre du communautaire présenté comme la vertu suprême. Animaux dévoreurs, ignorant tout de leur carnage, bêtes affamées détruisant toute subjectivité sur leur passage, Léviathan et Béhémoth font la zoologie politique en vertu de quoi l'homme représente une proie de choix pour le prédateur, ce monstre fabuleux anéantissant les plus petits que lui. Cette machine hystérique a produit sur terre un enfer contemporain dont je voudrais, ici, proposer une cartographie. Comme il y eut des cartes du Tendre, des portulans et des sextants embarqués pour écrire les lignes que font les côtes, les syrtes fuyantes et changeantes, les bancs de sable mobiles et trompeurs, les gouffres et les pics, les montagnes et les abîmes, les falaises raides comme des ifs tendus vers le ciel ou les eaux faussement dormantes qui cachent des abysses, les courants et les tourbillons invisibles, il y a une *géographie infernale**, une typologie dont la *Divine Comédie* fut un jour l'occasion.

J'ai aimé, chez Dante, les neuf cercles et les trois girons, les dix bolges et les quatre zones qui font l'enfer, sinon les sept corniches du purgatoire à l'aide de quoi il est possible, non pas de s'enquérir d'une Béatrice rêvée, mais de poursuivre la quête d'une compréhension de ce qui fait, ici et maintenant, l'enfer que vivent certains sur terre. De la misère, qui parcourt de part en part ces terres infernales, il n'est pas souvent question comme d'un objet philosophique. La sociologie, plus souvent, s'en empare pour la dire, la décrire, la montrer, affirmer qu'elle existe, la chiffrer, et c'est déjà beaucoup. Mais où sont les philosophes ? Que font les intellectuels et que disent-ils sur cette question ?

Plus soucieux des misères du monde quand elles paraissent nobles, dignes et susceptibles d'ouvrir les portes d'une reconnaissance médiatique ou d'un hypothétique prix Nobel, ils ne tarissent pas de manifestes, de pétitions, de prises de position quand la misère est propre, c'est-à-dire quand elle relève des guerres, des génocides sanglants, des combats planétaires entre puissances affolées. Mais la *misère sale**, celle des sans-grade, des indigents, des héros de tous les jours qui meurent dans les cages d'escalier, à cause du froid ou de la faim, ou qui, quotidiennement, battent du pied sur les trottoirs où ils attendent l'aumône d'un travail minable ? Celle des hommes et des femmes qui, sans relâche, offrent leur temps, leur énergie, leurs rêves, leurs désirs aux gueules avides du Léviathan, dans les usines, les ateliers, les entreprises ?

Où sont les philosophes qui firent la théorie de la misère, ceux qui, après Proudhon et Marx, suivis par Simone Weil, ont fait de la condition des miséreux et des ouvriers un objet philosophique aussi digne politiquement que la question des droits de l'homme, du droit d'ingérence ou de la fin de l'histoire ? J'attends encore qu'un contemporain en vue, moins soucieux de son inscription dans l'actualité d'une mode que dans la logique d'un travail authentiquement philosophique, soit à son temps ce que Proudhon fut au sien en écrivant sa *Philosophie de la misère,* un ouvrage qui, malgré ses limites, reste le prototype du travail politique par excellence : celui qui consiste à poser en termes clairs ce qui fait à ses propres yeux de penseur l'objet du scandale majeur.

Le mien — mon scandale majeur — est qu'il existe dans mon voisinage, dans le cadre d'une proximité douloureuse et quotidienne, un enfer dans lequel on entretient un certain nombre d'hommes, de femmes et par la même occasion d'enfants qui sont sacrifiés jour après jour aux exigences du Léviathan et au rut des Béhémoths. Ma logique demeure hédoniste, elle ne cesse de l'être livre après livre. J'ai précisé souvent, mais jamais assez, que l'impératif catégorique de l'hédonisme envisageait le jouir *et le faire jouir* — cette seconde partie, indissociable, constitue la généalogie de la politique que je propose — elle vaut comme modalité d'une éthique alternative à celle de l'idéal ascétique.

L'enfer dans lequel croupissent ceux qui nourrissent la machine sociale, ou qui ont été exclus par elle, comme les déjections d'un animal infect, suppose par définition le lieu dans lequel triomphe l'idéal ascétique au détriment de tout hédonisme, de quelque nature qu'il soit. Impossible de jouir ou de faire jouir dans ce cloaque, cette sentine de la civilisation où se stratifient les déjections, certes, mais aussi les pathologies et les mécaniques serviles qui structurent le Léviathan. Une politique hédoniste exige avant tout une éthique soucieuse de l'éradication de cet enfer sur terre, une morale de combat contre ces fumées échappées du Tartare, un volontarisme esthétique déclarant la guerre, de manière radicale et impitoyable, à cette politique de la terre brûlée où gémissent à peine ceux qui passent leur vie à la perdre.

Je m'étonne encore et toujours du silence dans lequel souffrent ceux-là, de leurs sanglots contenus et de leur soumission aux nécessités brutales du système comme s'il n'était aucune alternative possible, ou qu'autre chose soit impensable, impossible, inconcevable. D'accord avec Bakounine, contre Marx, j'ai toujours cru que les plus oubliés constituent *hypothétiquement* un ferment plus efficace pour les révoltes logiques ou les révolutions que les avant-gardes éclairées du prolétariat, les fers de lance aiguisés d'une éminence de la classe ouvrière. J'ai plus de sympathie pour la révolution artiste du premier que pour l'art des révolutions du second, pour les poètes et les damnés de l'un que pour les dialecticiens et les révolutionnaires professionnels de l'autre. Blanqui et Rimbaud, plutôt que Lénine et Trotsky. Aussi, je me refuse à parler *pour* les pauvres en revendiquant pleinement la tâche éthique et le devoir viscéral d'être *avec*.

À quoi, donc, ressemblerait une cartographie infernale de la misère, aujourd'hui[1] ? Non pas une misère métaphysique, propre, transfigurée par la philosophie qui la définirait comme manque ou pénurie existentielle, inadéquation entre l'être et l'avoir, antinomie radicale entre l'aspiration et la possession, impossibilité totale de dépenser que supposerait le confinement dans le seul souci d'une économie de soi ou d'une pure et simple survie, mais la misère incarnée, la misère sale qui a des noms : clochards et chômeurs, délinquants et intérimaires, apprentis et employés, ouvriers et prolétaires, celle qui fait le trottoir avec les prostituées, dort sous les ponts avec les vagabonds, couche dans le lit des prisonniers, hante le sommeil et les nuits des gens sans travail. La misère dont Littré dit le paradoxal cheminement de la haine et de la tristesse puis leur étrange parenté. D'autres étymologistes insistent sur la proximité du terme avec le malheur. Peut-on mieux signifier l'antinomie avec l'hédonisme dont la formulation dantesque serait le paradis ?

---

1. Voir le tableau p. 337.

L'enfer dont je parle coïncide avec un univers dans lequel sont nettement tracés trois cercles dont chacun délimite des territoires avec leurs lois, leurs logiques propres. Ils structurent trois formes pour trois mondes desquels on peut chuter, en involution, rarement s'extirper, en évolution. Le cloaque total, la terre des rebuts, des déchets et des ordures, celle au-delà de laquelle il n'est que les charognes pas même recouvertes par une poussière bienveillante, c'est celle des *damnés*. J'appelle damné celui qui n'a plus rien que lui et se vit exclusivement sous le mode douloureux des nécessités vitales et animales : manger et boire d'abord, dormir ensuite, se protéger des intempéries. Rien d'autre.

Après lui, il y a ceux qui se disputent la pitance des rats et des chiens errants, des chats perdus et de la vermine. Ils se définissent par l'empire sur eux des besoins élémentaires et l'urgence de les satisfaire sans quoi il n'y a pas de vie. Clochards, disait-on naguère avant que la conjuration du terme par les imbéciles — comme si elle suffisait à faire disparaître ce qu'il nomme — permette le triomphe de la périphrase du sans-domicile-fixe, appelé aussi plus prosaïquement SDF, tel un sigle qui, magique, dispenserait le signifiant de toute relation avec un quelconque signifié et vaudrait prestidigitation du réel par la seule sémantique.

Je veux retenir le terme de clochard, aussi pour des raisons d'étymologie, car celui-là se définit d'abord parce qu'il boite, qu'il cloche et que clocher, c'est aussi être défectueux, pécher contre quelque règle, s'installer du côté impair et gauche — je reviendrai sur cette gauche-là —, montrer sa faiblesse, son inadéquation, son inachèvement, son déséquilibre. Héphaïstos et Jacob étaient boiteux pour avoir combattu avec Dieu et les clochards parce qu'ils sont les vaincus d'une lutte

à mort avec le Léviathan, les forces sociales et politiques conjuguées. Ils clochent après avoir été terrassés
par les dieux de l'argent et du capitalisme emballé.

Clochard et vagabond, il apparaît tel aux yeux de ceux
qui ont refusé le combat avec ces dieux-là pour se donner
à lui corps et âme en dehors et à l'exclusion de toute
lutte. Sales, hirsutes, puants, vêtus de guenilles, ficelés
comme des paquets, protégés par un bricolage qui est
aussi un collage de déchets, les clochards ajoutent bien
souvent à leur claudication par l'usage de l'alcool
comme du seul viatique, du seul cordial permis pour tra-
verser les épreuves du froid, de la faim, de la nuit, de la
solitude, de l'abandon et de l'isolement. Le mauvais vin
donne au corps de quoi se sustenter et se réchauffer
quand tout alentour se montre hostile.

Cette boiterie à laquelle s'ajoute la démarche cha-
loupée de ceux qui sont enivrés montre à l'envi l'of-
fense faite à la verticalité qui définit l'*Homo sapiens*
et le retour insensible à ce qui fait la régression de
l'espèce : verticalité, bipédie ; puis voussure, équilibre
précaire, déséquilibre ; enfin, un mélange de quadrupédie, sinon de reptation ou de prostration qui désigne à
quel trajet on a contraint le damné : la réécriture, dans
son corps et sa personne — comme en perversion de
l'idée que l'ontogenèse récapitule la phylogenèse —
des états antérieurs à l'hominisation. Chez le damné
maximal, cette rétroversion de l'humanité lui fait parcourir en marche arrière toutes les étapes d'un ances-
tral progrès qui devient un actuel regrès : allongé sur
le sol, confondu au trottoir, perdu dans les cartons
empilés, aviné, sinon assommé par l'alcool, le clochard
ne se limite pas seulement, on le voit, à quelqu'un que
définit sa privation de domicile fixe, c'est aussi celui
dont le seul domicile fixe est le corps vécu comme une
malédiction, une perpétuelle occasion de récrimina-
tions, corps qu'il faut nourrir, rafraîchir, vêtir, proté-

ger, réchauffer, corps frère en cela des déportés et prisonniers. Corps qu'il faudrait épargner en ne l'exposant pas aux dangers des carences alimentaires, thermiques ou de sommeil, corps qui devrait éviter aussi bien le retournement de la violence contre soi, que le détournement et la canalisation de celle-ci sur les autres.

Par ailleurs, songe-t-on à ce que représentent les nécessités de défécation quand aucun lieu clos et privé ne permet d'en cacher l'animalité ? Des damnés contraints par Léviathan à se soulager comme les animaux, presque en public, quasiment au vu et au su de tout le monde, l'Enfer de la *Divine Comédie* n'avait pas songé à ce genre de pénitent et d'expiation. En revanche, les camps de concentration, sinon certaines prisons françaises, si. Les damnés sont ceux-là que leurs besoins corporels impossibles à satisfaire ravalent au spectacle de l'humiliante animalité qui, sinon, gît en chacun de nous, confinée aux usages privés et confidentiels. Le clochard est privé de vie privée, en passe d'être toujours publique, exposée sous l'œil du premier venu, du passant banal.

Réduit à un corps contraint au seul cri, le damné rappelle l'homme préhistorique d'avant le Néolithique, celui qui affirmait une proximité encore grande avec les mammifères dits inférieurs du monde animal. Se protéger des dangers, d'où qu'ils viennent, car tous sont prédateurs potentiels pour le damné ; se couvrir, trouver un abri contre les rudesses du climat, car le gel de l'hiver équivaut à une condamnation à mort pour ceux-là comme pour les animaux surpris par l'hiver ; fabriquer du feu, symboliquement retrouver le sens du foyer autour duquel on élabore un peu des moyens de conjurer la totale assimilation aux bêtes. Et cela permet au moins de survivre.

Mais aussi, et pour vivre, cette fois-ci, il faut égale-

ment rejouer sur la scène du monde moderne et industriel la pièce ancestrale de la chasse, de la pêche ou de
la cueillette que sont devenues, après transfigurations,
les techniques de mendicité d'aujourd'hui. Les forêts
ont disparu, et avec elles la nature hostile et dangereuse, dissimulant tous les périls à chaque instant. Il
n'y a plus de bêtes embusquées ou d'animaux prédateurs, plus de dangers venus des fourrés, des taillis, des
anfractuosités, mais sans limites est l'hostilité des
villes tentaculaires et démesurées, des cités mégalo-
manes et furieuses. Les activités de mendicité s'appa-
rentent aux techniques primitives permettant la
nutrition pure et simple, nécessitant une perpétuelle
répétition, chaque fois que le corps manifeste ses
besoins. Gagner sur le néant, sur la mort, repas après
repas, jour après jour, confiné dans un temps de la pure
et simple immédiateté, le damné vit privé de toute possibilité de futur, il souffre ici et maintenant. Demain
sera un autre jour, peut-être celui du trépas, tant il faut
vivre au quotidien en compagnie de la mort et de ses
attributs.

L'espace est fractionné comme un territoire sur
lequel se dessinent et se déterminent, presque en super-
positions symboliques avec les conchiages et compis-
sages, des zones contrôlées, sinon soumises à des lois
non écrites ressortissant à l'éthologie la plus élémentaire : la lutte pour l'existence et l'espace vital, le droit
du sol et celui du premier occupant, la sélection naturelle impitoyable, la gestion solitaire ou tribale des
richesses et des biens, la horde constituée à la façon
des troupeaux. Ceux qui annoncent en frétillant la fin
de l'histoire devraient s'intéresser au retour de la préhistoire dans certains cas.

De sorte que les principes théoriques hérités du Néolithique trouvent leur illustration dans la pratique des
territoires où l'on peut mendier sans empiéter sur l'es-

pace de l'autre, des cages d'escalier, caves d'immeubles, halls de bâtiments collectifs, soupentes, escaliers et autres squats que l'on peut occuper sans léser tel ou tel, des caches les plus élaborées, les consignes, à celles, plus attendues, qu'on utilise pour préserver du sort ce qui reste d'attaches et de racines avec le monde de ceux qui ne sont pas damnés, papiers, documents, objets, fétiches — tout suppose et nécessite un quadrillage de l'espace et une maîtrise des parcelles selon l'ordre des forces et des nécessités vitales.

Un temps réduit à l'immédiat, un espace ordonné en vertu des principes posés par Darwin constituent les seules richesses qui restent au damné. Voilà pourquoi il n'entend pas se faire dépouiller de ce qui lui reste en propre dans des institutions charitables — les mêmes amateurs de néologismes pudiques disent caritatives — où il lui faut, pour être admis, abandonner jusqu'à sa jouissance libre du temps et de l'espace au profit d'autres marques imposées par l'institution : emploi du temps, répartition des chambres, renoncement au peu d'autonomie qui reste au profit d'ordres venus des responsables annonceurs des heures du lever, du coucher, des repas, obligeant au déshabillage, au lavage, au calibrage auxquels on ne consent qu'en abdiquant, pour le coup, ce qui subsiste de latitude.

Paradoxalement, la rue demeure ce qui reste au damné quand on lui a tout supprimé — autant dire, parfois, un luxe inouï pour ceux qui n'ont plus qu'un corps exigeant et douloureux, fragile et impérieux. Même s'il doit partager cette géographie monstrueuse avec les chiens errants, les rats affamés et les déjections animales ou autres poubelles renversées, le damné montre une exceptionnelle vitalité, un courage sans nom et une force dont je suis loin de croire qu'elle est aussi manifeste chez ceux à qui ils doivent cet état : les gardes-chiourme du capitalisme emballé.

Démunis, appauvris, amoindris, détruits, ils persévèrent dans leur être avec une énergie faisant d'autant plus mon admiration que je méprise ceux qui, loin d'être les déjections du Léviathan, vivent avec lui, de lui, obtiennent ses faveurs en le caressant, le flattant, le célébrant — tous ceux que ne révoltent point cet état de fait et cette misère qu'ils ont circonscrite en la nommant *conjoncturelle* tout en précisant qu'elle procède nécessairement de la crise, c'est-à-dire d'un état exceptionnel et passager, alors que la misère est *structurelle* et qu'elle découle du mode de répartition sociale, donc politique, des ressources et des biens, des richesses et des valeurs.

Je reprends Dante et pointe les expiations inventées par son imagination : bien qu'elle ait été sans limites, elle reste très en deçà de ce que souffrent les damnés du monde moderne, ceux du premier cercle. Pluies noires et glaciales, ouragan infernal, insatiable désir, soumission à la boue, condamnation à des travaux répétitifs, à subir les insultes, immersion dans des eaux sales, dépeçage par les chiens ; ailleurs, ils sont plongés dans des fleuves d'excréments, couverts de gale et de lèpre, dévorés par la soif ou les fièvres ardentes, pris dans les glaces : voilà des punitions qui sont vécues tous les jours par ceux-là, dans les rues des villes de France, et non dans un hypothétique Hadès nourri des seules imaginations.

Qu'est-ce qui leur est épargné ? Dormir dans des tombes brûlantes, être roulés dans des fleuves de sang bouillant, se faire changer en arbres qui pleurent et gémissent, coucher sous une pluie de feu, fouettés par les diables, plongés la tête en bas dans des trous circulaires, la plante des pieds brûlés par les flammes, être trempés dans la poix brûlante ou harponnés par des démons, mordus par des serpents, sinon transpercés par l'épée des diables ; certes, mais c'est tout simplement parce qu'on serait bien en peine de trouver des diables, des démons, du sang en quantité ou des magiciens capables de transfigurer les douleurs vécues en plaintes végétales. Car, sur le terrain métaphorique, le sang, le feu et les larmes, les coups et les vexations ne manquent pas dans un monde où triomphe la loi de la jungle.

Qu'ont-ils fait pour mériter ces peines infamantes ? Pourquoi leur dénie-t-on à ce point toute figure humaine, tout statut de dignité ? Du moins, chez Dante, il avait fallu commettre des péchés, avoir fauté : luxure ou gourmandise, avarice ou colère, hérésie ou violence, fraude, séduction, adulation, simonie ou trafic, concussion, hypocrisie, vol ou perfidie. Furent-ils schismatiques, faussaires, alchimistes, falsificateurs ou traîtres ? Rien de tout cela, qui est même souvent et la plupart du temps le lot et le quotidien de ceux auxquels ils doivent leur déchéance. Alors ?

Alors rien, ils sont tout simplement les déchets du Léviathan, les déjections du corps social qui fait la fête sans eux, malgré eux, grâce à eux, contre eux. Leur faute ? N'être pas utilisés par la communauté, se faire refuser en tout et partout pour cause d'inutilité décrétée. Sous-hommes voulus comme tels par ceux mêmes qui, souvent, égrènent les articles de la Déclaration des droits de l'homme ou se gaussent de l'excellence de toutes les constitutions possibles et imaginables. La misère sale, celle-là, malodorante et écœurante, qui dégoûte et soulève le cœur, découle du fonctionnement de la machine sociale, est un recyclage des reliefs, une production de ce qui, même chez Platon, pour cause de vilenie maximale, comme les ongles, les cheveux ou la crasse, gît en pur phénomène, sans correspondance intelligible. Dégradation entropique du seul être qui soit : l'être social et les machines qui vont avec.

Du premier cercle, donc, on retiendra l'errance, le

nomadisme involontaire, l'abandon, le déni de dignité et la tyrannie radicale d'un corps réduit à sa plus simple expression. Désirs à l'état pur, brutaux et violents, primitifs et tournés vers Thanatos, besoins incandescents à satisfaire sous peine de trépas — les fameux désirs naturels et nécessaires d'Épicure. Damnés, abandonnés, perdus, ils frôlent la mort tous les jours, vivent avec elle, se battent contre elle. Leur triomphe au quotidien donne chaque fois le signe qu'ils peuvent encore vivre, comme on accorde l'aumône, avec une parcimonie précaire, supportant une lame derrière la tête, prête à tomber à chaque seconde.

Quittons ce premier cercle dont les sociologues pourraient comptabiliser la population et préciser quelle relation chiffrée elle entretient avec celle du deuxième cercle. Dans l'ensemble infernal, la progression s'enregistre sur le mode exponentiel. Trop de damnés, mais plus encore de *réprouvés* que je définirai une fois encore dans leur relation avec le Léviathan : les premiers sont les rejets, les déjections, les seconds les symptômes de la pathologie du corps social, ceux qui sont en équilibre, prêts à basculer, quittant l'incertitude de leur cercle pour le premier, celui de la damnation, ou pour le troisième dont je préciserai tout à l'heure la nature.

Des réprouvés, donc. Ils sont les symptômes d'une pathologie car ils trahissent une fragilité, une précarité topologique entre la maladie sociale mortelle et la maladie chronique assimilée au prolétariat. La paupérisation définit les contours de la dynamique qui régit l'ordre de ces cercles, leurs entrecroisements, leurs séparations, leurs points de jonction, de friction, de communication. Sursitaires, et non encore condamnés comme les premiers, les réprouvés peuvent encore espérer une place, même modeste, dans le monde des prolétaires qui fournit le plus grand nombre des locataires du dernier cercle de cet enfer misérable.

Pour conserver le vocabulaire cartographique de Dante, je distinguerai dans ce deuxième cercle un *giron* constitué par les figures interdites d'activités sociales et une *bolge* forte des exclus qu'on a privés de travail. Du giron, d'abord. Disons qu'il contient, dans l'ordre croissant d'utilité sociale, selon les catégories pratiquées par l'Occident capitaliste, les vieillards, les fous, les malades et les délinquants. Les damnés supposaient un pur corps nomade, les membres du giron, un *corps improductif**, soit momentanément, soit définitivement, soit qu'on sache l'irrémédiable de la situation, soit qu'on imagine la possibilité d'une évolution.

On songera, pour évoluer dans pareil monde, aux analyses magistrales de Michel Foucault qui a proposé une généalogie, une archéologie, une typologie, une méthodologie des lieux de confinement réservés à ces réprouvés : l'hospice, l'asile, l'hôpital et la prison, toutes forteresses où l'on concentre et conserve ceux que la société aura parqués pour cause d'inutilité sociale caractérisée, momentanée ou définitive. On sait les thématiques de l'enfermement, de la discipline, de l'aveu, de l'infamie, de la gouvernementalité innervant l'œuvre de Foucault. Elles permettent le matériel conceptuel analytique des logiques qui gouvernent ce fragment du deuxième cercle.

En quoi sont-ils pécheurs, ces boucs émissaires d'un corps social préoccupé d'efficacité et de rentabilité ? D'avoir emprunté naturellement, volontairement, involontairement, sous le coup de tropismes héréditaires ou de volontés délibérées, peu importe, des chemins de traverse, des voies obliques qui contreviennent à l'idéal formulé pour lui-même par le Léviathan : jeunesse, santé, raison et moralité. On dirait l'entrée d'un chantier de jeunesse pétainiste. Quatre vertus cardinales que le corps social ne supporte pas de voir dévoyées. Péché contre la religion sociale, insulte faite au narcissisme du Léviathan qui célèbre des images de lui-même, formule des icônes auxquelles il exige une soumission franche, nette, une inféodation sans faille. À défaut, c'est le parcage, l'emprisonnement, la mise à l'écart.

Les vieux et les vieilles, auxquels on dénie tout autre droit que celui d'être encore consommateurs et dispensateurs de leur retraite dans le jeu social consumériste, subissent progressivement la privation de toute l'arrogance permise aux jeunes : pas de sensualité ou de sexualité triomphante, une vie privée qu'on veut modeste et sans tapage. Poussés doucement vers la sortie, on les chérit, conserve et vénère tant qu'ils recyclent leurs économies dans la machine sociale. Improductifs avérés — sauf quand ils font de la politique, où la limite d'âge n'existe pas —, ils sont écartés avec la même véhémence qu'on aura mise à sacrifier leur liberté, leur vie, leur énergie, leur existence dans les temps où ils s'évertuaient à nourrir la machine sociale, en leur période qu'on disait *active*. Leurs forces définitivement irrécupérables, on ajuste la dose d'isolement infligée : d'une participation modeste, discrète, en retrait, pour les plus chanceux, au pur et simple ghetto promis à ceux dont la mécanique est trop usée pour qu'on leur destine autre chose que le mouroir des maisons pudiquement dites de repos.

De même pour les fous dont le corps n'obéit plus, lui non plus, docilement, aux injonctions sociales, livré au caprice, à l'invention, au délire, à l'improvisation presque toujours asociale. Déraisonnable, celui qu'aura déserté la raison occidentale sera déclaré inapte à occuper une fonction au sein du corps social. Esprit inutilisable, âme improductive, donc corps bafoué, relégué, négligé. Malheur à ceux chez qui cette faculté, dressée comme un animal domestique, fait défaut de près ou de loin : par limite, pauvreté, déficience, inadéquation ou par absence, elle est ce qui autorise la mise au rebut des malheureux qu'elle a oubliés. Tout le système scolaire, qui vit de dressage et de domestication, vise à classer les raisons en fonction de l'usage docile que savent, ou non, en faire ceux qu'on *éduque*. Le diplôme atteste et certifie l'utilisation correcte de la raison, c'est-à-dire sa mise en œuvre selon les usages sociaux confirmés, mais sûrement pas en vertu de la pure intelligence ou de l'inventivité radicale. La raison raisonnable et raisonnante triomphe en pur produit du Léviathan, en création destinée à mesurer le degré d'obéissance et de soumission des impétrants.

La raison passe pour un excellent indicateur de la dose de socialisation que sont capables d'engranger les demandeurs de reconnaissance sociale, ceux qui attendent de l'animal social un laissez-passer, une autorisation pour prendre part au festin auquel il convie les natures obséquieuses. Dans la logique qui anime le Léviathan, et en vertu de laquelle tout particulier ne vaut que lorsqu'il est convaincu de la nécessité de sa subsomption sous l'universel, la raison triomphe en instrument de la socialisation réussie, tel un argument déployé en faveur de la négation, de la dissolution de l'individualité dans la totalité. Son usage calibré et déterminé sert l'antinomie perpétuelle entre l'individu et la société.

Le fou apparaît ainsi comme l'incarnation de celui dont la raison défaillante rend improbable l'intégration sociale. Soit il manifeste l'impossible emprise du collectif sur un individu autrement que sur le mode de l'enfermement et de la camisole, soit il montre, en acte, dans un corps, une chair, l'œuvre de destruction dont se rend coupable le Léviathan à l'endroit de ceux qui, fragiles, résistent à son empire avant de finir pulvérisés par lui. Dans les deux cas, la folie se diagnostique comme ce qui rend irréalisable toute subsomption de l'individu sous le ventre glacé de l'animal social. Sans la jeunesse ni la raison, il n'est aucune chance pour un individu d'exister à part entière.

Ni lorsque la santé physique paraît défaillante ou fait défaut. De sorte que ces trois conditions sont exigées pour qu'un corps puisse être reconnu comme tel et intégré dans le jeu social contemporain. Le corps improductif ne saurait être un corps à proprement parler, car on veut de lui qu'il soit dans le détail un raccourci semblable en tout au corps social. Après avoir servi de modèle à la mécanique sociale et politique, la physiologie des chairs et le principe des organismes, des circulations de flux, des ventilations, des excrétions, des ingestions et des digestions agissent en effet de retour. Devenu autonome, le corps politique, calqué sur le corps des individus, a exigé et obtenu que leur propre chair prenne modèle sur les vertus du corps social : santé, vigueur, efficacité, productivité, rendement, performance. Tout ce qui n'illustre pas l'excellence et la pertinence du modèle induit le rejet social.

Le malade apparaît trop comme la preuve qu'un organisme social peut également connaître des pathologies diverses — ce qui est intolérable. Le corps momentanément ou définitivement improductif, selon qu'il sera affecté par une maladie avec solution, guérison, rémission, ou par une pathologie incurable, définitive et irrémédiable, est renvoyé du côté des réprouvés avec sursis ou des réprouvés catégoriques. D'un côté, les corps affectés de manière bénigne, occasionnelle, opérables, susceptibles d'une réinjection dans le jeu social après mise en conformation et conformité ; de l'autre, ceux que la maladie a travaillés jusqu'à la moelle et qu'elle ne lâchera pas. Cancer en phase ter-

minale, sida déclaré, paralysies diverses dont la trétra-
plégie comme forme quintessenciée.

À ceux-là, malades d'un jour ou de toujours, le
Léviathan désigne l'hôpital comme un lieu clos, un
espace d'enfermement régi par des lois indifférentes à
celles du dehors. Derrière les murs et dedans, il n'y
a aucune commune mesure : sous la lampe du bloc
opératoire, sous les néons des chambres de réanimation
ou de convalescence, le mode féodal gouverne en fonction du pouvoir de droit divin dont dispose le savant,
racine du despotisme éclairé, grâce à sa science et son
pouvoir magique de fouiller les corps et de les remettre
en état. Lui seul décide du devenir d'un corps : soit
définitivement improductif, soit recyclable dans les
délais qu'il fixe. En cas d'improductivité dûment
constatée, établie par la faculté et son ordre, le malade
est intégré au bataillon des réprouvés qu'on abordera
dès lors sur le mode de la componction, de la condescendance ou de l'infantilisation. Du moins de l'évitement soigneusement entretenu, car on contournera le
sujet, la question, le problème. Qu'advienne alors la
mise au rebut, en attendant la mort, pourvoyeuse de
l'improductivité la plus indéniable, la moins contes-
table.

Enfin, ces corps improductifs peuvent l'être non pas
parce que la physiologie dérape, sort de la route et
embrasse le décor, mais parce que le vouloir, le libre
arbitre, le pouvoir décisionnaire, appelons-le ainsi,
n'aura pas été utilisé de la façon dont le Léviathan
attend qu'on s'en serve. Non pas chair défaillante, mais
décision défaillante : le délinquant définit l'individu
indocile aux volontés du groupe, il aspire à autre chose,
autrement. Or, comment peut-on vouloir en dehors de
ce que le corps social impose en unique objet de désir
possible ? Qui peut, sans se marginaliser, se vouloir
comme un réprouvé, faire le choix de l'infamie, opter

pour l'autonomie du jugement, puis faire déboucher celui-ci dans un acte, un fait, un geste répréhensible ? Quel suicidaire préfère l'autonomie de son désir propre au désir grégaire et communautaire ?

Le délinquant veut autre chose que ce qui limite socialement sa puissance. Il se meut dans un monde où le Léviathan n'existe pas. Il vit de la pure et simple expression de son vouloir, sans aucun souci, sans aucune préoccupation de quelque sorte des impératifs sociaux. Dans le jugement qu'en font les tenants de l'ordre social, les défenseurs du territoire occupé par la bête maléfique, le délinquant apparaît, en frère du fou, comme dépourvu de raison, sinon de toute santé mentale. Du moins de moralité, cette vertu fabriquée avec la moraline pour justifier et légitimer récompenses et punitions distribuées par les garçons d'étable du Léviathan que sont toujours les juges, les prêtres, les légistes, les professeurs, et autres tenants de l'ordre moral, donc social.

L'expiation est exigée pour celui qui, coupable d'improductivité, a préféré la facilité des vices qui contreviennent aux vertus d'humilité, de douceur, de pauvreté voulue, de tempérance et autres colifichets éthiques auxquels recourent les professionnels du dressage social. La prison vaudra comme l'hospice, l'asile et l'hôpital : des occasions de désamorcer les énergies cataloguées comme négatives en regard des dogmes de la religion communautaire. Sinon des lieux où se traitent ou se gèrent ces prétendues pathologies sociales qui entraveraient la bonne marche, rentable, de la machine grégaire.

Étonnamment, les réprouvés de ce giron défini par l'enfermement des corps improductifs sont assistés inversement à ce que l'on peut attendre de reclassement à l'endroit du corps social. Jamais on ne recouvre la jeunesse, parfois la raison, la plupart du temps la santé, toujours, si l'on voulait, la moralité. Et pourtant, seuls ceux qui sont irrémédiablement condamnés concentrent les sollicitations bienveillantes maximales, au même titre que les fous incurables ou les malades condamnés à mourir à brève échéance. Parqués, sortis du système, ils sont comme en marge, dans un enfer doré.

À l'inverse, les délinquants emprisonnés font l'objet de peines disproportionnées visant, la plupart du temps, la punition pure, l'humiliation nue et l'expiation sèche, au détriment de toute réinsertion possible ou pensable, à l'opposé même de ce que devraient être des processus ou des soucis de réintégration sociale. Promiscuités, défécations communautaires, privation de sexualité, offenses aux règles élémentaires de l'hygiène, obligation à une vie collectiviste, soumission de toute volonté et de toute liberté, de toute autonomie et de toute indépendance au principe d'autorité qui légifère en tout et pour tout : le temps et l'espace sont quadrillés comme les territoires animaux avec interdiction d'en user autrement que ce qu'exige le règlement. De l'usage défaillant des codes une fois, on induira le dressage pour toujours dans une institution apparentée aux plus rétrogrades parmi les plus rétrogrades. Comme si l'on voulait faire payer plus cher le mauvais usage d'un corps et d'une volonté, qui pourraient être tendus vers la soumission sociale, à celui qui n'a pas le choix et agit en vertu d'un tropisme de nécessité. J'en conclus qu'on punit la volonté libre en prenant prétexte de l'objet qu'elle aura élu, sans le souci des usages, car en fait le Léviathan ne supporte pas l'exercice pur et simple de celle-ci en dehors de ce qu'il a édicté.

Le giron des corps improductifs suppose l'enfermement et le mode carcéral, la société close et la fermeture sur des microsociétés où sévissent des règlements propres — dits intérieurs — en contradiction parfois avec ceux du dehors : de la Déclaration des droits de l'homme et du citoyen aux droits positifs du vieillard sénile, du fou, du malade ou du prisonnier, il y a une distance considérable. Dans cet écart, cette coupure, cette béance s'installe la misère dont j'ai dit qu'elle caractérisait les réprouvés traités comme preuves de l'existence des pathologies sociales qui ont aussi une autre modalité : non plus celle des corps improductifs et enfermés, mais celle des forces improductives et errantes.

Restons dans la terminologie de Dante et parlons alors d'une _bolge_ qui contient ceux qu'on a privés, non plus d'activité, comme les précédents, mais de travail. On y voit les immigrés clandestins, les réfugiés politiques, les chômeurs, voire cette catégorie associée à la panoplie des signes nouveaux : les _érémistes_ qu'on peut définir comme les assistés _a minima,_ avant le basculement de leur destin du côté des damnés. Gens sans terre et sans ouvrage, sans nationalité et sans travail, ils sont bien souvent par-delà les lisières des lieux où se prennent les décisions, aux frontières nettes et tranchées, là où croupissent les victimes de la force centrifuge des villes, brutales, cruelles et impitoyables : banlieues, cités, zones d'immeubles qui logent parfois en un seul bâtiment l'équivalent de la population d'un gros bourg de province sans rien de ce qui permet la convivialité des villages de campagne.

Là où ils sont vivent ceux sur lesquels toujours le pouvoir s'exerce, et qui, sans discontinuer et sans rémission, subissent les misères, les calamités sociales et les brimades consubstantielles aux délires du Léviathan. Venus de Somalie où les clans en guerre s'entretuent, d'Algérie où sévissent les hystériques intégristes, de Bosnie où purifient toujours les Serbes, de Moldavie où l'antisémitisme fait rage, Tamouls chassés par la guerre civile, Afghans persécutés par les musulmans au pouvoir, Tziganes encore et toujours les proies fétiches des fascistes en bandes, Éthiopiens chassés par la famine, Maghrébins arrachés à leurs terres sèches et désertiques, tous ont quitté un enfer pour en trouver un autre, préféré toutefois à celui où l'on risque de mourir de faim, de guerre, de persécution ou de terrorisme.

Errants sans attaches, de passage et déracinés, attendant de la France l'hospitalité que sans cesse et à la face du monde elle dit offrir, et que toujours elle offre chichement, ils sont les réprouvés sur lesquels d'autres réprouvés, souvent, concentrent toute leur agressivité, trouvant bouc émissaire idéal dans plus malheureux que soi, plus pauvre et plus démuni. Pourtant, tous font les frais des us et coutumes du Léviathan en civilisation capitaliste, tous subissent et supportent les mêmes dénégations d'un social qui fustige et persécute ceux qui revendiquent une misère en guise de paiement et de salaire pour cette richesse qui fait défaut — le travail. Or ledit défaut de travail est savamment entretenu par ceux qui ont intérêt à cette pénurie : les acteurs et les bénéficiaires du capitalisme emballé pour lesquels c'est pain blanc de disposer d'un réservoir de main-d'œuvre d'autant plus prête à accepter n'importe quoi et sous n'importe quelle condition qu'elle croupit dans les zones les plus incandescentes et les plus dangereuses du paupérisme.

Embarqués sur les mêmes bateaux précaires, les chômeurs autochtones, ceux aussi qui vivent du revenu minimum d'insertion, grossissent des forces improductives dans une logique qui a fait du travail une valeur absolue, une éthique à proprement parler. Or cette morale doloriste découle directement des schémas chrétiens selon lesquels le labeur a pour généalogie la nature pécheresse des hommes et qu'il en va de la souffrance consubstantielle au travail comme d'une punition, d'une expiation, nécessaires en vertu de fautes commises par le premier homme : le travail doit être souffrance, pour ceux qui en ont, et malédiction pour ceux qui en sont privés. Alors triomphe l'idéologie dominante de l'idéal ascétique : ceux qui le subissent n'ont pas les moyens d'y échapper, ceux qui le désirent n'ont pas le loisir d'y accéder. En attendant, tous souffrent par lui, pour lui.

Qu'on se souvienne de l'étymologie, une fois encore, qui fait découler le travail du *tripalium,* cet instrument de torture disant assez ce qu'il faudrait penser de toute activité laborieuse et salariée si nous n'étions soumis, pieds et poings liés, aux épistémès, pour le dire comme Foucault, qui procèdent de la haine du corps et jubilent de toutes les activités qui permettent la castration, la contention, la rétention, la suspicion à l'endroit de la chair, des désirs et des plaisirs. La religion du travail a fait du chômeur un martyr, la ferveur qu'elle exige et les sacrifices qu'elle veut ont transformé les demandeurs d'emploi en pécheurs et en pénitents qui peuvent obtenir un pardon et le salut dans la mesure où ils auront mérité et gagné une rédemption à force d'impassibilité et de soumission aux nécessités des lois sinon de la fatalité du moins d'un marché faisant régner sa terreur par la pénurie organisée du travail en lieu et place d'un partage. D'autant qu'une autre répartition diminuerait les peines collectives de ceux qui souffrent d'un trop de travail et de ceux qui peinent de n'en pas avoir.

Utopie, diront d'aucuns dont les ancêtres, déjà, il y a deux siècles, vociféraient les mêmes invectives alors que d'autres parlaient de supprimer le colonialisme, le servage, l'esclavage ou le travail des enfants. Avec leurs cris d'orfraies qui prophétisaient la fin de l'économie, la régression séculaire, la catastrophe monétaire, l'effondrement des marchés, ils n'ont cessé dans l'histoire d'être démentis par les faits mais n'en finissent pas pour autant de persister dans le catastrophisme dès qu'il s'agit de justifier l'état des choses et légitimer le monde comme il va.

À défaut, et pour entretenir la mangeoire du Léviathan en l'état, les auxiliaires du gros animal, ses thuriféraires, enseignent que l'improductif d'aujourd'hui doit vivre d'espoir avant de devenir le productif de demain. De sorte que soucieux de lendemains qui chantent mais n'arrivent jamais — puisque sans cesse remis au surlendemain par les économistes libéraux, ces charlatans patentés de nos époques —, les réprouvés se contentent de déchanter au jour le jour, et acceptent, dociles, soumis, l'état dans lequel on les entretient. Consommer, du moins devenir un travailleur récompensé pour ce qu'il abdique de liberté et d'autonomie par le pouvoir d'acheter de ridicules bimbeloteries célébrées comme des fétiches, voilà ce qui est présenté en guise d'horizon chimérique à ceux dont l'aspiration est l'entrée avec tambours et trompettes dans le troisième cercle.

Entre le premier et le deuxième cercle, entre les damnés et les réprouvés, il est une instance dynamique et mobile qui permet des points de jonction et de passage. De la même manière entre le deuxième et le troisième cercle, entre les réprouvés et les exploités, on trouve un même point qui remplit une fonction identique. Dans le premier cas, l'espace est habité par les individus en situation de fin de droits, dans le second, par des intérimaires. Les deux mondes sont plastiques et contiennent des personnes qui, c'est selon, se verront après un temps d'utilité vendue au Léviathan, renvoyées dans l'un des trois cercles.

La fin de droits et l'intérim concernent ceux qui,
chaque fois, assument la situation intermédiaire, pas
encore damné, cessant juste d'être réprouvé pour l'un ;
plus tout à fait réprouvé et pas encore totalement
exploité de façon légale, courante et assurée pour
l'autre. Ici, la perspective du pire, la chute ; là, celle du
meilleur, l'engagement sur une échelle dont l'extrémité
suppose le ciel et l'éloignement des vapeurs méphitiques de l'enfer. La machine sociale dit à l'un qu'elle
n'en veut plus, le rejette, le refuse après usage ; à
l'autre, elle signifie qu'elle l'adoube, le temps pour elle
de persister dans son entreprise et son empire.

Ce troisième cercle, donc, est celui des *exploités,* de
ceux qu'on spolie en toute légalité de leur existence,
de la substance même de leur vie, en les réduisant à
n'obtenir de cette renonciation que les moyens de
recommencer le lendemain et de quoi subvenir à leurs
besoins les plus modestes. Vendeurs ou locataires de
leur force de travail, leur seul capital, leur seule
richesse potentielle, ils font le gros de la *zone,* pour
utiliser encore les catégories de Dante, que définissent
la privation de sûreté et la force nomade enivrée des
trajets de sa propre errance.

On y trouve les intérimaires et les contractuels,
certes, le temps qu'ils sont intégrés au monde du travail, en attendant de plus sinistres perspectives, mais
aussi les apprentis, ceux que même leur statut légal,
les conventions collectives, justifie de considérer en
esclaves taillables et corvéables à merci. Sans statuts,
sans salaires décents, sans perspectives, sans moyens
de faire respecter les règles élémentaires du droit du
travail dont le seul triomphe est la déclaration d'intention, démunis et nourris à l'espoir tout autant que sollicités à coups de bâton ou stimulés à la carotte, ils
acceptent, aujourd'hui, d'être spoliés dans l'incertitude
de l'instant en attendant de pouvoir l'être, demain,

dans la certitude d'une embauche qui leur assurerait la possibilité de subir ces mauvais traitements avec sûreté et régularité.

Privés de sûreté, ils sont sollicités selon le bon vouloir et les nécessités dites économiques ou de production. Loin des semblants de dignité qu'autorisent les contrats synallagmatiques, la précarité de leur statut fonctionne en relation directe avec les caprices du Léviathan. En vertu de la religion économique, qui est le moyen de son pouvoir discrétionnaire, l'animal social embauche, puis débauche, sollicite puis congédie, offre un emploi puis licencie, mais toujours exploite selon son bon vouloir, ses caprices et ses désirs. Sa loi se confond à ses seuls besoins et ceux-ci envoient les hommes grossir les files d'attente des agences pour l'emploi ou s'enquérir des journaux dès leur parution pour y chercher la petite annonce découverte comme une possibilité de salut, une promesse d'éclaircie.

Dans les turbulences de cette zone se font sentir les disparités et les déséquilibres travaillant le couple maudit que fait un individu avec la société dans laquelle il se débat. On sait la tyrannie manifeste et évidente dès que la somme des droits excède celle des devoirs. De la même manière, la servitude définit la situation dans laquelle se trouve une personne pour laquelle les devoirs exigés d'elle sont supérieurs aux droits dont elle dispose. Où donc sont les tyrans et les esclaves ? Qui dira du social qu'il est encore respectueux des devoirs qui lui incombent à l'endroit des individus, notamment ce pour quoi il est constitué : la protection de tous les contractants et de tous ceux qui, tacitement, ont accepté le principe du contrat social ? Que peut-on exiger des individus, en matière de devoirs, quand la société et le politique avec elle n'honorent plus rien de ce qui fait le pacte, notamment en matière de sûreté, de dignité et de satisfaction des besoins élémentaires ?

Tyranniques les sociétés qui fiscalisent, demandent, exigent, obtiennent, légalisent, légifèrent, ponctionnent, retiennent, soustraient, imposent, taxent et sinon poursuivent, arrêtent, contraignent et emprisonnent, puis se disent incapables d'offrir le minimum au citoyen qu'elles auront dévalisé, dépouillé, dévêtu, dénudé. Notamment en matière d'emploi, de minimum vital, de décence et de dignité. Esclaves tous ceux qui subissent le joug de ces sociétés et n'ont pas d'autre alternative que de se soumettre de bon gré ou contraints et forcés, à l'autorité incontestable d'une prétendue justice qui met sa police, ses magistrats, sinon son armée, au service de cette vaste entreprise de spoliation des individus pour le profit d'une machine économique, sociale et politique emballée, furieuse et autophage. Et tyrans ceux qui se font les administrateurs, les fonctionnaires, les percepteurs, les bras armés de cette logique perverse.

Les dynamiques à l'œuvre dans le corps social sont centrifuges, elles excluent plus volontiers et plus souvent qu'elles ne permettent l'inclusion, l'insertion ou la réinsertion sociale. Fréquents sont les trajets qui font d'un exploité un réprouvé puis de celui-ci un damné avant dissolution dans les déjections sociales multiples. Combien peuvent se prévaloir d'un cheminement inverse, non pas vers les ténèbres, mais vers la lumière ? Là encore les sociologues devraient fournir les chiffres de ce sacrifice perpétuel offert aux puissances sociales mortifères. On y verrait, chiffrée, la comptabilité du diable, on y lirait, dessinée au charbon, la cartographie de cet enfer social.

Après le giron des corps improductifs et la bolge des forces improductives qui définissent les réprouvés, après la zone des forces nomades qui fait le premier temps du monde des exploités, il me faut dire la corniche — encore les mots de Dante — où se tiennent les forces laborieuses sédentaires. La zone, qui était privée de sûreté, se fait remplacer par la corniche, que définit avant tout la privation de liberté. Au point de jonction de ces deux instances, j'installe les adolescents, collégiens et lycéens, scolarisés de toute sorte considérés comme de perpétuels mineurs et dont on attend l'allure, l'élégance et la docilité des adultes bien qu'on les nourrisse dans l'institution comme des citoyens de seconde catégorie.

En instance de dressage, destinés à être des rouages de la machine sociale, contents de leur sort, inclus s'ils sont dociles, récompensés s'ils sont serviles, exclus s'ils sont rebelles, punis s'ils se révoltent et ne jouent pas le jeu, les lycéens subissent le traitement des réprouvés au corps improductif. Dispensés de corps, de chair, de sentiments, d'émotions, d'affections, de pensées propres, de problèmes personnels, de sensibilités, de subjectivité, ils sont conviés aux banquets où l'on apprend à singer les adultes, à devenir esclave selon les règles. Je ne peux m'empêcher de penser aux pages qu'Aristote consacre à ce qu'il appelle « la science des esclaves » dans le chapitre traitant des sous-hommes que sont les individus serfs.

Cette science apprend aux esclaves la nature de leurs devoirs. Les droits ? Que nenni, pour quoi faire ? Toute institution scolaire, même travestie sous les oripeaux des sciences de l'éducation et de je ne sais quelle pratique pédagogique éclairée, a pour seule et unique fonction ce que pudiquement on appelle la socialisation pour éviter de nommer autrement l'art de faire courber l'échine, de soumettre ou de démettre, d'obéir, sinon de mentir et de pratiquer l'hypocrisie. Car le Léviathan et les institutions admettent pour vérités seulement celles qui servent leurs desseins, à savoir produire des mensonges sociaux.

Plus socialisées encore que les victimes du système scolaire, et comme une métaphore de tout travail salarié, j'appelle les prostituées dont on ne dira jamais assez combien elles expriment en raccourci la condition de l'homme laborieux, le destin des corps soumis aux puissances sociales, le caractère répétitif, lassant et traumatisant de chacune des réitérations qui font l'activité pour laquelle chacun se dévoue, moyennant salaire — et d'autant plus fréquemment que le salaire reste bas, sinon minable ou presque inexistant. Elles font d'excellentes lectrices d'Aristote, non parce qu'elles sont péripatéticiennes — les allées et venues sur le trottoir suffiraient pour la proximité avec le Stagirite, un professeur marcheur — mais pour la raison qu'elles illustrent aussi de manière quintessenciée ce qui fait la nature, la définition et les fonctions de l'esclave telles qu'on peut les découvrir chez le philosophe grec.

Avec elles, à leurs côtés, frères et sœurs en destins tragiques, compagnons de misère et d'infortune, les travailleurs asservis à l'usine, à l'atelier, dans l'entreprise, les ouvriers et tous les salariés qui font les prolétaires, ceux qui, en d'autres temps, étaient les damnés de la terre, avant que de plus redoutables exclusions ne les installent aux franges de l'enfer, presque en nantis, là où le purgatoire s'annonce, avec ses artisans, commerçants et paysans, mais déjà très retirés des lieux où le plus sombre et le plus noir, le plus négatif et le plus infernal triomphent sans partage.

Prolétaires, disait Marx, ceux qui ne possèdent pas les moyens de production et sont soumis à la location de leur seule force de travail pour subvenir à leurs besoins élémentaires et essentiels. Ceux-là n'ont cessé d'exister et la paupérisation a augmenté leur nombre :

salaires de misère, cadences infernales, précarité de l'emploi, tyrannies des contremaîtres, perspectives d'avenir impossibles, indignité des tâches, abrutissement aux postes, asservissement aux chaînes, exposition du corps aux dangers, soumission des esprits à la démultiplication infinie des répétitions. Leur destin ? Écorcher des poulets à longueur de journée, aléser la même pièce pendant des heures, coudre des pointes de tissu par milliers, mouler des fromages en quantités astronomiques, vider des poissons à longueur d'année, emboîter des pièces jusqu'à la retraite, peindre des carrosseries dans les vapeurs toxiques, passer huit heures dans des chambres froides aux températures polaires, dans des pièces humides ou surchauffées, exposées aux miasmes et aux puanteurs, découper des carcasses de bêtes à équarrir. Et dormir, et revenir : huit heures par jour, cinq jours sur sept, onze mois sur douze et plus de quarante ans dans une existence. Que reste-t-il pour vivre ? Entre misère et pauvreté, inquiétude et crainte d'être privé de sa situation et de son statut misérable, ceux-là perdent leur vie à tâcher de gagner ce qui leur permettra de la remettre en jeu le lendemain, inexorablement.

Voilà tracées les limites de ce troisième cercle où l'on se contente de voir au loin les damnés, et plus proches, mais encore à distance, les réprouvés, sans savoir qu'on est soi-même exploité, spolié, privé de soi, vidé de sa substance, mort avant l'heure. Mort vivant. Les déjections du corps social et ses pathologies m'effraient, me terrorisent et me révoltent. Tout autant me mettent en colère les conditions ouvrières et leur oubli chez ceux qui possèdent le langage, la rhétorique et les moyens de formuler ces aliénations, mais se taisent, coupables par leurs silences complices ou par les diversions qu'ils se plaisent à faire en traitant seulement, exclusivement, uniquement de ce que j'ai appelé en amont les misères propres.

Cette cartographie imprécise et rapide des enfers où sont les misères contemporaines ne cesse de m'inquiéter. Où donc trouve-t-on chez les Grecs qui justifiaient l'esclavage une condition spécifique concernant l'infra-humain ? Car sous l'esclave, derrière lui, pour un Grec il n'y a rien. Pas même les barbares qui sont ni moins ni plus humains, mais radicalement autres, avec lesquels d'ailleurs il est impossible de communiquer, puisqu'ils barbarisent et qu'on ne dispose pas avec eux d'un langage commun. La modernité et le capitalisme emballé, en particulier, ont généré ces catégories sinistres qui installent l'esclave — le prolétaire — au sommet d'une hiérarchie funeste enfoncée dans les ténèbres où croupissent damnés et réprouvés.

Et pourquoi donc avoir installé cet enfer sur terre ? Qu'est-ce qui justifie la généalogie de cette démono-manie toujours plus inventive, toujours plus pour-voyeuse de perversions et la tolérance qu'on a pour elle ? Vraisemblablement pour assurer une domination sans partage sur les esclaves, leur rendre impossible tout espoir de salut, leur faire craindre un état pire que le leur si d'aventure ils ne se soumettent pas, corps et âmes, aux diktats du Léviathan vendu aux lois du marché et convaincu par elles. Cet enfer théâtralise ce qui attend quiconque se refuserait aux règles du jeu libéral. D'où le succès garanti de ceux qui annoncent la fin de l'histoire, doublés dans la propagande par celles et ceux pour lesquels on ne peut plus rien changer : il faudrait composer avec le capitalisme plané-taire, mondial, universel, et désormais faire avec. Sinon ? Sinon l'enfer, la damnation, la misère généralisée, le pire pour tous. Sinon, l'apocalypse, le retour du goulag, le fascisme et les dictatures, le grand plongeon dans l'anus du monde et la certitude d'être déchets pour le plus grand nombre...

Soit. J'ai l'habitude d'entendre ceux-là, qui font dans la fiction éhontée pour justifier leurs prébendes, pointer partout l'utopie dès qu'on parle de modifier les règles, les lois, les normes. Avec eux qui nient tout changement possible, tout progrès pensable, il faudrait se contenter de l'état de fait. Or malgré les apparences, l'esclavage et la servitude n'ont pas disparu, et plus que jamais il s'agit d'en vouloir la suppression après redéfinition du terme dans une acception contemporaine. On conviendra que déjà sont distincts ceux qui habitent actuellement un lieu inventé par la modernité et qu'on pourrait nommer, après Artaud, l'ombilic des limbes. C'est là que gisent les damnés et les réprouvés dont j'ai tâché de dire la nature.

Ceux-là sont prioritaires en tout et pour tout. L'état d'urgence est de rigueur, toujours, en toutes les circonstances : les soupes populaires, les associations charitables, les assistances de bienfaisance, le bénévolat qu'on dit maintenant caritatif, les actions humanitaires ponctuelles ou régulières doivent être supplantées par une politique qui laisse loin derrière la charité, qui passe outre la justice et veuille ici et maintenant l'équité. Déjà dans *La Sainte Famille* Marx a stigmatisé les « donquichotteries philanthropiques » en précisant qu'elles trahissent « l'organisation de la bienfaisance en divertissement ». C'était en 1845, il y a un peu plus de cent cinquante ans.

Non loin de l'ombilic des limbes, il y a l'immense foule des esclaves — car je tiens à ce substantif déjà chez Aristote. À savoir celles et ceux qui se définissent comme instruments animés, aux côtés des instruments inanimés. Qui contestera que ceci définit le prolétaire, cela la machine ? Ils sont la propriété des hommes libres. Qui refusera de dire le destin, la vie et le quotidien de ces hommes-là entre les mains de ceux qui, sans vergogne, confondent les prolétaires et les machines ? Ils sont un genre d'aide destiné à l'action. Qui croira qu'on les promet à la contemplation ? Ils sont serviles par nature, par leur conformation physique et leur provenance biologique, physiologique. Qui invalidera les démonstrations de la sociologie qui prouve que les fils et filles d'esclaves sont pour la presque totalité des cas destinés à être eux aussi des esclaves ? Que les affranchissements sont rares, exceptionnels et peu probables ? Que les occasions mêmes d'affranchissement ont presque toutes sombré dans cette civilisation devenue folle ? Ils procèdent d'une métaphysique voulant que la perfection soumette ce qui doit obéir à qui doit être obéi, le corps à la raison, les femmes aux hommes, les animaux aux humains et ainsi les esclaves aux maîtres. Qui niera que Léviathan destine les plus dociles et les plus obéissants à assumer la reproduction sociale et à assurer leurs fonctions de domestiques du social comme si elles procédaient d'un droit irrécusable et d'une irréfragable loi ? Ils sont esclaves selon les modalités d'un ordre bienfaisant et juste. Qui niera que d'aucuns n'ont pas affirmé, parmi les maîtres, qu'un emploi est une bénédiction dont on devrait se contenter et que le simple fait d'en disposer devrait éteindre toute velléité de voir et penser les choses autrement ? Enfin, ils mériteraient de l'être, esclaves, du fait qu'ils procèdent d'un monde engendrant leurs seuls semblables. Qui n'a pas défendu le bien-fondé du système de reproduction social des élites, ne trouvant rien de suspect à ce qu'on obtienne les prébendes comme on hériterait de talents ?

Cessons là, le procès s'instruit facilement, la plaidoirie est presque déjà dite. Cette « science de l'esclave » se distingue dans la *Politique* de la « science d'acquérir les esclaves » dont Aristote dit la parenté spécifique avec l'art de la guerre ou de la chasse. Or je vois dans la première une préfiguration de ce qui fait l'idéologie bourgeoise dominante, avec ses relais scolaires, universitaires, médiatiques et intellectuels, et dans la seconde une définition radicale et sans ambages de ce qu'on appelle aujourd'hui la science économique.

Deuxième Partie

DE L'IDÉAL

Le génie colérique de la révolution

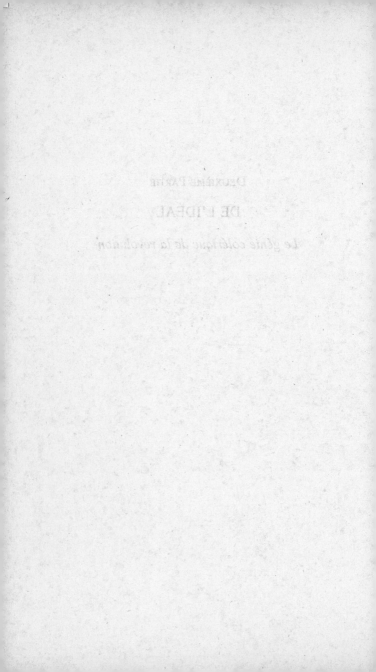

1

DE L'ÉCONOMIE

Le réenchantement du monde

Le désenchantement du monde structure la religion nihiliste de notre époque. Qu'il y ait des charniers, des enfers et des damnés, qu'on trouve sans cesse des misères et des exclus, des pauvres et des esclaves, voilà qui fait communier la plupart dans un désespoir aboutissant au repli sur soi. Sur le mode du recroquevillement, il semble permettre d'attendre le passage de la catastrophe, pourvu qu'elle nous épargne. Les nihilistes, quels qu'ils soient, font toujours le jeu des acteurs en place qui voient dans ces pleureuses des alliés négatifs, moins dangereux que ceux dont le volontarisme définit l'utopie moins comme l'irréalisable que comme le non encore réalisé.

Je n'ignore rien des charniers soviétiques, des paradis radieux pour demain à l'origine des enfers d'aujourd'hui, je sais les crânes accumulés en pyramides par le régime des Khmers rouges, les ossements enfouis dans les rizières comme les pilotis d'une Venise macabre. Je n'ai rien oublié des fleuves chinois rouges du sang de ceux qui, parfois, n'étaient pas même des opposants. Pas plus je n'ai effacé de ma mémoire les fosses dans lesquelles on a précipité des officiers polonais, ou celles dans lesquelles d'anciens communistes serbes ont puisé le réconfort d'un nationalisme à leur mesure. Or un homme de gauche, plus qu'un autre, doit savoir ce que les tragédies de ce siècle empruntent à son idéal. De sorte qu'il s'agit de formuler, pour aujourd'hui, une pensée soucieuse de rendre impossible ce qui a justifié, légitimé et rendu possibles ces périodes noires comme l'enfer. Aussi, je veux penser à gauche loin de tous ceux qui ont eu pour leitmotiv d'en finir avec la propriété privée. Dès la formulation de ce désir chez Gracchus Babeuf, on peut lire, en contrepoint inséparable à cette proposition, l'invitation, faite par l'auteur du *Tribun du peuple* lui-même, d'installer des « barrières hérissées d'obstacles » entre la France révolutionnaire et ses voisins pour éviter la « contagion des mauvais exemples ». Entre ces lignes écrites en 1796 dans le *Système politique et social des égaux* et l'effondrement du mur dit de Berlin en 1989, on aura vu une partie de l'histoire se réclamant de la gauche se conjuguer sur le mode de la tragédie, du négatif, du sang et de la dictature. La leçon de ce siècle sombre, pour la gauche que ne satisfait pas le monde tel qu'il est, c'est d'éviter de faire de la propriété privée le bouc émissaire.

Or, à gauche, peu, si ce n'est Proudhon, ont fait un éloge de la liberté doublé d'une critique sous toutes ses formes de l'autorité et de l'autoritarisme. De la même manière, fuyant les options moins égalitaristes qu'uniformisantes des communistes, fussent-ils poètes, à la façon de Fourier, ou néo-scientifiques, à la manière de Marx, Proudhon a conservé la petite propriété privée dans son projet de société anarchiste. Bien évidemment, cette prescience lui a valu de passer pour le défenseur des petits-bourgeois aux yeux de ceux qui se trouvaient contraints, par leurs préférences, à mettre debout les barrières hérissées d'obstacles que nous savons.

À mon avis, le réenchantement du monde, quand il suppose l'abolition de la propriété privée, passe inéluctablement par l'édification des murs qu'on a trop longtemps vus et par le système policier associé. L'option libertaire de gauche passe par une action moins obsédée par la destruction de la propriété, les expropriations violentes — qu'on lise ou relise le *Manifeste du Parti communiste* — que par la proposition d'une économie alternative dont la priorité serait l'élaboration de modes polymorphes de production parallèles à ceux du capitalisme, voire de modalités transversales dans le capitalisme lui-même.

Avant d'en arriver à l'hypothèse d'une réactualisation des solutions proposées par Proudhon, il faut vouloir la révolution copernicienne, en finir avec la soumission des hommes à l'économie libérale et à son affolement généralisé, afin de soumettre l'économie à un projet hédoniste de vie en commun. Non plus servir le capital, mais mettre celui-ci à disposition des hommes. Le triomphe du capitalisme a signé l'arrêt de mort du politique et de la politique au profit d'un pur et simple éloge de la technique d'administration des hommes comme des biens. L'usage libertaire de l'économie permettrait le retour du politique et des lettres de noblesse que n'aurait jamais dû cesser d'avoir cet art de la vie en commun devenu depuis la révolution industrielle la science de la soumission des esclaves aux maîtres.

Tout prolégomène au réenchantement du monde passe par cette révolution copernicienne : en finir avec cette religion de l'économie qui fait du capital son

Dieu et des hommes de vulgaires fidèles taillables et corvéables à merci. De sorte qu'il faut promouvoir un athéisme en la matière, du moins un confinement de l'économie sur le seul registre des moyens et non sur celui des fins. Elle doit être au service et cesser d'exiger qu'on la serve. Pour ce faire, il lui faut être soumise au politique — alors que depuis trop longtemps, la politique agit en servante de l'économie.

Les dommages sont lointains et les habitudes ancestrales puisqu'on trouve dans l'Antiquité matière à comprendre ce qui fonde cette religion de l'économie. Elle suppose le primat de la marchandise sur l'homme et l'on pourrait appeler *syndrome d'Hécaton* le principe de cette maladie particulière. Précisons. Hécaton était un philosophe stoïcien du IIe siècle avant notre ère auteur d'un unique *Traité sur les devoirs* perdu mais commenté et critiqué par Cicéron. Hécaton enseignait qu'entre le salut d'un homme tiers et la conservation de son propre intérêt on doit toujours préférer la deuxième solution.

En cas de disette, par exemple, faut-il nourrir d'abord ses esclaves, au risque de mettre en péril ses propres revenus, ses moyens de production ou sa quantité de biens ? Ou peut-on vouloir l'inverse ? Si d'aventure, en mer, sur un bateau prenant l'eau parce qu'il est trop chargé, on est contraint de choisir entre sacrifier un cheval de grande race ou un esclave de peu de valeur, que doit-on envoyer par-dessus bord ? Hécaton répond sans sourciller : il faut préférer l'intérêt personnel à l'humanité. Au pain sec et à l'eau, l'esclave, avant de le passer par-dessus le bastingage au prochain voyage. Ainsi, le propriétaire pourra-t-il s'endormir sur ses deux oreilles, non loin de ses drachmes et de sa haridelle de choix. Et l'esclave de rejoindre le rang des damnés de la terre, avant d'être précipité dans l'Achéron.

Le syndrome d'Hécaton touche ceux qui pratiquent l'économie comme une activité séparée et l'entendent comme la science des biens, des richesses excluant l'homme et l'humanité de ses objets, de ses soucis. Pire, c'est également ce dont souffrent ceux qui croient que l'activité économique peut se pratiquer *malgré* les hommes, voire *contre* eux et leur bien-être. Primat généralisé de l'avoir sur l'être, priorité cardinale aux intérêts, aux bénéfices, aux avantages obtenus en biens sonnants et trébuchants sur toute autre valeur, voilà qui fait de l'élève de Panétius de Rhodes un précurseur, un genre de Calliclès de l'économie ayant fait fortune au travers des âges et des siècles.

Dans cet ordre d'idées, l'économie est première et la politique seconde, à son service. D'abord l'argent et le maintien des richesses matérielles en l'état, ensuite, ce qui reste. Rien, la plupart du temps. L'éthique des entreprises ou des entrepreneurs, la morale des industriels ou des propriétaires, l'*axiomatique des producteurs** ou des capitalistes, les vertus des économistes ou des banquiers, voilà un chapelet d'oxymores. Notre époque célèbre en effet la pratique de l'économie comme activité séparée, voire comme une discipline excluant toute autre — la politique aussi bien que l'éthique. D'où le talent consommé de ces gens-là pour peupler et ensemencer les terres infernales dont j'ai proposé une cartographie.

Le syndrome d'Hécaton montre à l'envi, comme en matière de fondation de tout ce qui est essentiel dans une civilisation, l'inaugural fondé sur un sacrifice, et la durée assurée par un holocauste sans cesse réitéré. Le sacrifice et l'holocauste ont pour victimes émissaires, écorchés sacrificiels et fétiches propitiatoires, tous ceux qui sont détruits dans le système de production. Qui estimera un jour les douleurs, les peines, les maux, les souffrances, les tortures, les mutilations, les maladies ? Qui pointera les damnations, les exclusions et les condamnations ? Qui dira les mises à mort, les boucheries et les carnages que l'on doit à cette religion de l'économie séparée ? Qui démontera les usines et les manufactures, les ateliers et les endroits où ont été perpétrés ces sacrifices quotidiens, massifs ? Qui racontera ces machines à décérébrer, vider les corps et les âmes, appauvrir l'esprit, marquer les chairs, déformer les squelettes, plier les os, tasser les statures, développer des physiologies mutantes dans la viande de ceux qu'on a jetés dans le chaudron d'Hécaton ? Le désenchantement du monde, le nihilisme contemporain, le pessimisme généralisé dureront tant que l'ordre des choses sera célébré selon les modalités voulues par le philosophe ancien.

Aussi faut-il définir l'économie comme une alchimie cannibale, une discipline de transmutation qui à partir du temps des esclaves fait l'argent des maîtres. Son mécanisme fonctionne de telle sorte qu'il absorbe les énergies, les forces, les vitalités, les singularités, les tempéraments, les caractères, les libertés individuelles de ceux qui disposent seulement de ce reliquat, leur corps, pour réduire celui-ci, le détruire, le briser et en extraire les larmes, le sang, la sueur d'un côté et l'or, de l'autre, avec lequel les maîtres financeront des fêtes douées du pouvoir de leur faire oublier, un temps, qu'ils sont mortels. Avec de la dignité digérée, l'économie séparée produit les richesses qui financent les dépenses somptuaires.

D'ailleurs, on pourrait écrire une histoire de l'économie uniquement sous l'angle des consumations magnifiques. Toutes ont en commun de satisfaire le narcissisme de ceux qui les engagent, les décident et les veulent. Les pyramides égyptiennes, les cathédrales occidentales, les barrages soviétiques, les fusées américaines, les usines puis les multinationales européennes et, aujourd'hui, les capitaux flottants planétaires ou évoluant dans la stratosphère virtuelle : chaque fois, il s'agit de dire la puissance et la souveraineté du pouvoir temporel, puis du pouvoir spirituel qui s'en inspire ou le soutient. Dans tous les cas, le sang des hommes pauvres cimente la débauche maximale.

Le pharaon, le prêtre, l'ingénieur, le technicien, le capitaine d'industrie, le financier, tous se sont appuyés sur des armées, des polices, des pouvoirs constitués, parfois avec l'aide de penseurs ou de philosophes inféodés à ces systèmes parce que payés de retour, pour se protéger des exploités dont le travail rendait possibles ces édifices monstrueux. Propriétaires, militaires et prolétaires, voilà l'ordre descendant dans lequel s'expriment la puissance, le pouvoir et la domination de ceux qui infligent l'économisme, cette religion fondée, du moins formulée dès l'Antiquité par Hécaton.

Pour engrosser ces masses monétaires virtuelles, qui circulent en flux tendus et en jets continus, dans des mondes où l'on se meut à la vitesse de la lumière, *via* la fibre optique, les esclaves des Temps modernes sont utilisés et jetés, exploités, humiliés et offensés, puis congédiés selon les besoins du marché. Ces météorites qui échappent à tous les contrôles policiers, gouvernementaux ou politiques, évoluent selon l'ordre économique respectueux de ses seules lois. Apatrides ou cosmopolites, platoniciennes d'une certaine manière, hypostases à leur façon, elles empruntent des voies qui, telles les dialectiques descendantes ou ascendantes chères aux dévots de la caverne, procèdent sur le mode invisible.

Pas de frontières, pas de visas démocratiques ou d'interdictions éthiques, les masses des capitaux flottants agissent selon le même principe que les armées d'une superpuissance dominant planétairement. Fluides et plastiques, invisibles et tout-puissants, ces flux monétaires distribuent la misère ou la richesse sur leur passage : fortune ici, ruine là, accumulation dans un endroit, dispersion dans l'autre, thésaurisation pour l'un, dilapidation pour celui qui n'aura pas été touché par l'aile et la grâce de ces déplacements d'énergies. Mais chaque fois, pour ceux qui n'avaient rien à engager dans ces mouvements ludiques, donc rien à gagner, il y a toujours à perdre : du temps, de l'énergie, des forces, de la liberté — sa vie.

Quel avantage à la pyramide ou à la cathédrale pour les ouvriers bâtisseurs, travailleurs et autres vendeurs de peine et de labeur ? Quels bénéfices à la retenue d'eau gigantesque et à la conquête spatiale, à l'assèchement des fleuves, l'inondation des vallées et au premier pas sur la Lune pour le Soviétique et l'Américain requis quotidiennement, ailleurs, pour la prostitution de leur être, de leur corps, payée d'un salaire dérisoire ? Quelles jubilations pour l'ouvrier, le prolétaire, le salarié dans les hurlements de forge, les hystéries de machines et les apocalypses de feu dans lesquels perdurent les aciéries, les usines et autres temples où l'on sacrifie à Prométhée ou Héphaïstos ? Quels profits pour le clochard, le chômeur, le salarié précaire, l'ouvrier, l'employé à ces traces chiffrées en monnaies fortes et formulées de manière cybernétique dans la mémoire des ordinateurs ?

Toutes les époques ont mis l'idéologie, la religion, la philosophie, l'art au service de ces cultes rendus à la production. La nôtre autant que les autres. Chaque civilisation s'énonce et s'annonce dans la justification esthétique de cette logique. D'où, en ce qui concerne la nôtre, une *religion du capital** plastique et sans cesse recyclée depuis que Paul Lafargue en a donné la première formule, au siècle dernier. Nos temps célèbrent le conceptuel, le virtuel, le signifié au signifiant torve, du moins travesti. Les capitaux flottants, l'argent qui, circulant, dégage l'énergie et l'entropie avec laquelle le capital de départ se reproduit, mitose et méiose confondues, puis se fractionne, se développe, s'épaissit, s'étoffe, se déplace, tout cela contribue à la formation d'un Dieu auquel tous ou presque sacrifient.

Invisible autrement que dans ses effets, omniprésent dans toutes les manifestations de la civilisation, omnipotent dans tous les registres du réel, il paraît omniscient à ceux qui confèrent le mouvement et la vie à une absence vénérée sous forme de fétiches censés l'incarner et lui donner une réalité concrète. Les analyses faites par Feuerbach au siècle dernier visent la mise à plat des processus d'aliénation par lesquels l'homme, se dépouillant de ses attributs hypostasiés, fabrique un Dieu à son image sublimée : ce que l'homme n'est pas, il le projette, puis lui donne consistance, forme, et enfin existence. Reste le culte à rendre à une pure création de l'esprit : Dieu, construit avec les échouages de l'homme métamorphosés en bibelots clinquants.

Toute aliénation fonctionne sur le même principe. La misère des hommes a permis la création de la *sainteté de l'argent**, elle l'a rendue possible. Dans leurs sublimations, les civilisations expriment ce qui fait leurs manques, puis leurs dieux, sinon leur Dieu. Et ce manque transfiguré en être scintille et fascine parce qu'il est interdit à la plupart, au plus grand nombre, pour être confiné dans les mains de quelques-uns. De sorte que semble ainsi démontrée la rareté, donc la nature précieuse d'un fétiche devenu monde. Le luxe manifeste ce Dieu invisible, il en est l'épiphanie. Il rend possible, par la hiérarchie installée, la lecture de ce qui fait la misère, à savoir l'absence de ce Dieu, l'impossibilité pour la plupart d'une communion à l'hostie qu'est la valeur proposée après transsubstantiation.

Pas de souveraineté individuelle sans participation à cette religion. Les exclus, les réprouvés nourrissent le peuple des damnés, interdits de richesse, privés d'avoir, donc interdits d'être. Tournants, circulants, fébriles ou flottants, ces capitaux sont inaccessibles à ceux dont l'existence se consacre à les mouvoir, à rendre possibles leurs flux. Ni la terre ni le travail ne permettent la rente ou le salaire. Seul aujourd'hui le capital travaille pour des intérêts d'autant plus énormes que la somme en jeu s'avère considérable. Rarement la paupérisation aura été à ce point cynique et veule : pas d'espoir pour ceux qui n'ont rien à gagner et toujours à perdre de pouvoir quitter leur état de damné ; tout reste possible à ceux qui ont assez pour engager une partie de leur fortune ; gains quasi assurés à ceux qui édictent les règles du jeu qu'ils jouent, contrôlent le principe et le fonctionnement ludique, rattrapent d'éventuelles pertes par des jeux compensatoires auxquels ils ont seuls accès. Les pauvres iront en s'appauvrissant dans la mesure où les riches iront en s'enrichissant.

Le culte rendu au capital flottant est inversement proportionnel à la participation, directe ou différée, des impétrants. Les réprouvés aspirent d'autant à ce qui leur manque que les bienheureux jouissent de ce qui, pour eux, est une réalité. L'avenir demeure un fantasme pour les autres, un désir investi comme tel parce que possédé par d'autres. Le désir mimétique fait de l'esclave un gardien du temple où communient ses maîtres parce qu'il espère, un jour, en vain pourtant, participer aux festins, même s'il n'a que les reliefs. Voilà pourquoi la religion du capital, sous son mode virtuel, dispose de tant de sectateurs : ceux qui en jouissent, évidemment, et ceux qui croient pouvoir en jouir un jour et, pour cette raison, souhaitent le maintien des règles du jeu dans le seul espoir de pouvoir, demain, s'asseoir devant le tapis vert.

De sorte que l'économie, dans notre système capitaliste planétaire, est doublement cannibale : en privant les esclaves de leur existence, mais aussi en rendant fragile, précaire, sinon caduque leur essence même, tout entière aliénée dans l'hypothèse d'une procession vers l'Un-Bien dont ils sont exclus pour toujours. Après les révolutions industrielles et technologiques, il faut faire avec la révolution cybernétique et informatique. Là où, au siècle dernier, l'exploitation pouvait être tracée, suivie par un cartographe comme Marx, il n'y a plus qu'ersatz, hangars déserts, usines vidées, ateliers abandonnés. Décentralisations, délocalisations, déterritorialisations dirait Deleuze, les instances qui rendent possible l'inégale répartition des richesses sont invisibles, insaisissables, seulement repérables par les faits et méfaits susceptibles d'être parfois enregistrés : un individu faisant fortune, un autre banqueroute, une société anonyme surgissant ici, une région massacrée là, et, toujours, le plus grand nombre entretenu dans la misère, souffrant et subissant ces effets de flux monétaires. Pareil au Dieu des théistes, le capital flottant n'apparaît jamais directement, mais toujours sur le mode de l'incarnation, de l'effet produit, de l'œuvre.

Qu'exige ce Dieu en guise d'adoration, de vénération ou de culte ? Un dévouement sans limites, une soumission sans borne. Il transforme des foules, des peuples, des populations en troupeaux humains contraints à la prostitution. Car le mode d'inféodation du singulier à ce nouvel universel invisible est bien la prostitution qui entretient avec l'esclavage une relation intime. À savoir ? Esclaves et prostituées ne s'appartiennent pas, sont dépossédés de l'usage indépendant, libre et autonome de leur corps. Les premiers se défi-

nissent selon les analyses d'Aristote comme des instruments ayant pour fin l'action. Ils ne se possèdent pas
eux-mêmes, car ils sont la propriété de leurs maîtres et
de ceux qui, en un retour minable et pitoyable, leur
fournissent la pitance, le salaire, les moyens de survivre ou de vivre, mais guère plus.

Aux côtés des animaux domestiques, l'esclave et la
prostituée voient leur corps investi, envahi, possédé,
marqué, requis pour les besoins du service, de la production, de la dépense appelée à produire bénéfices et
réinvestissements. L'économie est science de cette
alchimie cannibale tant qu'elle fonctionne séparée en
soumettant le politique à son ordre, à sa loi. Elle relève
de cette science des esclaves dont les subdivisions distinguées par Aristote permettent, encore aujourd'hui,
de pointer ce qui, dans le vocabulaire contemporain,
définit les chasseurs de têtes, les ressources humaines,
les disciplines ergonomiques, les cercles de qualité et
autres trouvailles émanant des directions du personnel.
Les acteurs de cette science sont les chronométreurs,
les contremaîtres, les chefs d'équipe et tous ceux qui,
du simple fait d'être ce qu'ils sont, font également
office de police et d'armée, de prêtres et de vicaires de
cette religion du capital.

Dans cet art de la relation avec l'esclave, Aristote
précisait que le maître devait faire savoir et
comprendre à son inférieur qu'ils avaient tous les deux
les mêmes intérêts, sinon une communauté de destin.
Combien sont aristotéliciens ceux qui, aujourd'hui, au
nom de cette pure et simple négation de la lutte des
classes, évidence de tous les jours pour ceux qui travaillent, veulent faire accroire au domestique à qui l'on
donne une maigre pitance, un salaire dérisoire, qu'il
est embarqué sur le même bateau que son maître qui
possède tout le reste, y compris le corps, le destin,
l'avenir, la santé de celui à qui il condescend l'offrande

d'une écuelle de soupe ! « Communauté d'intérêts », écrivait Aristote. Lesquels ? Qui utiliserait encore ce lieu commun, cette justification éculée, qu'il faut bien des riches pour nourrir les pauvres ? Que la misère a bien une fonction, puisque sans elle, on ne pourrait pratiquer cette sublime vertu qu'est la charité ? Qu'il faut bien la fortune des uns pour rendre possible la survie des autres ?

Or, les intérêts divergent sur le mode de la lutte des consciences de soi opposées, pour le dire en des termes hégéliens. Lutte des classes, dira Marx. De sorte que le maître et l'esclave désirent respectivement la disparition de l'autre en tant que tel, dans son essence et dans son existence. Mais à quoi pourrait bien ressembler une société d'esclaves où il n'y aurait plus de ces maîtres dont ils tiennent leur statut, et vice versa ? Cette lutte se poursuit de toute éternité, vouloir l'éradiquer est impensable. La société sans classes équivaut à une fiction, ni possible ni même souhaitable. Que se multiplient les différences ! Et autant que possible, qu'on les sollicite, bien sûr. En revanche, les inégalités, c'est-à-dire leur exploitation économique, non.

La différence entre ces classes se traduit dans la cartographie qu'on peut faire pour déterminer la place de tout un chacun. Dans cette représentation avec le temps en abscisse et la mobilité dans l'espace en ordonnée, l'esclave est celui dont l'emploi du temps suppose une saturation dans les deux registres : il donne le maximum de son temps pour et dans un espace qu'il n'a pas choisi. Immobile, figé, fixé, agrafé comme un insecte sur le liège, il officie tout entier au service d'un ordre dans lequel il n'a pas le choix. Dépouillé de son corps, il l'est aussi de son temps dans un espace où il est contraint de demeurer — l'usine, le bureau, l'atelier, la manufacture, l'habitacle de son véhicule, la salle où il travaille. Dans cet ordre d'idées, l'économie apparaît comme l'art de dispenser les places en fonction des nécessités du culte à rendre.

Le capitalisme excelle dans la transmutation du temps des esclaves en argent pour les maîtres, *via* le quadrillage effectué sans cesse pour contenir les énergies singulières, les installer, puis les maintenir, dans des appareils où elles sont rendues captives à l'aide des subterfuges que sont les salaires misérables, nécessitant le recommencement de la prostitution du corps et du temps. De même, en auxiliaire de cet assujettissement, on peut compter les crédits nécessités par les endettements, eux-mêmes sollicités par les soumissions des esclaves aux désirs mimétiques sculptés par la publicité — un genre d'*opus dei* au service de la religion du capital. Le temps dont l'esclave est dépossédé, transmuté en argent dont il est privé, alors que simultanément on lui fait miroiter en permanence les félicités qu'il autorise, fournit le sang du sacrifice et de l'holocauste fondateur de la religion du capital. Nietzsche affirmait que quiconque ne dispose pas des deux tiers de son temps en liberté pure pour son propre usage est un esclave. Que chacun fasse ses comptes...

Pour être définie comme une alchimie cannibale et se soumettre le politique, exceller en pathologie manifestée par le syndrome d'Hécaton et se substituer à toute autre religion, procéder du sacrifice et de l'holocauste réitérés, vivre de la lutte des classes et générer l'aliénation maximale, l'économie capitaliste sous son mode actuel, cybernétique et planétaire, n'en est pas moins le reflet d'une métaphysique qui la sous-tend comme se sont trouvées sous-tendues toutes les variations enregistrables du mode de production capitaliste des richesses. L'économie procède de la superstructure idéologique et n'est en rien une infrastructure séparée, motrice du monde dans sa totalité.

Avant d'en arriver à une proposition libertaire soutenue par une mystique de gauche, je voudrais tenter de dire en quoi l'économie, cette « science du lugubre » selon les mots de Carlyle, a toujours généré ses mythologies à partir des pensées dominantes de l'époque ou des idéologies les mieux adaptées à permettre la justification théorique, sinon ontologique, du marché libre et de la concurrence, de la division du travail, de la soumission d'une classe aux intérêts d'une autre, de la téléologie radieuse et de l'harmonie préétablie, de la main invisible et des paradis annoncés pour demain. Le tout a contribué à la formation d'une impitoyable *métaphysique de la nécessité* qui a rallié à elle la presque totalité des économistes, fussent-ils apparemment opposés tels Adam Smith et Karl Marx. Pour proposer une autre façon d'envisager l'économie, il s'agira d'avancer les bases d'une autre vision du monde — et pour un édifice libertaire susceptible d'être coiffé par des idéaux humains, il faudra une mystique avenante et à l'avenant.

Avant cela, et pour proposer une généalogie ontologique de la modernité économique, je souhaiterais en appeler à la constellation cartésienne et plus particulièrement, pour commencer, aux avancées permises au Grand Siècle par les conclusions et les grands thèmes du *Discours de la méthode*. Le catholicisme recule sous les assauts de la pensée réformée et de la montée en puissance d'une philosophie laïque en passe de se substituer à la toute-puissance de la théologie catholique. Montaigne avant lui avait préparé l'avènement du sujet moderne, mais c'est Descartes qui va l'accoucher, l'assister et donner une identité à ce *je* qui se pose en s'opposant à Dieu. De sorte qu'on peut mettre en perspective la relation inversement proportionnelle qui lie l'effritement du catholicisme et l'élaboration des conditions de possibilité de ce que j'appellerai l'économisme, ce monstre hybride qui fait de l'économie une religion. Progrès de l'athéisme, disparition de Dieu, apparition de l'économie et théologie des richesses triviales, voilà le mouvement qui va rendre possible la cristallisation des ferveurs et des cultes rendus à l'argent.

Descartes, donc. L'œuvre de 1637 ouvre la modernité en Europe parce qu'elle dessine, avec des contours nets, un sujet qui, pourvu qu'il soit respectueux de la religion de son Roi et de sa nourrice — le vœu est du philosophe lui-même —, voit s'ouvrir devant lui tous les possibles. Autonomie de la raison, liberté de la réflexion conduite selon l'ordre mathématique, lecture scientifique du monde, méthodologie confinée à l'usage de la rhétorique et du concept, règles posées pour la direction de l'esprit, recyclage du dualisme antédiluvien, voilà pour les instruments de ce qui deviendra la raison pure pratique.

Par ailleurs, le dessein du *Discours de la méthode,* outre la fondation de cet individu avec les acquis ontologiques sur lesquels nous vivons encore, consiste également à promouvoir toutes les sciences qui permettaient à l'homme de se rendre « comme maître et possesseur de la nature ». On ne parle pas encore d'économie à proprement parler, mais ce qui fait le contenu du terme travaille le siècle. L'individu au grand jour et sa volonté de puissance sur la nature, le monde réel, sensible, voilà un agent, un acteur et un projet avec lesquels peuvent se constituer les réflexions qui dessinent le contour des premières méditations d'économistes.

Pour ce faire, et en restant dans le cartésianisme qui anime, occupe, sinon embrase alors l'Europe, en Allemagne avec Leibniz, en Hollande avec Spinoza, en

Angleterre avec Hobbes, il faudrait prendre le temps de disserter sur la théodicée de l'un, le monisme panthéiste de l'autre, le matérialisme mécaniste du dernier pour montrer dans quelle mesure les années au mitan du XVIIIᵉ siècle permettront à François Quesnay, le père des physiocrates, l'élaboration de ce qu'il est convenu de présenter sinon comme la préhistoire des sciences économiques, du moins une première manifestation digne de ce nom de cette nouvelle discipline. Il faudrait retenir des physiocrates l'idée que, tel qu'il apparaît, le monde est parfait et procède d'une volonté divine. De même, dans le procès qui conduit le réel à apparaître comme tel, le négatif a sa fonction et contribue, dialectiquement, à la perfection du grand tout. D'où la conclusion d'une harmonie préétablie et de la lecture de la nature en œuvre voulue par une puissance supérieure, procédant à sa manière d'un projet où nature naturante et nature naturée agiraient et prouveraient l'unité du monde et son découlement d'une seule substance diversement modifiée. Cette nature, quant à elle, épanouie sur le mode de la variation multiple à partir d'un seul et même thème, obéirait à des lois lisibles à quiconque considérerait son esprit selon l'ordre des raisons.

Les physiocrates, dans leur méfiance à l'endroit des prémices de l'industrialisation, leur célébration de la nature et plus particulièrement de la terre, leur volonté de voir en elle l'œuvre d'un principe architectonique, déploient un talent synthétique digne de l'éclectisme de Victor Cousin pour ajouter à ces collages théoriques un soupçon de sensualisme emprunté à Locke, un autre d'occasionnalisme subtilisé à Malebranche ; puis ils formulent, sur le mode déductif, presque en la postulant, une théorie économique qui, comme par hasard, réjouit le Roi, le conforte dans son monarchisme de droit divin et légitime son action en tant que despote uniquement confiné dans la lutte contre les facteurs perturbateurs de l'ordre naturel.

Refus de l'histoire et de ses développements dynamiques et dialectiques, universalisme étendu aux royautés européennes, sinon à la planète tout entière, dévalorisation de l'homme, une création récente, et survalorisation de la terre, une vérité de toujours, les physiocrates, en guise de théorie économique scientifique, ne font que fournir les moyens de sa politique à un roi fonctionnant sur le principe de la monarchie de droit divin tout en légitimant l'ordre féodal par une vision du monde appropriée et confectionnée à cet usage. Où l'on assiste, pour la première fois, à la mise en perspective d'une métaphysique, en l'occurrence de la nécessité, et d'une politique, le tout avec l'installation de l'économie en tiers, en instance régulant l'ordre de fait. En écrivant sa *Physiocratie ou Constitution naturelle du gouvernement le plus avantageux au genre humain,* François Quesnay avait bien mérité d'être présenté par le roi Louis XV sous les auspices et la rubrique d'un « Mon penseur », ce qui, là aussi, augurait du mode de relation entretenu avec les pouvoirs par la plupart des économistes dévoués à la cause du laisser-faire et du laisser-passer — la meilleure voie pour parvenir au laisser-aller.

Bien vite, les économistes firent la loi et leurs formulations les mirent en odeur de sainteté auprès des gouvernants en mal de politique, car ils trouvaient là, déjà, matière à substituer du brillant à leur incompétence notoire. La leçon vaut encore. La formulation presque parfaite de la métaphysique du capitalisme sous le régime duquel nous vivons paraît quasi achevée avec Adam Smith dont le livre majeur propose les évangiles du libéralisme utiles pour légitimer le siècle de la révolution industrielle. Bien que commentant, critiquant et dépassant l'option physiocratique, Smith conserve l'idée majeure d'une harmonie préétablie et, surtout, avance lui aussi une théorie de la nécessité.

L'invite célèbre du laisser-faire doublée d'un laisser-passer devrait suffire en lieu et place d'analyse et de proposition. Pourtant, l'économiste précise combien il faut laisser librement jouer la concurrence, fonctionner les mouvements d'allée et venue entre l'offre et la demande, pour que les profits aillent en croissant et que le marché se régule par l'intermédiaire d'une *main invisible,* cette célèbre métaphore qui exprime sans ambages la métaphysique de la nécessité : l'harmonie préétablie, le divin architecte, la perfection de la création, l'inscription dans la nature de règles génétiques, sinon la légitimation du négatif dans l'économie d'un équilibre généralisé.

De sorte que, de manière induite, bien que pareille formulation cynique fasse défaut, la misère, la pauvreté, l'exploitation, la servitude des ouvriers, l'état de décrépitude dans lequel se trouvent les prolétaires, la paupérisation, tout cela est nécessaire dans la production, *in fine*, d'une œuvre harmonieuse : la société industrielle du moment et le capitalisme doivent pouvoir fonctionner sans entrave métaphysique, ontologique, donc politique. La fin visée par la mécanique dont Adam Smith fait l'éloge est étrange puisqu'elle suppose du travail en permanence pour les ouvriers, et des profits, des bénéfices sans compter pour les propriétaires. Étrange répartition des rôles avec l'enfer du labeur perpétuel pour les uns et le paradis des intérêts en jet continu pour les autres, l'exploitation des premiers fonctionnant comme condition de possibilité des seconds. Où l'on retrouve la fameuse communauté d'intérêts chère au cœur d'Aristote...

Cette logique devait développer, comme toujours avec les économistes, un état de fait différent des prévisions énoncées par eux sur le mode des prédictions qui échouent toujours et gisent aux côtés des certitudes de diseuses de bonne aventure. Les métamorphoses du capitalisme devaient induire moins le travail assuré pour le plus grand nombre et les bénéfices pour quelques-uns, qu'un monde où se sont développés le chômage, une paupérisation accrue, la délinquance, une démographie désastreuse, des conditions d'existence toujours plus déplorables pour les plus défavorisés.

Aussi, le modèle cartésien de l'harmonie préétablie et rendue repérable par les régulations théistes de la main invisible, s'est dilué en même temps qu'avançait l'athéisme et que la Révolution française laïcisait l'espace public français sinon européen. Les théistes ont laissé place aux déistes, puis à ceux qu'alors on appelait les athéistes, le tout accélérant l'autonomie de l'économie et sa métamorphose en religion de substitution. Jamais l'argent et les richesses n'ont à ce point mené le monde, à telle enseigne qu'on peut lire les échecs de 1789 comme le produit de la résistance de la monnaie, des finances et des banques aux idéaux de la Constituante.

Le modèle cartésien fut supplanté par celui sous lequel nous vivons encore et qui est de facture nettement darwinienne. Dès l'*Origine des espèces* (1859), Darwin fournit un modèle biologique en forme de grille pour saisir l'ordre selon lequel apparaît l'économie, voire l'économisme. Les idées essentielles du scientifique sont connues : lutte pour la vie, sélection naturelle des espèces les mieux adaptées, rôle sélectif et assainissant de la mort, survie des plus forts, métamorphoses et variations morphologiques pour des questions d'adaptabilité, théorie de la prédation, des croisements ou des hybridations, tout ce registre scientifique supporte volontiers le démarquage pour parler du monde de l'économie capitaliste. La lutte dans laquelle sont engagées les entreprises, les multinationales, les sociétés anonymes est lutte à mort, sans merci, et suppose, là encore, des déchets, des oubliés de l'évolution, des ratés, des ratages, un prix à payer pour la réussite de cette survie. Le syndrome d'Hécaton apparaît dans ce cas porté à son paroxysme, et jamais dans pareille perspective vie humaine n'a été aussi bon marché.

En annonçant sa découverte des *lois tendancielles du capital,* Marx reprenait à son compte les deux temps précédents des métaphysiques ayant généré les modalités du capitalisme de la révolution industrielle : téléologie et lutte pour la survie sont reformulées dans le cadre d'un optimisme iréniste supposant l'autophagie du capitalisme et sa destruction annoncée sur le principe hégélien de la fin de l'histoire. Cette dernière se trouverait hypothétiquement réalisée, après la révolution, dès qu'auraient disparu les classes, la lutte des classes, l'exploitation et donc la misère, le prolétariat et la bourgeoisie, l'aliénation, la pénurie et tout ce qui fait l'enfer des temps anciens. Las ! le capitalisme est plastique. Il se métamorphose, recourt à la guerre, au colonialisme, au fascisme, à l'impérialisme, à la société de consommation, à la planétarisation de la circulation des flux invisibles, à l'uniformisation idéologique des consciences ou des intelligences et à tous les moyens qui lui sont bons pour ne pas disparaître.

Alors à quoi ressemble aujourd'hui cette religion ? Le Dieu des catholiques presque partout disparu en Occident a été remplacé par Mammon, la divinité de l'argent. Là où les théologiens faisaient la loi, les économistes ont pris le relais. Le désenchantement du monde s'est fait par l'abandon d'un principe, la divinité, au profit d'un autre, la richesse, alors qu'en fait triomphe toujours l'idéal ascétique qui nécessite avec la même frénésie le travail, cette perpétuelle expiation légitimée et justifiée, quels que soient les dieux auxquels les sacrifices sont destinés. Toujours l'holocauste, toujours l'esclavage, encore la servitude et sans discontinuer, la soumission des énergies individuelles aux intérêts du Léviathan.

Une patrologie nouvelle a vu le jour, elle est constituée et rédigée par les économistes spécialistes en prospective, démographie, statistique, sondage, fiscalité et autre scolastique des abstracteurs de quintessence qui ont jeté leur dévolu sur les budgets ou la Bourse, les banques ou les crédits, la comptabilité ou les impôts. Des théories se développent qui montrent l'incarnation, la transsubstantiation, la célébration, l'oraison réinvesties, *via* les théologies spécieuses fomentées par ces nouveaux Pères de l'Église, dans le capital, l'argent, le profit ou le travail. Le catholicisme a presque péri, l'économisme a quasi triomphé, et rien n'a changé pour ceux qu'on confine dans la masse des acteurs de cette religion, du côté des serviteurs, pareils aux intouchables orientaux, sales, impurs et déconsidérés. Alchimie cannibale et métaphysique de la nécessité, l'économie est devenue une discipline autonome, radicalement séparée. Elle a sacrifié, pour prix de son indépendance, le politique et l'histoire, soumettant le réel à la seule loi du marché, interdisant tout gouvernement en dehors de l'administration des affaires courantes. Rien ne semble pouvoir arrêter le cours des choses et l'idée semble globalement partagée, aujourd'hui, qu'il est impossible de modifier le mouvement de l'histoire, d'infléchir quoi que ce soit ou d'avoir un pouvoir sur tel ou tel fragment de réel ressortissant à la cité, à la Nation ou à l'État. Le nihilisme est généralisé, le pessimisme cultivé et le désenchantement partout présent.

Aux yeux des défenseurs de l'économisme, c'est lèse-majesté que de mettre en cause la vérité du dogme. Leur argument suppose toujours qu'on ignore trop les rouages délicats et fins de l'économie pour pouvoir dire quoi que ce soit de fondé sur le sujet — comme si, pour avoir le droit d'être athée, il fallait d'abord être docteur en théologie...

La mélancolie n'est intraitable, en matière politique, que chez ceux qui veulent conserver les règles du jeu telles qu'elles sont : le capitalisme triomphant sur le mode du libéralisme échevelé, emballé. Certes, pour ceux-là, l'intérêt consiste à avancer cette idée qu'il n'existe plus qu'un immense mouvement planétaire auquel nous n'avons pas la possibilité de nous soustraire. Sur ce principe, l'État universel a de beaux jours devant lui et, sans esprit de résistance opposée, le totalitarisme d'une pensée uniformisée, d'une économie monothéiste et l'achèvement de l'histoire finiront par imposer rapidement leur loi réalisant de la sorte une dictature sans pareil dans le passé.

En guise de hochet, les tenants de ce nihilisme communient dans une Europe supranationale qui accélérerait la fin de l'autonomie, déjà bien entamée, des nations. Toute promotion d'une Europe libérale, dite de Maastricht, agit comme un formidable accélérateur à la planétarisation du capitalisme et à son triomphe sans partage. Avec Maastricht, c'est moins l'Europe qui est proposée que la seule Europe libérale, à l'exclusion d'une entité politique, par exemple. Et l'art du mensonge auquel sont rompus les gestionnaires du capitalisme qui, en France, se remplacent au pouvoir depuis un quart de siècle, a consisté à assimiler l'Europe, au singulier, la seule, l'unique, à celle que proposent les techniciens et les financiers désireux, de Bruxelles, d'instaurer un empire libéral susceptible de faire le pendant, sinon aux nations du yen et du mark, du moins à celle du dollar — ce qui, convenons-en, n'est pas loin d'être la même chose.

Si l'on ne veut pas sacrifier au pessimisme ambiant, ni à l'excitation européenne libérale de cette fin de siècle, quelles solutions paraissent encore envisageables ? La fin du capitalisme ? Sûrement pas. Tant qu'il n'y aura d'alternative à celui-ci que dans l'abolition de la propriété privée et l'appropriation collective des moyens de production, il faudra, en optant pour ce choix, accepter les conséquences : les *barrières hérissées d'obstacles,* qui faisaient phosphorer Gracchus Babeuf. De sorte qu'il faudrait aussi en finir avec toute individualité digne de ce nom, condamnée, sacrifiée, à se mouvoir, sans liberté, dans l'enceinte de la nation fermée par un rideau de fer, de béton, ou de n'importe quoi d'autre susceptible d'être surveillé du haut d'un mirador.

L'option libertaire ne peut être celle-là, du moins chez un anti-autoritaire avéré comme Pierre-Joseph Proudhon, ou chez un atypique du genre d'André Gorz. Car Bakounine diffère de Marx sur les seuls moyens, aucunement sur les fins. Chez les deux penseurs, on trouve le même sacrifice à la téléologie, à l'optimisme, la même croyance hégélienne à la possibilité d'une fin et d'un accomplissement de l'histoire, une identique communion dans la haine de la propriété privée héritée de Rousseau, auquel tous les deux empruntent également leur critique de la modernité, leur ridicule discrédit jeté sur la technique. Les deux croient à l'homme total, débarrassé de ses aliénations par le simple fait d'évoluer dans une société sans classe. On connaît l'histoire.

Proudhon vaut par l'absence d'enthousiasme prophétique et le refus d'endosser les vêtements taillés pour une nature messianique. Rien du délire de Fourier ou des mythologies sociétaires de Saint-Simon, pas plus qu'il ne souscrit aux obsessions sécuritaires, organisatrices ou totalitaires d'un Cabet fou furieux d'Icarie. Le despotisme étatique et le socialisme autoritaire d'un Louis Blanc ne lui vont pas non plus. Son œuvre se fait dans le souci pragmatique d'une réalisation, non pas dans les probabilités d'autant plus nébuleuses qu'elles exigeraient le futur pour leur accomplissement, mais dans l'imminence qui a toujours été le temps et l'horizon de sa pensée.

Loin de l'option leibnizienne ou des logiques darwiniennes, aux antipodes des physiocrates aussi bien que des marxistes, l'économie peut se pratiquer, non plus séparée, sur le mode de la religion de substitution, mais réconciliée avec l'ensemble des domaines d'activité humaine. Disons-le sur un terrain où l'on n'attend ni le mot ni la référence : en nietzschéen. Non que Nietzsche ait formulé quoi que ce soit qui ressemble à une économie ou à des matériaux susceptibles d'être rassemblés sous ce chef, mais parce que, dans son sillage, quelques-uns, se réclamant de lui et de son souffle, ont avancé des idées qu'on pourrait inscrire sous la rubrique d'une *économie généralisée**. Le Collège de sociologie, au début de ce siècle, a fourni l'occasion de textes majeurs à Caillois et Klossowski, Bataille et Leiris, qui ont élargi la notion d'économie, appelée par l'un d'entre eux restreinte, comme la relativité du même nom, aux dimensions d'une économie englobant les domaines majeurs de ce qui fait la vie dans toutes ses acceptions.

En athées, eux aussi, Deleuze, Guattari et Lyotard ont creusé plus profond encore le sillon du nietzschéisme de gauche en fournissant à cette économie nouvelle les moyens d'être libidinale, molaire, moléculaire, pulsionnelle, nomadique, lisse ou striée. Autant d'acceptions susceptibles, avec celles de dépense, d'excès, de part maudite, de consumation, d'énergie excédante, de dilapidation, de fournir un matériel conceptuel tout entier destiné à résoudre les antinomies ou les contradictions économiques posées par le capital et pointées par Proudhon dans sa *Philosophie de la misère*. De sorte qu'en avançant sur le terrain de ces résolutions se dessinent les linéaments de ce qu'il est possible d'appeler une grande politique qui restaure à cet art majeur et à l'histoire leurs lettres de noblesse.

À quoi ressemblent ces antinomies ? Toutes supposent, ce qui est leur nature et justifie leur définition, un avantage et un inconvénient, une positivité et une négativité, un côté constructeur et un autre destructeur. De sorte que, soucieux d'expérimenter la dialectique hégélienne qui se propose la résolution dans un troisième temps synthétique, Proudhon pose une série qu'on peut souhaiter réactualiser à la lumière du nietzschéisme de gauche et du matériel conceptuel proposé par leurs représentants.

Le réenchantement du monde est envisageable sur ce terrain où se conjuguent un souci libertaire et une option nietzschéenne, une volonté pragmatique et un désir d'énergie. Une économie généralisée retiendrait de la pensée de Nietzsche un désir sans fond de donner à Dionysos la place qui lui revient, de soumettre Apollon à celui-ci en réalisant une inversion des valeurs puisque, habituellement, c'est le dieu de l'ivresse qui se soumet à celui de la forme. Elle supposerait une guerre déclarée à l'idéal ascétique sous toutes ses formes, aussi bien les logiques du ressentiment ou de la culpabilité que les rhétoriques de la haine de soi ou de la condamnation des passions. Qu'on se souvienne pouvoir trouver chez le père de Zarathoustra, qui enthousiasma Jean Jaurès au début de ce siècle, mais aussi Lucien Herr, Charles Andler, Georges Palante, Élie Faure ou Georges Sorel, de réelles options capables de réjouir la gauche : une critique du christianisme, bien sûr, et des idéaux de renoncement qui vont avec, une mise en garde, déjà à l'époque, contre la montée en puissance de la société de consommation et le culte rendu à l'avoir au détriment de l'être, une attaque en règle contre le libéralisme, les bourgeois, les philistins, le travail, mais également une condamnation sans appel de l'État, entendu comme une monstruosité sans âme, animale et froide. Enfin, il faut compter avec le philosémitisme de Nietzsche et sa critique de la guerre dont il fait l'éloge sur le seul terrain métaphorique.

Retour à Proudhon. Les antinomies relevées par lui peuvent concerner la valeur d'usage et la valeur d'échange, séparées par un gouffre dans lequel gît tout ce qui permet le travail du capital et l'élaboration des bénéfices effectués sur le labeur des prolétaires. La résolution peut se faire par la promotion de la valeur constituée, calculée de telle sorte que la quantité de travail réelle soit représentée dans l'objet. Il s'agit de soumettre l'évaluation de cette valeur nouvelle à la sagacité d'un calcul soucieux d'intégrer au prix la force de travail, la puissance de celle-ci dont la possibilité réside dans la seule effectivité du collectif, et la rétribution de cette alchimie qui prenne en compte l'action communautaire. Énergie libidinale et dépense, consumation et vitalité trouveraient ainsi une occasion d'être prises en considération, dans les calculs constitutifs de la valeur en question.

De la même manière, Proudhon s'attarde à l'antinomie du machinisme qui permet l'allégement de la peine de l'ouvrier en même temps que la précarité de son emploi. Sur cette question, Marcuse a précisé quel usage hédoniste, libérateur et libertaire on pouvait faire des machines, loin d'une condamnation systématique et de principe. La technique n'est ni bonne ni mauvaise en soi, c'est son usage qui détermine son excellence ou non. En ce sens, il faut célébrer et développer toutes les technologies qui, nouvelles, permettent l'économie ou l'évitement des sacrifices de la dignité régulièrement consentis dans le mode de production capitaliste. La soumission de la machine, non pas au seul intérêt du propriétaire visant son profit et son bénéfice, mais à l'allégement des tâches, voire à la diminution du temps de travail, à la réduction des travaux pénibles, voire à leur totale disparition, suppose une éthique interposée entre le machinisme et la production aveugle. Chaque triomphe de cette éthique vaudrait comme un recul de l'idéologie des dévots de la religion du capital.

Par ailleurs, la division du travail, telle qu'elle est voulue, exigée et pratiquée dans le capitalisme, présente l'avantage de permettre la création de richesses en raison de son efficacité, tout en contribuant à l'abrutissement du travailleur et à la généralisation de la paupérisation. Qu'elle oppose les manuels aux intellectuels, les techniciens aux exécutants fait moins problème que de la voir cause d'une spécialisation outrancière impliquant les tâches répétitives, inintéressantes, sinon aliénantes. On connaît les pages consacrées par Adam Smith à la production et à la division du travail dans une usine de fabrication d'aiguilles où la parcellisation poussée au maximum rive chaque ouvrier à l'infinie duplication du même geste pendant toute sa journée de travail, sa semaine, son mois, sa vie. De Fourier, on pourrait retenir le désir de pratiquer l'attraction passionnée et, si le travail joyeux est une vue de l'esprit des régimes totalitaires, du moins peut-on imaginer une répartition des tâches qui évite la corvée là où elle est manifeste. Il faut lire sur ce sujet quelle révolution du travail propose André Gorz dans *Métamorphoses du travail. Quête du sens,* un livre loin d'avoir encore produit tous ses effets.

L'antinomie de la concurrence, bien que nécessaire à la fixation des valeurs et à la stimulation de la production, apparaît aussi comme une cause de destruction des salaires et d'asservissement des travailleurs à des paies de misère. D'où la nécessité d'une législation fiscale qui s'inspire des « barrières hérissées d'obstacles » de Gracchus Babeuf. Sur le marché libre planétaire, le protectionnisme économique est la seule façon d'éviter qu'un pays où les enfants travaillent pour des salaires de misère puisse, les lois de la concurrence étant ce qu'elles sont, emporter les marchés là où d'autres jouent selon une règle du jeu qui reconnaît le droit au travail, le syndicalisme et l'humanisation relative des tâches.

De même, on pointera l'antinomie des impôts, excellents dans la mesure où ils pourraient compenser l'effet néfaste des monopoles, ou des concentrations de richesses, mais catastrophiques dans la mesure où ils aggravent l'exploitation du plus grand nombre sur lesquels la pression fiscale est la plus lourde. Partout taxé, le citoyen le plus riche ressentira moins l'impôt que le pauvre tenu de mettre la main au porte-monnaie dès le moindre geste : impôts directs, indirects, fonciers, taxes diverses sur une kyrielle de produits ou de transactions, et autres mesures vexatoires supposant, à chaque mouvement d'argent, un prélèvement obligatoire. Fixé par ceux qui ont le pouvoir pour légitimer et financer leur appareil de contrainte, l'impôt semble bien souvent une occasion de diminuer la part d'argent disponible dans un ménage pour une paupérisation rendant plus facile la pérennité du système de salariat et d'exploitation.

L'antinomie du crédit fonctionne également en producteur de double effet : il pourrait émanciper les pauvres s'il était organisé de façon à être gratuit, mais il ne fait, tel qu'il est, que permettre à l'argent d'aller là où il est déjà, tout en évitant de faciliter la vie des familles ou des personnes désargentées pour lesquelles il serait vital. Le prêt n'est qu'un moyen de faire de l'argent avec de l'argent, sûrement pas une façon de rendre l'accès possible à la consommation des plus démunis, sinon au prix fort. Le crédit apparaît dans notre civilisation comme un formidable moyen de contrainte des foyers qui, endettés, deviennent taillables et corvéables à merci, obligés d'accepter les conditions de travail proposées sur le marché, afin de pouvoir seulement rembourser leurs traites.

Enfin, concluons avec l'antinomie de la propriété foncière. Celle-ci constitue la base de toutes les libertés puisque Proudhon ne conçoit pas son anarchisme en dehors du maintien et de la préservation de la propriété privée. Mais en même temps, elle ne produit que des privilèges, permettant aux propriétaires de toujours posséder plus, avec les effets de rente, alors que les démunis sont privés d'accès à cette sécurité. Le logement fait parfois défaut à certains quand d'autres cumulent les appartements inoccupés dans le seul dessein de capitaliser, thésauriser. Le droit au logement n'a cessé d'être une revendication depuis des siècles, et encore aujourd'hui dans les mégapoles saturées.

Qui dira que ces antinomies ont vieilli ? Sont caduques ? Depuis 1846, la *Philosophie de la misère* n'a cessé d'être d'actualité. La valeur, les fins du machinisme, le statut des technologies nouvelles, la qualité du travail, sa quantité, le rapport à l'argent, la pression fiscale, la spirale du crédit, le droit au logement, l'inégalité devant l'avoir sous toutes ses formes, voilà de quoi constituer des priorités pour une éthique politique qui soumet la technicité de l'économie à un projet de société. Pour sa part, Proudhon a développé de multiples théories : les ateliers en coopérative, le mutualisme, le fédéralisme, les banques populaires, les crédits mutuels, le tout visant l'expression d'une économie sociale, d'une démocratie industrielle où surgiraient des propriétés individuelles d'exploitation aux côtés d'une agriculture de groupe, des propriétés collectives d'entreprise couplées à des ateliers autonomes, des compagnies ouvrières animées par la participation, des fédérations industrielles de producteurs et de consommateurs, des organisations coopératives de service, l'ensemble générant une socialisation libérale, sinon un socialisme libertaire.

André Gorz, suivi par quelques-uns dont Alain Lipietz, a récemment effectué une critique de la rationalité économique occidentale et proposé une révolution du travail. Sa « quête du sens » vise une réduction du temps de travail comme propédeutique à la maîtrise du temps des individus doublée d'un athéisme consumériste. Travailler moins, mieux et autrement, découpler revenu et quantité de travail, tout cela doit viser une économie mise au service des hommes et de leur libération, de leur réappropriation d'eux-mêmes. On ne peut mieux signifier la possibilité d'un projet politique hédoniste dans lequel l'économie devient une force positive et non cette science du lugubre qu'elle est toujours dans son mode libéral.

Le projet peut être élaboré, peaufiné, affiné avec des économistes de profession qui, riches de ces lignes de force, prépareront des économies alternatives où les fins seront le travail humanisé, la production régulée, les richesses mieux réparties, dans la nation et entre les nations, d'un bloc l'autre sinon d'un hémisphère l'autre, le logement un droit pour tous, la consommation, une possibilité offerte indistinctement aux classes défavorisées comme aux autres. Pour ce faire, il faut soumettre l'économie à un principe dionysiaque et en faire une technique célébrant les pulsions de vie, ce qui permettrait une redéfinition de l'économie libidinale souhaitée par Lyotard. Ne plus célébrer l'idéal ascétique et les pulsions de mort, cesser de soumettre le politique et l'histoire à la tyrannie d'une économie fonctionnant dans le seul dessein d'accroître la paupérisation et de rendre possible la richesse des riches par une toujours plus grande pauvreté des pauvres. Voilà de quoi fournir matière à transvaluation.

Le réenchantement du monde ne pourra se faire qu'en visant la fin d'un économisme célébré sous forme de religion, entendu comme le seul lien social possible aujourd'hui. La soumission de l'économie à la loi du politique est une nécessité vitale. Tant que durera l'inverse, la loi du marché triomphera, seule, sans contrepartie et, projetés vers l'abîme, nous connaîtrons des courses effrénées vers plus de mort, de souffrance et de douleur. Thanatos fut élu dieu tutélaire du capitalisme effréné. Son ombre et sa croix, sa divinité fétiche sont les causes de l'holocauste et des sacrifices quotidiens qui lui sont offerts.

Dans l'esprit de Nietzsche, il fallait une Grande Politique, débarrassée des contingences étroites et mesquines de ce qu'il est convenu d'appeler aujourd'hui la politique politicienne. Loin des calculs du quotidien, de l'arithmétique en vertu de laquelle on accède au pouvoir puis on s'y maintient, la grande politique veut les moyens d'une action et vise l'incarnation. Le pouvoir, certes, mais pour quoi faire si ce n'est exprimer, réaliser, incarner une politique, c'est-à-dire un projet, des idées, un vouloir, une énergie. La force se distingue de la violence car la première sait où elle va, la seconde se soumet aux pulsions sauvages qui l'habitent. Le capitalisme est une violence, la politique une force. Et la seconde vaut comme seul remède à la première.

Un dionysisme politique agirait selon l'impératif catégorique voulant la transvaluation, la révolution copernicienne et la mise de l'économie à son service. Loin des narcotiques religieux, des opiums du peuple et des vertus dormitives de la religion de l'argent, il supposerait une priorité donnée au vouloir, à l'énergie, à l'économie généralisée dont l'objectif exige la réalisation d'un individu hédoniste, réconcilié avec lui-même et qui ne soit pas tenu, contraint et forcé, condamné et damné, à perdre sa vie pour seulement la gagner, en assurer les contingences quotidiennes. Oublieux de l'être tant il est requis pour l'avoir, esclave enchaîné aux aliénations de l'époque, celui qui se veut libre est interdit d'hédonisme tant qu'une politique ne voudra pas ce dionysisme réveillant les pulsions de vie là où elles sont, disséminées, diffuses, sinon confuses, anéanties, mises en sommeil par la machine sociale.

L'économie restreinte vit du gaspillage d'énergie et de la négation des corps en auxiliaire de l'idéal ascétique qu'elle a pris en relais pour faire triompher les rhétoriques grecque, romaine puis chrétienne de la haine du corps, du mépris de la chair et de l'anathème jeté sur les désirs, les plaisirs, les pulsions et les passions. Pour gâcher la vie, rien n'est plus pratique qu'une mise des corps au service du travail sans cesse recommencé. Toutes les civilisations soumises à Thanatos ont vécu et se sont nourries de cet holocauste perpétuel. Le malaise dans la civilisation analysé par Freud tient ici sa généalogie : le sacrifice des désirs individuels au profit de l'élaboration des machines collectives, l'oubli de l'individu auquel on préfère toutes les cristallisations de l'instinct grégaire, le renoncement à ses plaisirs afin d'avoir pour seul objectif la place à tenir dans le jeu social, le sacrifice de la liberté individuelle et, en guise de retour, une société sécuritaire, autoritaire, castratrice et dévitalisante. Dilution du moi dans le grand tout social, confusion des intérêts individuels avec les intérêts collectifs, sacrifice du principe de plaisir au nom du principe de réalité, besoin de consolation impossible à rassasier, renoncement aux plaisirs ici et maintenant au profit d'un hypothétique au-delà ou d'un lendemain plus radieux, diversions, satisfactions substitutives, recours à tous les stupéfiants fournis par les idéologies du renoncement portées aujourd'hui au pinacle, nihilisme célébré, pessimisme entretenu, dépressions endémiques, autophagies, intoxications suicidaires aux idéaux mortifères : voilà un début d'inventaire des misères quotidiennes offertes au Léviathan social que rien ne repaît.

Freud a dit à quel point le travail et la civilisation fonctionnaient en contrepoint. Je voudrais dire aujourd'hui, c'est le sens de cette politique hédoniste et libertaire, comment on peut dissocier ce couple maudit dont le ciment est l'économisme, cette religion du capital sacralisé. Pour lutter contre une idéologie, il faut mobiliser des forces considérables susceptibles de déplacer des continents ou de permettre la découverte de terres inhabitées, de géographies blanches. L'économie libérale entendue comme généalogie sombre de la misère cartographiée en amont oblige à une révolution copernicienne. Cette inversion des valeurs est pensable à l'aide d'un levier qui est aussi une mystique et avec une vision du monde radicalement ancrée à gauche.

2

DES PRINCIPES

Pour une mystique de gauche

Mystique ? s'inquiéteront ceux qui savent mon aversion pour la religion et mon goût pour le matérialisme radical. Certes, et je veux revendiquer haut et clair la possibilité, pour un fanatique d'immanence, de lire le réel, l'histoire et le monde, selon un principe non seulement horizontal, mais aussi vertical. La mystique convient aux idées qui, selon le principe nietzschéen, habitent les cimes, là où l'air est froid, vif et coupant, là où l'on ne craint pas les vertus du vent d'hiver, la rudesse et la rareté, donc les valeurs qui comptent.

Pour les idées médiocres et les gens qui vont avec, le haut désigne la transcendance, l'au-delà, alors qu'il signifie, à mes yeux, la possibilité, jusqu'aux limites connues, les seules, d'un bord qualitatif, là où une lecture purement plate et linéaire supposerait le quantitatif. La mystique procède des postulats que fait pour nous notre âme et dont on ne peut s'empêcher de penser qu'ils guident toute une existence, une éthique et des principes, une pensée et des actions. Elle veut l'empire auquel aspirent toutes les énergies farouches et se propose comme la seule réponse possible pour sortir ceux qui y croupissent des trois cercles infernaux de la misère, et pour réaliser, dans les faits, l'athéisme qu'autoriserait la mise à terre de l'idole économiste.

La gauche dont je parle, pour être susceptible d'une mystique, suppose donc une translation éthique du domaine horizontal — dont elle tient métaphoriquement son sens — au registre vertical où je souhaite l'installer. Elle n'est donc en rien un programme pour un parti ou une plate-forme à destination électorale. Pas plus qu'elle ne tend à faire le catalogue, sur le mode de l'énumération, de ce que furent les victoires et les triomphes de la gauche. La définition d'une *mystique de gauche** suppose une quête de l'énergie qui la constitue. Une quête et une trouvaille, car rien ne servirait de se mettre en demeure de rechercher si d'aventure, sur ce terrain, on devait se contenter d'un genre de théologie négative comme seule façon d'approcher ou d'aborder d'impossibles contrées, d'improbables rivages.

Je sais disqualifiées et la mystique et la gauche auxquelles on préfère le rationalisme des universitaires et la droite des seigneurs de la jungle sous le régime desquels nous vivons. Or les discours ne gagnent rien à prétendre s'appuyer sur l'objectif, le rationnel, la vérité, la déduction, quand, travestis, ils demeurent tous fondamentalement inspirés par le viscéral. On outrepasserait le propos confiné à la politique en faisant la psychanalyse des engagements qui décident, pour tel ou tel, d'une installation radicale à droite ou à gauche — j'exclus, bien sûr, les professionnels du reniement, les renégats qui vont d'un bord l'autre suivant que l'intérêt les conduit une fois ici, une fois là, tout autant que les centristes, cette peste de la politique qui campe à égale distance de ceux auxquels elle se vendra, pourvu qu'ils soient les plus offrants.

À ces derniers, d'ailleurs, on doit l'une des disqualifications les plus en vogue du terme de gauche. En quoi il faut voir sa vitalité ici même réaffirmée. Car si droite et gauche ne signifient plus rien, si les deux catégories sont dépassées, comme le disent ceux dont l'esprit est au maximum de ses possibilités dans le psittacisme, alors pour quelles raisons n'affirment-ils pareilles sottises que lorsque le bailleur de fonds au pouvoir est en mal d'un appui *ailleurs,* toujours au centre, qu'ils sont prêts à lui céder en contrepartie du seul partage des maroquins ? Le refus de la partition et du clivage entre droite et gauche est le fait des hommes de droite — ou de ceux que le seul pouvoir, pour lui-même, motive.

L'autre disqualification de la gauche vient de ceux qui s'en réclament pour justifier soit leur talent pour la tyrannie, je songe aux anciens pays de l'Est, soit leur obsession maniaque à parvenir au trône convoité pendant toute une carrière non pas politique mais politicienne. Des premiers, dictateurs sur le mode féodal et antique, et des seconds, fourbes et hypocrites consommés, il ne faut attendre aucun talent pour la mystique, tout juste une excellence consommée dans la rhétorique, la stratégie, la tactique et tous les arts de la guerre assimilés. S'ils lisaient, leurs lectures pourraient être Sun Tzu ou Clausewitz, Machiavel ou Graciàn. À leur contact, la politique se réduit aux dimensions d'un terrain polémologique, rien d'autre.

L'installation sur le registre mystique, et la revendication de cette unique posture, dispense d'avoir à rencontrer ou à fréquenter, de près ou de loin, les apprentis dictateurs ou les aspirants menteurs ou falsificateurs. Les noms propres, quels qu'ils soient, ne m'intéressent pas. Je ne veux pour rien au monde donner l'impression qu'il est du ressort de l'écrivain de légitimer les récupérateurs d'énergie que sont toujours les mandataires des partis où l'on a fait profession de ne jamais penser, de ne jamais réfléchir et de toujours obéir, dans le seul but de se partager les postes dès le pouvoir obtenu.

La volonté de circonscrire une mystique de gauche suppose un désir de capter des énergies, de lire et de voir à l'œuvre des forces — et de ne célébrer que ces dynamiques. Sûrement pas les individualités qui, dans l'histoire, n'ont cessé de ralentir, sinon détruire ces puissances magnifiques en voulant s'en emparer pour les sculpter. Seules m'intéressent les figures qui, sur le principe de la ruse de la raison hégélienne, résistent à forces égales avec l'histoire, la font autant qu'elles sont faites par elle, celles et ceux qui, dans un combat et une lutte avec l'ange de la révolution ou de l'histoire, infléchissent, brisent ou domptent ces énergies. Pour un Spartacus, on compte des millions d'aspirants dont le désir peupla seulement les rêves...

L'identité de cette énergie, j'en dois un peu l'approche à l'aide d'une formule trouvée dans l'*Histoire de la Révolution française* de Michelet qui parle du « génie colérique de la révolution ». Car il y a, gisant au creux de toute gauche, une irréfragable colère, une révolte indivisible, entière et impossible à briser. Ce qui l'anime, fait son mouvement et justifie ses manifestations, c'est cette invincible colère assimilable à un genre de foudre, une sorte de tonnerre, une gerbe d'éclairs destinés au monde quand il se complaît dans la fatalité à l'endroit des misères, des exploitations et des servitudes pourtant susceptibles d'être sinon supprimées du moins attaquées. De cette colère, j'attends la faculté de pulvériser, de détruire, de casser en deux les institutions et les monuments élevés à la gloire de l'idéal ascétique.

En effet, j'associe la droite à la promotion, en politique, de l'idéal ascétique et de ce qu'il suppose de souffrances et d'expiations nécessaires pour le bon fonctionnement de l'ordre social. En revanche, la gauche me paraît fournir, après la colère, son mode dynamique, l'occasion de promouvoir l'hédonisme, son contenu. D'où l'étrange et significative compromission de la gauche et de ce qui, symboliquement, se trouve associé au mauvais présage, au négatif, au pire. L'étymologie trahit nettement l'association avec le sinistre.

Les histoires sont nombreuses qui disent, à gauche, la venue, dans le ciel scruté par les haruspices, des oiseaux de mauvais augure ; à gauche, dans les messes noires, les signes de croix effectués par les fidèles ; à l'œil gauche la marque faite avec ses cornes par le diable qui prend possession d'un enfant ; à gauche le côté exposé par le soldat grec quand la lance est tenue du côté droit, donc à gauche le danger, à droite la force ; à gauche la partie féminine d'Adam à l'époque où il était androgyne ; à gauche l'enfer, à droite le paradis, dans les cosmogonies et les géographies imaginaires ; à gauche, pour les Occidentaux, l'Ouest où le soleil se couche, allant du côté de la mort, à l'Est, à droite, il se lève, associé à la renaissance, au renouveau, à la vitalité montant en puissance ; à gauche la gaucherie des maladroits, le gauchissement de ce qui perd sa forme, son chemin, la ligne droite, le propos juste ; à gauche ce qui est de travers, oblique ; à gauche, les surfaces impossibles à déployer sur un plan en géométrie ; à main gauche le mariage inégal et du côté gauche ce qui n'a été légitimé ni par la mairie ni par l'Église ; enfin, à gauche le côté où l'on passe l'arme quand tout est fini.

Pourquoi donc cette symbolique qui presque partout associe le mot à ce qu'il y a le plus à craindre en matière d'avènement ? Car si la métaphore procède, comme souvent, du corps, de la physiologie et de l'association, de l'habileté, de la fabrication, de la minutie, on sait depuis les travaux de Broca que ce qui rend possible l'action de la main droite, c'est l'hémisphère gauche... De sorte que la gauche, en politique, se place sous de sinistres augures. Faut-il s'en étonner ? L'association de la gauche au démoniaque n'est pas sans raison, sans fondement ni quelque vérité. En effet, le démon, le diable, c'est celui qui, dans la logique chrétienne, a préféré se révolter, désobéir à Dieu. Se soumettre, ne pas réfléchir, accepter l'ordre et la loi définis et voulus par Lui, voilà qui fondait la légitimité angélique des créatures ailées. En revanche, l'ange déchu, le diable, définit celui qui a choisi d'exercer sa liberté, son autonomie, son indépendance, et opte pour le libre arbitre contre la soumission aux impératifs divins. Principe libertaire contre principe d'autorité, tout est dit ou presque. La colère comme mode dynamique, l'hédonisme pour contenu, la volonté libertaire en guise de moyen, voilà qui permet dès à présent une typologie plus précise de la gauche dont je parle.

Que la gauche soit apparue comme satanique, soit aux yeux de ses adversaires — Joseph de Maistre voit la Révolution française comme l'une des créations du diable —, soit à ses propres yeux — quand elle s'installe spontanément au côté gauche de l'hémicycle le jour de 1789 où, à l'Assemblée nationale, il faut choisir soit le roi, de droit divin, soit le Parlement, de droit humain —, il n'y a rien que de très normal. La gauche dit alors son ancrage libertaire radical, sa préférence pour le jugement indépendant et l'action autonome à l'obéissance aux arguments d'autorité. Qu'on se souvienne aussi de l'étymologie qui apparente Lucifer au porteur de lumière et à la métaphore démultipliée qui culmine dans la formulation d'un idéal dit des Lumières.

Par ailleurs, satanique jusqu'au bout, la gauche évolue en familière des enfers sociaux, de ces mondes sombres où croupissent les damnés du corps social :

elle a le souci de cet univers où les lumières sont rares, sinon absentes. Ceux pour lesquels elle formule un idéal sont les exclus, les démunis, les exploités, les miséreux, les pauvres, les damnés, les esclaves, les oubliés d'une machine qui produit des richesses et des biens en quantité monstrueuse partagés par quelques-uns au détriment de ceux qu'elle n'oublie pas et entend défendre. La colère qui l'anime prend pour objet cette inégale répartition de l'or.

D'aucuns qui souhaiteraient défendre la droite non extrémiste, qui n'a bien souvent que des domestiques masqués et honteux et peu de défenseurs à visage découvert, dénient cette exclusivité du souci des damnés par la seule gauche. Or, pour travestir cette défense de la pauvreté, les hommes et les femmes de droite, évitant un cynisme verbal qui pourrait entraver leur pratique quotidienne d'un cynisme réel, préfèrent parler de la nécessaire inégalité pourvoyeuse d'émulation, de l'utilité incontestable des disparités sociales pour rendre possible la compétition sans laquelle aucun progrès (dont ils se réservent l'usufruit, bien sûr) n'est possible, de l'essentielle étendue de l'échelle des salaires pour stimuler l'activité laborieuse, oubliant que certains, en grand nombre, gisent dans la boue où s'enfonce leur échelle, loin, très loin du seul premier échelon.

Coléreuse, hédoniste, libertaire et satanique, la gauche que je formule refuse de faire son deuil de l'éthique, ce que certains s'évertuent à trouver parfaitement utopique, en quoi ils ont raison, mais leur tort consiste à imaginer que l'utopie désigne une perversion, un vice. Elle signifie une topographie singulière : non pas nulle part pour toujours, ce que dirait utopique, mais pas encore quelque part, non encore incarné, en acte, mais superbement en puissance. Au pouvoir, et pas seulement dans l'opposition, cette gauche qui me plaît préfère se saborder ou se faire supprimer, plutôt que d'abjurer : celle de Jacques Roux l'Enragé qui se suicide pour échapper à la guillotine, des quarante-huitards qui s'exilent, des communards allumant les brasiers dans lesquels ils savent leur mort certaine, celle aussi des soixante-huitards qui auront refusé les prébendes dans un gouvernement d'après 1981 dont le moteur aura été la jubilation perpétuelle dans l'art de pratiquer le reniement.

L'éthique de conviction s'épanouit quand la transmutation des valeurs s'effectue au profit du politique qui met l'économique à sa mesure et à son pas, et non l'inverse ; quand les idées ne sont pas oubliées et qu'elles sont pratiquées pour ce qu'elles sont, des promesses de faits et d'actes pour lesquels des hommes ont été mandatés ; quand les principes qui permettent un accès au pouvoir restent les mêmes que ceux qui sont mis en œuvre pour s'y maintenir, dans la mesure où ils procèdent d'une autre logique que celle d'un Florentin de la Renaissance ou d'un jésuite espagnol du Grand Siècle ; quand la démission est préférée au pragmatisme qui aurait supposé et exigé l'abjuration et l'apostasie.

Aussi faut-il prendre soin de la surenchère verbale dont font preuve ceux qui désirent les magistratures suprêmes : l'hédonisme est toujours un recours facile. Entre le paradis terrestre réalisé et les lendemains qui chantent, les vacances permanentes et la canicule en hiver, le rasage gratis complété par la distribution du beurre et de l'argent du beurre, on ne compte plus les téléologies radieuses et les fins de l'histoire aboutissant dans la clairière d'un nirvana harmonieux. Cette utopie-là est dangereuse car elle a légitimé les années les plus sanglantes de ce siècle. Pour autant — les faits, les réalisations et ses triomphes parlent pour elle — la gauche a permis l'incarnation, dans des textes de loi, des décrets, des vies quotidiennes, des corps et des chairs, des mentalités, des pays entiers sinon des continents, du principe hédoniste en vertu de quoi le politique est l'art de mettre en œuvre les moyens pour rendre plus acceptables les conditions d'existence des plus défavorisés, des plus démunis.

De 1789 à Mai 68, de l'*égalité des jouissances* demandée par les sans-culottes au *jouir sans entraves* des murs du Quartier latin en passant par le *droit à la vie pour les petites gens* du Front populaire, la revendication d'en finir avec l'idéal ascétique a été une constante de la gauche. Autant dire que la droite a construit sa puissance sur la célébration de la trilogie Travail-Famille-Patrie qui fournit substantiellement trois occasions de mettre en avant les vertus du dévouement, du sacrifice, de l'oubli de soi, de la mise au service de toutes ses forces, et surtout de son autonomie, au profit de ce qui est destiné à absorber la liberté individuelle : une activité salariée, des enfants, des périodes militaires ou la station prolongée au front en cas de besoin, avant les médailles offertes à l'ouvrier, au père et au soldat — et le cercueil...

La droite montre à toute occasion sa haine de l'individu qu'elle veut au service du groupe quand la gauche célèbre ce dernier comme une occasion de pallier les déficiences et les défaillances des singularités les plus fragiles. Ce mépris de la personne dessine un fil rouge dans l'idéologie de droite qui s'appuie sur le catholicisme et sa passion pour le mortifère, le dolorisme et la jouissance dans la peine, la souffrance et le mérite. La vénération de la croix, instrument de torture, et de celui qui s'y trouve, un supplicié sanguinolent, blessé à mort, humilié et offensé, donne le modèle auquel il faut se conformer. L'imitation définit un exercice de style et de rhétorique catholique obligé, la politique

voulue par ceux qui s'en réclament en découle directement.

Aussi, dans ce qui fait l'essence de la gauche, sa
nature et sa définition, trouve-t-on une volonté délibérée, bien que plus ou moins assumée comme telle, de
déchristianiser la politique, de la laïciser, de la rame-
ner sur terre et de la faire procéder de la seule immanence, à défaut de toute transcendance. Les actions les
plus significatives sur ce terrain sont à mettre au
compte de la Révolution française où quelques déchris-
tianisateurs notoires n'ont pas lésiné sur les symboles,
ce qui, alors, ne manquait pas de légitimité tant le parti
pieux avait de réserves, au point qu'il réapparut là où
on ne l'attendait pas en la personne et l'intercession
d'un Robespierre, produit des maristes, rendant au
clergé ce dont on l'avait frustré : son Être suprême, ses
temples de la vertu et ses fêtes calquées sur le modèle
des processions.

L'épistémè de droite est nourrie du catholicisme
apostolique et romain. L'époque de la Révolution française — celle aussi de la généalogie de la gauche —
montrera combien le clergé, le roi, les privilèges, la
féodalité, la propriété, la monarchie, l'autorité et la
pauvreté entretenaient de relations intimes et même de
connexions structurelles. En revanche, la gauche s'est
constituée du côté de la démocratie, du droit, de la loi,
de la justice, de l'équité, de l'égalité et de la citoyenneté. Notre modernité s'enracine dans cette métaphysique dont le principe exige l'immanence.

Contre la transcendance, la gauche a mis en cause
la personne et la fonction du monadisme politique, du
monolithisme royal, de son caractère pourvoyeur de
vérité calqué sur le principe de l'autorité papale. La
cité terrestre ne procédant pas du démarquage de la
cité céleste, le principe gouvernemental n'ayant pas à
reproduire l'unicité divine du monde parfait, l'identité

du souverain ne découlant d'aucune manière du tempérament du principe premier, la gauche a pu élaborer une théorie laïque du pouvoir sinon une théorie du pouvoir laïque.

À savoir : la souveraineté réside dans le peuple, le réel concret ne procède que de lui et n'a de comptes à rendre que sur le terrain de l'immanence la plus radicale ; le pouvoir est faillible, susceptible de toutes les erreurs dont sont capables les hommes et auxquelles le moindre mortel est soumis ; la personne exerçant l'exécutif n'est nimbée d'aucune aura, ne transporte avec elle aucun sacré ; et l'étymologie nous le rappellerait, la république est chose publique, non confiscation privée. Du monde des idées, le politique descend nettement au monde réel. La mort de Dieu, qui suppose aussi celle du roi, ou inversement, était la condition de possibilité de la naissance de l'homme. Les droits qu'il élabora pour son usage, par lui et pour lui, témoignent que la gauche ramène toujours la politique sur terre quand la droite n'a de cesse de la lancer vers le ciel qu'ont toujours interrogé et sollicité les messes dites jusqu'à Louis XVI dans la chapelle royale, à Notre-Dame, ou par la suite lors de célébrations sous le patronage de Napoléon, Louis XVIII, Charles Maurras, Philippe Pétain, Jean-Marie Le Pen, ou encore de présidents pourtant de la république, qui affichent leur foi privée. À droite, le sabre et le goupillon font toujours bon ménage.

Enfin, à droite, en matière d'histoire, on ne sacrifie guère à une autre téléologie que celle fixée par le Vatican : le jugement dernier, pour plus tard, beaucoup plus tard. En attendant, on se contente d'un fatalisme de bon aloi qui permet de constater, jour après jour, la force du destin et la soumission de celui-ci au vouloir de Dieu, dont chacun sait les voies impénétrables. Si ce qui est est, c'est en fonction du développement d'un projet transcendant qui nous échappe et dont Hegel avait fixé la formule en décidant, une bonne fois pour toutes, et sur le mode tautologique, que le réel est rationnel, et que ce qui est rationnel, c'est ce qui est conforme à l'Idée.

Puisque rien de ce qui est ou advient ne peut être ou advenir autrement qu'en pure conformité avec l'Idée, c'est-à-dire l'Absolu, ou l'Esprit Absolu comme on voudra, force est de constater qu'il faut faire avec ce qui est dans l'état. Or cette maxime n'excède guère la portée d'un principe de sagesse populaire, ni plus élaboré, ni plus intelligent, seulement un peu plus contourné et chantourné sur le terrain de la rhétorique. Mais par-delà tout effet de langue, Hegel donne la formule du fatalisme et se condamne à n'avoir dans son jardin que des chouettes en retard sur le monde et ne prenant leur envol qu'à la tombée de la nuit.

Évidemment, la mystique de gauche suppose, non pas une téléologie dont on connaîtrait la nature avant qu'elle-même n'aboutisse en efflorescence, mais la croyance à l'idée que le réel n'est rationnel que si la volonté des hommes infléchit le monde, si l'énergie qui traverse l'histoire de part en part est canalisée, cristallisée, formée et formulée dans des décisions avec lesquelles s'échafaudent les édifices que sont les civilisations. Pas de mystique de gauche sans un volontarisme esthétique, sans l'acquiescement à une eschatologie dans laquelle l'énergie prend une part, minime pour les pessimistes mais majeure, parce que décisive, pour les optimistes.

Le fatalisme, le nihilisme et le pessimisme sont les alliés naturels de la droite pour laquelle il n'y a pas grand-chose à faire, sauf consentir, en panthéiste hégélien, à la nécessité telle qu'elle s'exprime. Sur le terrain économique, la formule d'une pareille métaphysique est le laisser-faire, laisser-passer, ou la croyance à cette main invisible qui, mystérieuse et autonome, régulerait le marché comme un Dieu bienveillant qui se soucierait de permettre le trajet conduisant de la conscience au savoir absolu, *via* les étapes que n'ignorent ni une divinité informée, ni un agrégatif consciencieux — mais ce sont pléonasmes.

Enfin la gauche ne sacrifie pas à l'idée d'un genre de clinamen ontologique, une courbure de laquelle serait née un genre de faute à expier ici et maintenant jusqu'à la fin des temps, la faute pouvant se repérer et se racheter : soit avoir quitté l'état de nature, soit s'être éloigné des valeurs du Néolithique, soit avoir connu l'apparition du capitalisme industriel, soit encore avoir malheureusement désiré se faire les maîtres et possesseurs de la nature ou voulu rivaliser avec les dieux en inventant, par exemple, la cybernétique. Poser le principe d'un paradis perdu induit la tentation de tout faire pour rendre possible un paradis retrouvé. On ne saurait dater une fracture ni même repérer une coupure tant serait grande la tentation de penser en termes de décadence, ce qui supposerait bien vite la croyance à l'idée d'une renaissance.

Une mystique de gauche s'impose non pour recouvrer un état perdu ou réaliser un paradis voulu, comme je ne sais quelle nouvelle variation sur le thème de je ne sais quel irénisme stupide, mais pour rendre possibles, en forme contrapuntique, la puissance du principe de plaisir et sa capacité à informer le réel contre le triomphe impérieux et sans partage assuré par la droite au principe de réalité partout où elle se trouve, partout où elle gouverne. L'hédonisme suppose la lutte pour contrebalancer les succès de Thanatos au quotidien à l'aide des facéties d'Éros.

La déchristianisation a pris pour objet la triade Travail-Famille-Patrie en attaquant, dès qu'elle a pu, ce

qui faisait les soubassements de cette association ver-
tueuse. Dès la Révolution française, la confiscation des
biens du clergé, leur mise en vente, l'invitation au ser-
ment constitutionnel, la dispersion des biens ecclésias-
tiques, le confinement des habits sacerdotaux à
l'enceinte religieuse, la suppression des ordres monas-
tiques, puis, plus festif mais tout aussi démonstratif
d'une symbolique nécessaire, les saturnales organisées
dans les églises, les bris d'objets destinés au culte, les
scènes de réjouissances collectives ou la fessée donnée
ici ou là à des religieuses sollicitées par des mains de
citoyennes, tout cela montrait, en acte, à l'œuvre, la
volonté d'en finir avec la collusion du sacré et du politique, le désir d'en terminer avec la soumission du pouvoir politique au pouvoir spirituel incarné dans les
églises — et les châteaux.

En brûlant des effets de moines ou en fondant des
cloches, en consentant au mariage d'un évêque venu
solliciter la bénédiction citoyenne ou en revêtant un
âne des étoles et chasubles du prêtre, les révolutionnaires de 1789 théâtralisaient ce que formuleraient plus
tard les conventionnels en laïcisant la vie politique. Le
christianisme visé est moins une religion parmi
d'autres que celle qui, par sa collusion avérée avec le
pouvoir politique, tenait une immense part de responsabilité dans la paupérisation du royaume. Pour preuve
que les révolutionnaires n'en voulaient pas à la religion
en tant que telle, il faut se souvenir que, déchristiani-
sant d'une main, de l'autre ils proclamaient en assemblée la liberté des cultes.

Une mystique de gauche, défaite de toute allégeance
à un quelconque pouvoir spirituel constitué, ennemie
des castes, classes et partis, pose le principe d'une laïcité sans accepter de dérogation. Pour autant, la laïcité
n'ayant plus besoin, aujourd'hui, de l'anticléricalisme,
il faut la définir moins comme l'interdiction de toute

marque d'appartenance à une confession particulière
que comme possibilité pour toutes de se manifester,
puisque plus aucune n'est en position hégémonique
nette et ouverte, ni en passe, pour l'instant, de le
devenir.

Ce principe de non-exclusion déborde son cadre et
va jusqu'à la formulation d'une invitation à célébrer le
divers. À gauche, on se réjouit des différences perçues
comme des richesses ; à droite on les comprend sous
forme de dangers, d'appauvrissements, d'amoindrisse-
ments, d'offenses faites à une identité fictive, mentale.
De ces différences, la droite induit des inégalités avec
lesquelles elle nourrit les hiérarchies utiles pour structurer son édifice social. En revanche, les lettres de
noblesse de la gauche consistent à donner à ces différences les moyens d'exister, de s'épanouir, pourvu
qu'elles se vivent et se jouent dans le cadre d'une
mosaïque, d'un projet commun — la Nation de 1792,
ou une entité qui reste à définir aujourd'hui.

Quoi qu'il en soit, la laïcité rendue possible par la
déchristianisation permet d'oublier la théorie négligée
par les chrétiens de l'amour du prochain pour lui substituer une égalité devant la loi et le droit et une liberté
reconnue devant les mêmes principes. En ce sens,
l'égalitarisme, premier temps de l'incarnation dans
l'histoire de cette mystique de gauche, n'a rien à voir
avec ce que ses détracteurs veulent qu'il soit. Il n'est
ni culte de l'uniformité, ni célébration de l'indistinc-
tion qui générerait la haine des génies et des grands
hommes doublée d'une volonté d'aligner le plus grand
nombre sur le règne des plus simples d'esprit.

L'égalité dans laquelle les hommes naissent et
demeurent se précise en relation avec le droit qui installe sur un pied d'égalité les hommes dans leurs diversités préservées et reconnues : le devenir citoyen des
juifs ne s'est pas fait au prix de leur intégration obli-

gée, ni de leur disparition radicale ; l'émancipation des
Noirs, la fin du servage et de l'esclavage n'ont pas
supposé le devenir blanc des gens de couleur, ni dans
leur peau ni dans leur âme ; la libération des fous ne
s'est pas faite pour le prix d'un devenir sain d'esprit
des malades mentaux ; l'accès à la citoyenneté française des étrangers le désirant n'a pas été consenti en
échange d'un abandon de la nationalité d'origine de
l'impétrant ; les enfants n'ont pas été pris en charge,
nourris, soignés, éduqués, adoptés, reconnus, par la
collectivité, dans la seule mesure où ils seraient devenus illico des adultes ; les femmes et les pauvres ont
accédé à la citoyenneté sans devoir pour autant cesser
d'être eux-mêmes.

Qu'on cherche l'égalité dans les tyrannies qui se
sont réclamées de la gauche, on n'y trouvera que l'uniformité, car l'uniformisation a toujours été le rêve des
dévoyeurs de cette mystique afin, selon le désir de
Saint-Just, grand prêtre non de l'égalité mais de l'uniformité, de pourvoir le peuple d'une unique tête afin
qu'on puisse la lui faire sauter d'un seul coup dans le
panier à sciure, une bonne fois pour toutes. Délire de
dévot à Thanatos plus que désir d'un compagnon
d'Éros, souci ascétique plus qu'hédoniste. L'égalité n'a
pas à se faire dans la boue, au pied des guillotines ou
dans l'humidité des cachots, mais devant la règle du
jeu posée, la même pour tous, quels que soient les couleurs de peau, les sexualités, les âges, les intelligences,
les revenus, les facultés, les sexes, les religions, les
opinions.

Ce principe de mosaïque posé, cet éloge du divers
acquis et cette acception de l'égalité consentie comme
définitions cardinales de la mystique de gauche, on
peut constater combien les idées et les réformes qui
ont procédé de ce principe ont été, et demeurent, pertinentes malgré l'écoulement de deux siècles. La Consti-

tuante et la Législative ont réalisé la décentralisation afin que les provinciaux aient les mêmes chances que les Parisiens devant le savoir, les richesses, le pouvoir ; décidé la décolonisation, afin que les Blancs et les Noirs soient à égalité devant la production des richesses et la loi ; décrété l'éligibilité pour tous, afin que juifs, protestants, non-catholiques en général, propriétaires ou démunis puissent accéder mêmement aux fonctions de représentation ; voté des lois permettant le libre accès aux œuvres d'art pour tous, leur exposition dans des musées nationaux créés à cet effet, de sorte que la culture cesse d'être un instrument de reproduction sociale, mais qu'elle devienne une occasion d'édification et une promesse de bonheur ; posé que les soldats pourraient s'inscrire à des clubs politiques, ouvrant ainsi la porte de la citoyenneté aux gens d'armes ; aboli la distinction entre citoyen actif et citoyen passif pour que les pauvres puissent, au même titre que les riches, siéger à l'Assemblée nationale ; légalisé le divorce, simplifié le mariage et l'adoption, dans le dessein de permettre aux femmes une autonomie qui les dispense d'une soumission définitive à leur mari.

Qu'on prenne le temps de réfléchir et de mettre en perspective ces principes émis et ces lois votées avec le réel tel qu'il est, deux siècles plus tard, sur le seul territoire national, et l'on constatera combien une mystique de gauche semble plus que jamais nécessaire pour manifester la permanence d'idéaux, de principes et de vertus mis en sommeil, quand ils ne sont pas bafoués purement et simplement. Les provinciaux connaissent-ils l'égalité de chances avec les Parisiens pour l'accès aux richesses, au savoir, à la culture, aux services ? Les gens de couleur sont-ils aussi bien considérés que les Blancs, partout, en tous lieux, toutes circonstances, toutes occasions ? Les non-catholiques, surtout quand ils sont musulmans, peuvent-ils se prévaloir des mêmes traitements que ceux qui fréquentent les églises et leurs parvis le dimanche matin ? Les exclus du savoir et de la culture, ceux qui en sont privés, ont-ils les mêmes chances que les lettrés pour circuler dans le labyrinthe des connaissances ? Les soldats dans les casernes, les appelés il y a peu encore, disposent-ils des droits dont ils peuvent se prévaloir hors l'enceinte des casernes ? Les pauvres sont-ils sur un pied d'égalité avec les riches ? Les femmes avec les hommes ? Inutile d'aller plus loin, de développer, car aujourd'hui, plus que jamais, le divers est contrarié au profit de la seule célébration de ceux qui ont la chance d'être conformes aux catégories posées par le Léviathan et qui font le bon citoyen : blanc, français de souche, homme, catholique ou de formation catholique, lettré, riche. Qui dira ce que peut représenter en France, basanée, maghrébine d'origine, la femme musulmane, peu lettrée et pauvre ?

Où en sont les enfants, les malades mentaux, les incurables, les clochards, les chômeurs, les ouvriers, les prolétaires, en matière d'égalité, de dignité, de pur et simple droit à l'existence, à la reconnaissance ? Billevesées que les droits de l'homme et la Constitution pour ceux qui ont faim et couchent dehors, comme les chiens. Fariboles que les décrets, les lois et déclarations de principe aux yeux de qui connaît la misère, demande un emploi, mendie du travail ou de quoi assurer les fins de mois. L'ange de la révolution, plus que jamais nécessaire, est oublieux de ceux-là, les damnés, les réprouvés et les esclaves pour lesquels, encore et toujours, il s'agit de rappeler la nécessité d'une mystique de gauche qui impulse des souffles, sollicite des énergies, engrosse des vents coulis pour en faire des tempêtes, les seules qu'entende et comprenne le Léviathan vautré dans son bouge.

L'égalité sollicitée a caractérisé la Révolution française dont j'aime rappeler qu'elle fournit l'écrin historique dans lequel apparaît pour la première fois le drapeau noir qui a mes sympathies et flotta le 9 mars 1793 sur les tours de Notre-Dame, ce qui pour un coup d'essai était un coup de maître. La fraternité, ce me semble, eut pour se déployer comme un étendard, elle aussi, l'espace d'un siècle qui s'étend des journées de 1848 — 1830 est un cas à part — à 1936 en passant par 1871 et la Commune. 1789 a permis l'avènement de la démocratie et du citoyen dans leurs principes, la deuxième période rend possible l'avènement du socialisme et du travailleur.

Sur cette figure singulière, je ne vois guère que l'étude de Jünger qui fait du Travailleur l'occasion d'une société et d'un monde dans lesquels l'économie et le destin signifient la même chose. Cette figure nouvelle est douée du pouvoir de se représenter comme un tout elle-même et à elle-même. Loin des bourgeois que leur état rend inaptes à saisir autre chose que les parties, sans qu'ils puissent jamais appréhender ce qui fait la totalité et l'essentiel d'une globalité, le travailleur se saisit sur le mode d'une force en acte, une entité du labeur révélée dans, par et pour l'action. La force et la puissance, puis l'allure, le type et le caractère, l'installent en alternative au monde dans lequel il apparaît.

Le travailleur mobilise le monde sur le registre exclusif de la technique qui est moins le moyen de parvenir à des fins radieuses ou des satisfactions terrestres, matérielles et triviales, que l'occasion de déterminer une classe nouvelle, une catégorie que Jünger appelle *race*. Face aux épuisements, aux appauvrissements en énergie des civilisations, le travailleur devient revendication catégorique d'une vitalité nouvelle engageant à la planétarisation de la domination qu'il exerce. Cette domination, manifeste dans le monde du travail, prendra un essor généralisé qui fera tomber les barrières nationales au profit d'un État universel.

On sait que l'analyse de Jünger, enracinée dans le terreau allemand des années trente, fournira des moyens soit de saisir et comprendre, soit de préparer et annoncer le devenir de la figure du travailleur dans les mondes totalitaires bolchevique et national-socialiste. Lui-même revendiquait alors la posture singulière du national-bolchevique. Retenons que la description faite de cette figure du travailleur dont les philosophes ont toujours fait l'économie — du moins depuis Marx — montre à l'œuvre une dynamique dont la généalogie procède du XIXe siècle.

La Révolution française permet à la mystique de gauche de s'incarner dans une force réactive à l'endroit de la féodalité ; le siècle de Marx, et de Proudhon, fournit l'occasion pour ladite mystique de réagir à l'industrialisation. Si l'égalité fut la réponse donnée par 1789 au dépassement nécessaire du monde féodal, c'est la fraternité qui apparut en illustration de l'*Aufhebung* — dépassement-conservation — du monde industriel. D'où les contractions, les forces, les énergies, les débordements, les puissances et les vitalités de 1830, 1848, 1871 et 1936 — qu'on me pardonnera d'installer dans une épistémè relevant du XIXe siècle. Toutes ces périodes sont hantées par la définition d'une place, d'un statut à conférer au travailleur. De sorte que les réponses théoriques qui fusent et sont diverses peuvent toutes se grouper sous la rubrique et le registre du socialisme.

On mésestime le socialisme français éteint et silencieux à cause de sa récupération teutonne et de sa formulation prussienne. Chef de bande, Marx a réussi le coup d'État philosophique qui a consisté à occulter ou discréditer toute la pensée socialiste avant lui pour laisser croire qu'il était à lui seul la généalogie, le développement et l'aboutissement de cette sensibilité théorique. C'est faire peu de cas de Blanqui et de Fourier, de Proudhon et de Pecqueur, de Babeuf et Considérant, c'est oublier Cabet et Saint-Simon sans lesquels le marxisme n'aurait pu se constituer, soit par des emprunts francs et massifs, soit dans l'occasion d'un affinement théorique, *via* la polémique ou la confrontation. On oublie ce que Proudhon doit de déconsidération et de purgatoire injustifiés aux critiques polémiques et malveillantes de l'auteur du *Capital* obsédé par l'empire sur le mouvement ouvrier européen.

Or la mystique de gauche, lorsqu'elle réagit à l'industrialisation du monde, à la mécanisation du réel, à la concentration du capital dans des formes appelées à être surclassées par celles qui sévissent aujourd'hui, se fait socialisme et fait pivoter l'ensemble de sa réflexion autour de ce point fixe qu'est le travailleur. Le citoyen et l'homme, nés dans les langes de la Révolution française, se voient adjoindre l'ouvrier, le prolétaire, incarnations du dénuement et de la misère, de la pauvreté et de la désappropriation systématique de soi. Ce siècle est habité véritablement par une réflexion sur la philosophie de la misère.

Aussi faut-il s'attarder sur l'apparition d'une importante prise en compte théorique et critique de la propriété. Son fondement, sa nature, sa légitimité, son avenir, ses formes, les alternatives possibles à une propriété aussi bien terrienne, foncière ou du capital, concentrée entre les mains de quelques-uns, décidés à s'en servir pour produire un bénéfice exponentiel et constant, dans la plus absolue des négligences à l'endroit de ceux qui rendent possible ce profit, voilà ce qui fait écrire un Pierre-Joseph Proudhon et avec lui une kyrielle d'auteurs socialistes, animés par cette mystique de gauche, travaillés par elle, soucieux de lui donner forme théorique viable. *Qu'est-ce que la pro-priété ?* donne d'ailleurs le coup d'envoi à la réflexion socialiste française sur cette question. En répondant : le vol, Proudhon formule simplement, nettement, et de manière polémique, ce qui n'a cessé d'être une vérité depuis 1840.

Du travailleur, donc. Figure de la damnation, de l'exclusion et de l'exploitation à lui seul, il incarne l'esclave du monde moderne sans lequel il n'est pas de civilisation possible disait Aristote — et pensent tous les dévots de la religion du capital. Les biens, les richesses, les bénéfices, les plus-values, les profits, les rapports, les bonis, voici les chefs-d'œuvre du monde moderne, les pyramides du capitalisme et les cathé-drales de l'industrialisation. Pour bâtir ces édifices, on ne lésine pas sur la main-d'œuvre qu'hier, comme aujourd'hui, on paie en une poignée d'oignons, en qui-gnons de pain défraîchi et en mauvaises boissons.

Le prix de ces constructions ? Le travail des enfants, sans distinction d'âge, des salaires de misère consentis à ceux qui peinent, le dénuement absolu pour les misé-rables privés d'emploi, l'esclavage dans les colonies, la journée légale de quatorze heures, les maladies pro-fessionnelles, l'alcoolisme, les accidents, les dettes, des logements pitoyables quand ils existent, l'absence de droit du travail, la répression de toute aspiration syndi-cale, le suivi policier par documents appropriés des tra-jets de l'ouvrier. Fi de la dignité ou de l'humanité des hommes, des femmes et des enfants qui rendaient pos-sibles l'existence des richesses et leur confiscation par le capital.

Les journées de février et mars 1848, les mois de mars, avril, mai 1871, ceux qui suivirent le 4 juin 1936 ont proposé les mêmes résolutions aux questions qui durent. Problèmes d'emploi ? Création d'ateliers natio-naux, garantie du revenu par l'État, suppression du labeur des enfants, abaissement du temps de travail journalier, interdiction du cumul des postes. Problèmes de misère ? Obligation à un salaire minimum garanti, augmentation des paies, assurances sociales, remise des termes de dettes, abolition des amendes, dégagement gratuit des objets déposés au Mont-de-Piété. Problèmes de droit du travail ? Promotion des associations et sociétés de résistance, contrats de travail collectif, élections de délégués dans les entreprises, absence de sanctions en cas de grèves, respect de la liberté syndicale. Problèmes d'humanisme élémentaire ? Abolition de la peine de mort pour raisons politiques, égalité des hommes et des femmes, liberté imprescriptible des citoyens, suppression de l'esclavage, création des congés payés. Problèmes structurels dus à la paupérisation ? Nationalisations, réforme de la banque, des crédits, de la fiscalité, séparation de l'Église et de l'État — une demande de la Commune —, laïcisation de l'instruction et de la santé, scolarité obligatoire pour les enfants. Problèmes de logement ? Réquisition des appartements vacants. Problèmes d'organisation du travail ? Promotion de bourses, création d'offices nationaux, préférence économique donnée à l'association de producteurs, fédéralisme, mutualisme, communalisme, coopératives. Problèmes de formulation des revendications ? Généralisation et expansion de la grève, du syndicalisme, du corporatisme ouvrier. La droite, déjà, refuse en bloc.

Qui peut dire qu'aujourd'hui ces problèmes ont disparu ? Qu'ils ont cessé d'être spécifiquement ceux-là ? La misère, l'emploi, le droit au travail, l'humanisme élémentaire, la paupérisation induite par des instances structurelles, le logement, l'organisation du travail, la formulation des revendications, l'action — rien n'a disparu de ce qui assaille le travailleur et les miséreux, rien non plus n'a cessé d'être d'actualité dans les solutions apportées par les hommes et les femmes dévoués en leur temps au génie colérique de la révolution. Tout demeure d'une redoutable actualité, d'une criante vérité et d'une désespérante pertinence dans notre histoire présente. Certes, mais tout reste vrai et pertinent aussi en matière de solution. Ce qui réjouit ceux que ne satisfait pas ou plus le capitalisme emballé.

La féodalité attaquée à l'aide de la démocratie et de l'égalité, *via* le citoyen, l'industrialisation remise en cause avec le socialisme et la démocratie, *via* le travailleur, n'attendaient plus que le capitalisme critiqué selon le principe libidinal et libertaire, *via* l'individu, dont la date de naissance est incontestablement Mai 68. Avec ce mois mythique et les événements qui le caractérisent, la mystique de gauche complète et parachève la formulation de son entreprise de déchristianisation entamée avec la Révolution française. Le siècle de Proudhon a voulu en finir avec la charité des catholiques que satisfait toujours la pauvreté, puisqu'elle leur permet de pratiquer l'une des vertus théologales auxquelles invite l'Église apostolique et romaine. Contre ce qui n'était pas encore le caritatif, mais lui ressemblait étrangement dans le fond, les socialistes ont voulu promouvoir sinon la justice du moins l'équité, à savoir ce qui relève des lois naturelles quand la justice suppose ce qui revient à chacun, mais selon le droit positif. Je veux repréciser, ici, que les lois naturelles désignent ce qui, d'évidence semble s'imposer, pourvu qu'on dispose d'un minimum d'humanité. Selon le principe d'Antigone, ces lois veulent, de manière éthique et absolue, ce qui est juste selon l'ordre de l'âme — et non du code civil. Loger les sans-abri, donner du travail aux damnés, rendre plus viable la condition des exploités, humaniser l'existence sous toutes ses formes, voilà des obligations politiques de gauche qui procèdent de principes éthiques hédonistes.

Loin des dissertations philosophiques ou des digressions de rhéteurs sur les mérites comparés des justices commutative ou distributive, sur la relation entretenue avec la charité et autres vertus théologales du genre foi ou espérance, dont on n'a que faire, le principe d'Antigone veut l'équité selon l'ordre humain. Sa spécificité, sa définition et sa quintessence supposent préférable tout ce qui nous éloigne de l'animal, de la bête. De l'égalité et de l'humanité à la fraternité et à l'équité, un trajet s'effectue qui conduit à la liberté et à la jouissance de soi. Mai 68 donne l'occasion d'un moment historique dans lequel s'est cristallisée la mystique de gauche.

Certes, il convient aujourd'hui de faire des événements un épiphénomène, une fête, un chahut, un monôme d'étudiants sans conséquence. De Kojève au pharmacien qui craignait pour sa vitrine, en passant par tous les anciens combattants reconvertis actuellement dans les activités libérales où ils expient leurs *errances* passées, sans oublier ceux qui veulent recycler le vent de l'histoire dans lequel ils ont été pris en minable vent coulis passant sous la porte de leur appartement, Mai 68 ne fait plus guère recette chez les gens sérieux. Tant mieux, il n'est pas besoin d'avoir l'assentiment de ceux-là.

D'aucuns ont trouvé dans un certain Guy Debord, affadi et émasculé, fabriqué pour l'occasion et découpé selon leur logique, l'occasion de clamer leur plus haute fidélité aux idéaux de l'époque — avant d'inviter à voter pour un attaché de cabinet pompidolien devenu soudain présidentiable. C'est oublier le Debord critique de la société moins du spectacle que de la circulation de la marchandise dont le spectacle fournit une métaphore. C'est négliger ce qui se trouve, au-delà de la posture, du côté de l'illustration de ce qui ne devrait jamais cesser de définir et qualifier le philosophe ou le penseur : l'intellectuel critique, ne souhaitant jamais composer. Il n'est pas étonnant qu'Alexandre Kojève comme certain récent auteur d'un *Petit Traité des grandes vertus* se soient vu octroyer la Légion d'honneur l'un par Giscard d'Estaing, l'autre par Jacques Chirac. On imagine les réactions de Deleuze ou Debord devant pareille invite, et ce qu'ont rétorqué Sartre et Camus quand ils ont refusé le gadget.

Lisible Debord, bien sûr, encore et toujours, mais également Raoul Vaneigem, la face solaire de la philosophie critique dont Debord illustre le côté nocturne. Le *Traité de savoir-vivre à l'usage des jeunes générations* équivaut aujourd'hui à ce qu'écrivirent jadis Condorcet ou l'abbé Grégoire, et naguère Proudhon ou Blanqui : des livres qui, selon l'expression de Nietzsche, sont de la dynamite avec laquelle on peut miner une époque pour la rendre plus conforme aux aspirations nourries du principe d'Antigone. On y retrouve la permanence de la mystique de gauche, comme un thème musical, dans l'absolu, sur lequel s'effectueraient des variations en fonction des époques.

L'individu surgissant de ce mois de Mai constitue le pendant politique de la naissance du Je dans la philosophie de Descartes. Émancipé de toute attache scolastique et théologique, l'individu formulé en Mai 68 se définit moins par son rapport au travail, à la famille et à la patrie, à la société et au Léviathan, que dans la relation entretenue avec lui-même. L'autonomie, au sens étymologique, c'est-à-dire la capacité à être pour soi sa propre fin, sa propre cause et sa propre raison, apparaît comme la quête essentielle de tout un chacun qui se trouva concerné par les événements de cette époque.

Libertaires, ai-je écrit, pour caractériser les événements d'alors. En effet, et le recours iconique à Mao, Lénine ou Trotsky, ne suffit pas à faire de Mai 68 une révolution sur le mode chinois ou soviétique, ni même la tentative d'un bouleversement sur ce principe. Les situationnistes expriment au mieux la nature de l'époque avec leur invitation à poétiser l'existence, à révolutionner la vie quotidienne, à réaliser l'art en l'injectant dans le réel, à vouloir la confusion de l'éthique contemporaine avec l'esthétique d'avant-garde, à promouvoir un urbanisme ludique, tout en formulant, pour leur temps et le nôtre, une critique de la publicité, de la consommation, du mandarinat ou des modes de production d'une pensée unidimensionnelle. Leur dénonciation de la misère, aussi bien en milieu étudiant que dans toutes les couches exploitées de la société, et de la civilisation marchande, les installe dans une optique autorisant cette mystique de gauche à s'enrichir des apports substantiels du radicalisme, de l'humour, de l'ironie et de la subversion. Leur haine de toute théorie séparée de la pratique et de l'empire de la raison contre ou malgré la vie fait des situationnistes les précurseurs de ce que pourrait être une pensée authentiquement libertaire pour nos temps mélancoliques et désespérés, nihilistes et pessimistes.

Libidinal également, ce mois de Mai, dans la mesure où la mystique de gauche apparaît nettement, et pour la première fois avec autant d'évidence, sur le terrain de l'énergie sexuelle et de ses usages. Les prémices de Mai se font, on le sait, avec un désir de décloisonner et d'en finir avec la séparation infligée aux étudiants et aux étudiantes confinés, chacun chez soi, dans des bâtiments sexués comme au siècle dernier. Un ministre interrogé sur cette question par Daniel Cohn-Bendit crut bon de répondre en invitant ses jeunes contradicteurs à se rafraîchir dans une piscine. Il pensait alors la balnéothérapie assez efficace pour désamorcer ce qui s'annonçait. On sait aujourd'hui que ce ne fut pas suffisant...

L'économie libidinale, comme l'a justement formulée Lyotard, a supplanté, disons plutôt complété, la revendication du génie colérique de la révolution : l'homme, le citoyen, le travailleur, enfin l'individu se sont tour à tour emparés du désir d'être des figures accomplies, dépassant l'aliénation signifiée par le monde féodal, l'univers industriel puis le réel capitaliste et libéral de ce siècle qui se termine. Ce violent désir de libérer les corps a supposé une furie libertaire qui a élu la hiérarchie comme objectif à miner, saper, et détruire en priorité. La tyrannie du corps politique générait, sur un mode apparenté à la ruse de la raison, une volonté visant une nouvelle politique des corps.

Entre les hommes et les femmes, les parents et leurs enfants, les élèves et les enseignants, les patrons et les ouvriers, les jeunes et les vieux, les intellectuels et les manuels, les provinciaux et les Parisiens, les arguments d'autorité ne furent plus d'aucune pertinence. À leur place furent institués, sur le mode ludique et festif, des contrats ou des associations d'égoïstes, chères au cœur de Max Stirner. Quels étaient les principes animant ces logiques nouvelles ? La fin des contraintes, la libération, le dépassement des soumissions, la jouissance à la place de l'obéissance, le plaisir en lieu et place des relations de maître à esclave. Loin de Mao et de Trotsky, plus proches de Marcuse et Vaneigem, ces revendications s'appuyaient sur une esthétique rénovée de l'intersubjectivité placée sous le signe de l'hédonisme.

Jamais l'impératif formulé par Chamfort — jouir et faire jouir — n'a trouvé plus éclatant printemps. Communautés électives, dynamiques relationnelles ponctuelles fleurissaient puis s'épanouissaient ou se défaisaient ; ludisme et talent pour l'improvisation, religion de la fête et revendication hédoniste généralisée comme modalité lubrifiante du social : l'esprit de Mai invoque moins les mânes de Marx que ceux de Charles Fourier, le fondateur d'une théorie de l'attraction passionnée, une modalité majeure de la mystique de gauche. Pour les temps à venir, elle devrait devenir une vertu cardinale, pivotale pour le dire dans les termes fouriéristes.

Volonté libidinale et puissance libertaire ainsi conjuguées devaient permettre la naissance d'un nouvel individu sur lequel la fin de siècle a jeté son dévolu pour en rendre précaire le statut et l'existence. La figure qui procède de Mai, comme celle qui sort par la grande porte théorique du *Discours de la méthode,* vaut par la revendication affichée de sa subjectivité, jusques et y compris dans le consentement à porter son identité nouvelle aux confins de la solitude, voire du solipsisme, que suppose la fraîche conquête. *Terra incognita,* elle attend encore aujourd'hui une cartographie précise, et des modalités possibles pour être habitée enfin.

La métaphysique de la destruction associée à l'œuvre de Mai n'a pas épargné le trépied réactionnaire : travail, famille, patrie. De sorte que la famille, comme élément de base de la société civile, donc de l'État — qu'on lise ou relise à ce propos les *Principes de la philosophie du droit* de Hegel —, s'est trouvée pulvérisée. Dénoyautée pourrait-on dire s'il n'y avait à craindre une métaphore inappropriée... Cessant d'être valorisé par la paternité, la maternité, la filiation, la classe, le rang, le sexe, l'âge, chacun s'est trouvé doté d'une individualité qui, pour certains, fut vécue sur le mode de l'encombrement, du cadeau empoisonné, un genre de volonté sans objet. Car il est jubilatoire de se retrouver face à soi-même, sans l'obligation de se déterminer par rapport à un tiers. Mais chez ceux que n'intéresse pas le remplissage de cette forme vide,

l'accès à cette identité nouvelle fut plus l'occasion
d'un tournis, d'un étourdissement, sinon d'une nausée,
que d'une réjouissance. Certains ne s'en sont jamais
remis.

Quelques-uns sont toujours nauséeux, ceux pour lesquels l'alcool fut trop violent, presque un poison. Un
nouvel individu, certes, mais pour quoi faire ? Avec
cette liberté privée offerte, ou acquise comme un viatique, le capitalisme retrouvait ses fonds en abandon-
nant cette conquête, encore fragile sur ses jambes,
pendant que reprenait pour lui la course aux bénéfices.
Or, l'état de fait nouveau exigeait une transformation
du mode de sujétion des forces fraîchement libérées.
Le capitalisme paternaliste s'emballa et devint un libéralisme échevelé qui offrit le consumérisme en guise
de rétribution à sa violence, à son cynisme, à son
immortalité radicale, et à son talent décuplé pour faire
autant de bénéfices que de victimes à sacrifier aux
dieux de l'ancienne religion du capital.

Que les causes de la misère n'aient pas disparu, cela
ne fait aucun doute. Que cette misère soit toujours le
produit des mêmes logiques, c'est évident. Que cette
causalité funeste et maléfique se travestisse sous de
perpétuelles métamorphoses, voilà qui ne fait plus
mystère. Que cette horreur soit générée par l'antique
capitalisme devenu fou, cela semble un avis de bon
sens. Qu'une mystique de gauche soit alors nécessaire,
utile et urgente, qui en doutera parmi les victimes toujours plus nombreuses de cette règle du jeu ?

Sûrement pas les mânes de ceux qui, par milliers,
s'écroulèrent sous les balles du pouvoir qui suivit
1848 ; des dizaines de milliers qui s'effondrèrent sous
la mitraille des versaillais conduits par la bourgeoisie
républicaine, monsieur Thiers en tête ; ou des millions
de damnés qui ont été désespérés par les hommes politiques de gauche appelés au pouvoir et qui abandon-

naient illico, ou presque, l'éthique de conviction au profit d'une toute nouvelle éthique de responsabilité. D'aucuns parlèrent même il y a peu de culture de gouvernement — celle qui fit refuser à Blum d'aider les républicains espagnols, permettant ainsi au fascisme franquiste de s'installer en Espagne, celle aussi qui fit, en France, abandonner un chemin emprunté quelques mois, entre 1981 et 1982, avant de laisser la place libre à la misère que l'on sait, et aux démagogues que l'on connaît, la chemise brune pliée dans l'armoire, prête à reprendre du service.

Alors ? Alors il s'agit d'achever Mai 68. Non pas comme on achève une bête malade qui aurait la rage, la bave à la bouche, ou qui s'emballerait, hystérique, arrachant et dévastant tout sur son passage. La négativité de Mai 68, si d'aventure elle est repérable, l'est dans la mesure où l'œuvre reste à accomplir et n'a pas été terminée. Achever comme parachever, donc. C'est-à-dire ? Donner à cette nouvelle individualité une forme, un contenu, des moyens, des occasions de se polir, de s'épanouir et de se manifester, d'aller au-delà des géographies où elle s'est attardée. Il convient donc de préciser ce que l'on peut attendre d'une telle figure nouvelle afin qu'elle reprenne en main le génie colérique de la révolution et s'en serve pour réactualiser les idéaux de cette mystique dont je parle.

D'où, conséquemment, la volonté délibérée et farouche de continuer, dans la mesure du possible, ailleurs et autrement, mais dans le même esprit, la même direction, ce que d'aucuns ont appelé il y a peu, pour la fustiger et la déprécier, la Pensée 68. Bien que l'expression relève de l'artifice d'écriture et qu'il paraisse difficile, pour les raisons qui ont été dites en leur temps, de traiter mêmement et sous la même rubrique, de pensées qui ont été réduites afin de pouvoir être mieux discréditées, acceptons l'expression pour convenir, avec ses inventeurs, qu'il y a bien, malgré la diversité, la disparité des recherches et des œuvres, une idée qui traverse l'ensemble de ces travaux : la croyance en la fécondité des idées de Mai, en leur positivité.

Là où cette pensée s'est arrêtée, disons dans une époque qui va de la mort de Michel Foucault à la défenestration de Gilles Deleuze, soit de 1984 à 1996, ce qui s'est présenté pour prendre la suite, sinon le pouvoir intellectuel, mandarinal, donc médiatique, a brillé dans l'insipide et l'indigent, mais surtout dans un genre de cohérence à sa manière. La critique de cette Pensée 68, soit ouvertement, nettement, soit en célébrant et en réactualisant, d'une manière éhontément réactionnaire, des valeurs et des vertus attaquées puissamment par les philosophes de la Pensée 68, n'a fait que fournir une pensée débile et moralisatrice aux dames patronnesses, aux vicaires généraux des communes rurales, ou aux bourgeoises de sous-préfecture vaporeuses dans leur ennui bovaryque entre le thé et les ouvrages de couture. L'idéologie contemporaine, consternante dans le retour du moralisme, rechristianise l'époque sous couvert d'un habillage vaguement philosophique réduit au collage de citations pour classes terminales.

Parachever Mai 68, c'est s'installer sur les mêmes territoires nomades que le Foucault des dispositifs d'enfermement, des méthodes d'aveu, des rhétoriques disciplinaires, de la gouvernementalité, des techniques d'autorité, des micropouvoirs et des sociétés punitives, de la biopolitique et du gouvernement des vivants, mais aussi de l'usage des plaisirs, du souci de soi, de l'éthique de la subjectivité ou du courage de la vérité ; c'est aussi respirer l'air des cimes qui souffle chez Deleuze et Guattari dans *Mille plateaux* (1980) où s'entremêlent, ludiques et jubilatoires, les pages sur l'assujettissement et l'asservissement, les appareils de capture propres au capitalisme et à l'État, les organisations mondiales et les centres de pouvoir, la logique des devenirs, les glissements et les strates qui séparent la majorité, la minorité, le minoritaire, ou encore le molaire et le moléculaire, la coupure, la fêlure et la rupture. Qu'on reprenne dans ce livre baroque les chapitres où se disent les relations entre action libre et travail, corps et esprit de corps, violence et âges du droit. Arrêtons là, car il y a plus d'idées actives et explosives là, en dix pages, que dans tous les livres de ceux qui saturent idéologiquement notre époque.

Car, et j'en finis avec les linéaments pour un achèvement de Mai 68, Foucault et Deleuze revendiquaient haut et clair *un nietzschéisme de gauche* dans lequel, après le Caillois du *Vent d'hiver* et le Bataille d'*Acéphale* ou du Collège de sociologie, il faut savoir qu'on peut encore et toujours s'installer. La Pensée 68, si elle affiche un certain type de cohérence, le peut grâce au nietzschéisme de ses figures de proue. Et dans une époque où le capitalisme triomphe, où ce qui se présente comme pensée n'est jamais que recyclage des vieilles lunes libérales, reformulées dans le langage de l'université de la IIIe République, il fait sens, nettement, et comme un aveu, que certains ressentent le besoin de dire pourquoi ils ne sont pas nietzschéens, concédant, à demi-mot, que le monde comme il va leur sied globalement et qu'ils protesteront du bout des lèvres, pour la forme et la posture, mais qu'à leurs yeux il s'agit de ne rien changer, afin que tout puisse continuer dans l'état et qu'ils persistent dans leurs fonctions de chiens de garde et de domestiques du libéralisme.

Troisième Partie

DES MOYENS

Le devenir révolutionnaire des individus

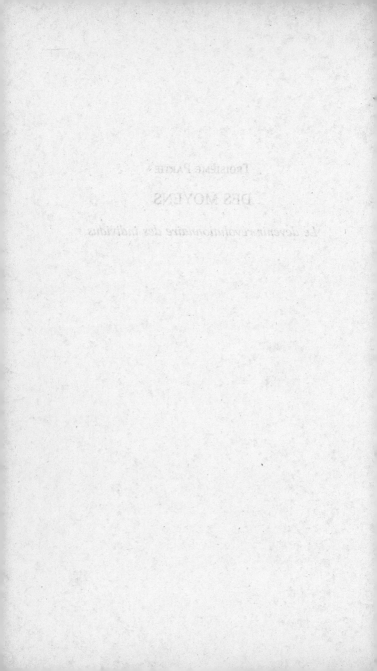

1

DE L'INDIVIDU

Au-delà du visage de sable

J'aime les géographies et les cartographies de Nietzsche parce qu'elles donnent des occasions de rencontrer sur son chemin une quantité incroyable de personnages conceptuels, de figures singulières, de sujets abracadabrants, mais tous gorgés d'une incroyable vitalité, d'une superbe sève. Pour célébrer la mort de Dieu, et donner le banquet qui convient en pareil cas, le philosophe invite une multitude de convives : un roi de droite et un roi de gauche, une vipère lascive, une tarentule ondoyante, un vieil enchanteur, un pape, sérieux comme il se doit, un lion rieur, une sangsue, un mendiant volontaire accompagné d'un consciencieux de l'esprit, un triste devin et le plus hideux des hommes, une arche remplie de singes et d'ânes, d'aigles et de serpents, mais aussi des guerriers et des enfants au miroir, des illusionnistes suivis par des filles du désert, un marcheur de nuit, un voyageur, un convalescent, des illustres sages, et encore des animaux, dont un chameau, un dragon, puis de blêmes criminels.

Il avait oublié, mais ne pouvait mieux faire à cause de la chronologie, trois philosophes obsédés l'un par une histoire d'œil, l'autre par des machines désirantes, le dernier par des hommes infâmes. De quoi relier trois points sombres et dionysiens en un triangle noir dont chaque pointe, on les aura reconnus, désigne Bataille, Deleuze et Foucault, soit trois occurrences des plus sublimes du nietzschéisme de gauche français de ce vingtième siècle. Je crois, pour ma part, qu'en fournissant leurs lectures différentes mais convergentes d'*Ainsi parlait Zarathoustra* et de ses thèses cardinales, ils ont offert tous trois les moyens d'une grande politique dont l'épicentre coïncide avec la formulation de ce nouvel individu qui hante l'architecture et les fins de toute politique digne de ce nom.

Soit, aux angles aigus de ce triangle noir, une réflexion sur la souveraineté, ses conditions, la part maudite, l'économie généralisée ; une autre sur les machines désirantes, les relations entre capitalisme et schizophrénie, les plateaux politiques et les rhizomes idéologiques, les particularités moléculaires et l'universel molaire ; soit enfin une analyse fine et rigoureuse des diagrammes stratégiques, des techniques disciplinaires ou des régimes d'assujettissement. Le tout en ne négligeant pas l'ensemble proliférant de lignes de force et lignes de fuite qui partout surgissent, pointent, percent l'ensemble des œuvres et les traversent de part en part comme des flèches le corps d'un saint Sébastien.

Je pense qu'on a mésestimé, oublié, négligé, les capacités offertes par le nietzschéisme français à fournir une pensée alternative au monde triomphant du capitalisme libéral, sinon depuis la fin de la Seconde Guerre mondiale, pour Bataille, du moins depuis Mai 68, pour Deleuze et Foucault. Au banquet des convives sollicités par Nietzsche pour se réjouir de la fin de l'araignée à croix, et de son principe, il faut aujourd'hui ajouter ce marcheur de grèves, ce rêveur des sables qui, sur je ne sais quelle plage de son entendement, a perçu un jour un dessin ressemblant à un visage dont il vit, très vite, qu'il représentait encore celui de l'homme, avant que le flux et le reflux des marées n'emportent la figure en l'effaçant.

De l'homme, Foucault conclut l'invention récente sans l'espoir d'une longue existence tant ce qui l'a rendu possible est précaire. De l'homme, on peut ainsi donner une date de naissance et prévoir le trépas proche. Naissance ? À partir du XVIIe siècle, puis, lentement, se frayant un passage dans le siècle dit des Lumières et s'épanouissant dans celui de la révolution industrielle, il prit enfin une allure reconnaissable. *Les Mots et les Choses* racontent cette odyssée en n'épargnant rien des détails du cheminement. Puis, le livre se clôt sur cette ouverture immense, ce gouffre sinon ce désir de cimes : l'annonce de la mort possible, probable, prochaine de cette création si neuve dans l'histoire de l'Occident.

Basculement du socle classique, fracture, brisure, effet de tectonique des plaques, ce qui a rendu possible le passage d'un monde avec Dieu en son centre à celui dans lequel l'Homme occupe la place centrale paraît suffisamment repérable pour qu'on puisse se faire guetteur des frissons de la terre qui annonceraient un même chambardement idéologique, une émergence d'épistémè inaugurale, pour le dire dans les termes de Foucault. Mais, cette fois-ci, le nouveau monde place en épicentre une figure nouvelle qui, au-delà du visage de sable, peut se dessiner avec l'aide de qui désire s'en faire l'embrayeur.

Lorsqu'il travaille à ce livre, qui paraîtra en 1966, Foucault ne sait pas quels signes suffiraient pour une épiphanie, ou ses prolégomènes, à cette épistémè d'un nouveau genre. Du moins sait-il la nécessité de s'embusquer derrière le temps, l'époque et l'histoire, de tendre l'oreille pour repérer les premiers craquements,

d'aiguiser son regard, pour remarquer au plus tôt les
légères fibrilles dans le matériau lourd qui deviendront
failles inaugurales, de mettre son corps tout entier en
attente des vibrations, des grondements, des vrombis-
sements, puis des secousses qui annonceraient, enfin,
l'arrivée du phénomène sismique dont on ignore la
magnitude.

Avant que l'abîme s'ouvre sous nos pas, le philosophe se fait historien du présent et interroge le passé
pour saisir, en archéologue, géologue et généalogiste,
ce qui stratifie le sous-sol et la surface sur laquelle
nous évoluons. Il en va de ces strates comme d'informations permettant la lecture du monde d'aujourd'hui
et, en interrogeant les conditions dans lesquelles se
définissent la folie, l'asile, la maladie, l'hôpital, Foucault repère des mécanismes transposables dans la
société de son temps. Aussi, lorsque Mai 68 arrive,
tempête joyeuse aux tourbillons de vents chauds, le
philosophe repère quelques-uns des signes qui lui permettent d'enregistrer les craquements guettés, les fissures attendues, les tremblements escomptés.

Aux franges de la mer, le visage de sable repéré
et constaté dans sa précarité semble mangé, attaqué,
inquiété, mis à mal. Les eaux dormantes transformées
en eaux montantes donnent des eaux conquérantes, et
bientôt la figure de l'homme n'est plus qu'un vieux
souvenir écrit sur la plage, impossible à se remémorer
avec précision. De Mai 68, il faut alors parler en termes
de basculement idéologique, de rupture d'un genre
épistémologique, de cassure métaphysique, de fracture
dans un monde qui, coupé en deux, verra s'éloigner
d'un côté un continent où l'homme avait régné en illusion, en fantôme, de l'autre, une *terra incognita* sur
laquelle aucune figure nouvelle n'a encore ébauché ses
premiers pas. Ici, le vieil homme et l'humanisme des
sociétés occidentales rongées par le capitalisme, là, un

individu souverain susceptible de se gouverner selon le principe hédoniste enté sur l'économie généralisée et la mystique de gauche.

Foucault attendait des *formes* et des *promesses* pour ce nouveau monde. Je crois pouvoir avancer que l'esprit de Mai à lui seul a fourni plus de signes qu'on ne pouvait en attendre. Dans ce Floréal moderne, on peut pointer l'avènement d'une ultra-modernité, ou d'une supra-modernité, qui, ralentie par la reprise en main du pouvoir capitaliste et la sauvagerie des reconstructions qu'elle a imposées pour assurer sa durée et légitimer sa permanence, n'a pas encore exprimé toutes ses potentialités. Interceptées en vol par un feu précis et net lancé par les pouvoirs politiques qui ont suivi la disparition de de Gaulle, les idées de 68 ont été recyclées, travesties, discréditées au point qu'on ne songe plus, de nos jours et la plupart du temps, qu'à une déconsidération généralisée là où j'avance la nécessité d'un parachèvement pour que l'œuvre ne soit pas advenue en pure perte.

Dans le paysage intellectuel français, Mai 68 a agi comme un vent purificateur obligeant les uns et les autres à penser en regard de ces événements. Soit pour en tenir compte et leur donner une suite, soit pour les fustiger et formuler une pensée réactionnaire, soit pour faire comme si rien n'avait eu lieu et se retrouver propulsé dans le camp des anciens pour n'avoir pas opté, tout simplement, pour celui des modernes. La coupure travaille encore le monde de manière active entre ceux qui n'ont pas digéré Mai 68 et ceux qui souhaiteraient qu'une œuvre ainsi entamée puisse se prolonger, voire s'achever, dans une effusion jubilatoire.

La ligne de fracture et de partage des eaux se fait entre les nietzschéens et les autres, entre ceux qui considèrent aujourd'hui comme l'occasion d'une pensée valable aussi pour demain, et ceux qui, au moment même où ils écrivent, font œuvre réactionnaire, au sens étymologique, voyant le salut dans la répétition, la réitération et la célébration des valeurs du passé où ils se replient avec le tropisme des animaux effrayés dans leurs tanières. Les uns veulent la modernité et ce qui va avec en matière d'art, d'éthique et de politique, les autres communient dans l'antienne nihiliste appuyée sur la religion de la décadence. Mai 68 a sommé qu'on choisisse et dise nettement ce qu'il est possible de faire de ces événements sur les terrains idéologiques les plus classiques. D'un côté Nietzsche et la possibilité d'une politique dionysiaque, de l'autre Kant et les certitudes d'une administration apollinienne.

Deleuze et Foucault, parmi les philosophes les plus récents, ont nettement installé leur pensée dans le cours de cette histoire. Mai surgit tel un printemps qui sollicite les natures spermatiques en acte et informe les productions faites aux alentours de ces années-là. On sait le temps que nécessitent une recherche, une écriture, des délais d'édition et l'on ne peut attendre de livres nourris substantiellement par Mai 68 que quelques années plus tard. Le premier ouvrage philosophique, en propylée dans l'édifice nietzschéen de gauche, est vraisemblablement *L'Anti-Œdipe,* signé Deleuze et Guattari ; suivra *Surveiller et punir,* sous le nom de Michel Foucault. Le premier en 1972, le second en 1975. Avec ces deux sommes, et ce qui suit sous lesdites signatures, on peut enfin mieux penser une mystique de gauche contemporaine et plus facilement constituer une nouvelle figure au-delà du visage de sable effacé.

On connaît l'arc de l'édifice foucaldien avec d'une part l'annonce de la *mort de l'homme**, de l'autre, la condamnation de l'humanisme classique. Que de cris et de malentendus, de procès d'intention et d'erreurs d'interprétation sur ces deux questions ! D'aucuns, la plupart anglo-saxons, entre bêtise et imbécillité, malveillance ou sottise sans fond, ont mis en perspective ces deux thèses et les misères du siècle, Auschwitz et la Kolyma, Pol Pot et Yunnan. Fin du sujet ? Mort de l'homme ? Condamnation de l'humanisme dans la pensée ? Donc charniers, camps de concentration et d'extermination, régimes totalitaires et légitimation de l'errance des intégrismes dans l'histoire ; on n'aura rien épargné au philosophe en matière de lectures sommaires confinées aux magazines où se cantonnent depuis un certain nombre d'années les réflexions autorisées.

D'autres critiques, plus fines, mieux argumentées, mais tout autant désireuses d'évacuer ces pensées-là pour installer leur fauteuil dans le sens de l'histoire du jour, ont fustigé Foucault sur ces deux points en tâchant de démontrer combien, avec pareilles options théoriques, on ne pouvait fonder une philosophie politique, une théorie du droit, voire une pure et simple revendication métaphysique ou ontologique. Le sujet classique disparu, on ne peut évidemment ni fonder ni légitimer une idéologie appuyée sur les religions des droits de l'homme et de l'individualisme libéral. En revanche, la place devenue nette, on peut envisager une nouvelle figure, un nouveau droit, une nouvelle philosophie politique, voire une nouvelle intersubjectivité.

À coup sûr, en se dégageant des catégories anciennes, les modernes s'interdisaient toute possibilité de construire un ordre ancien. Mais quel intérêt auraient-ils eu à détruire ici pour reconstruire la même chose ailleurs ? Ni Foucault ni Deleuze, en nietzschéens avertis, ne sacrifient à l'éthique obligatoire de la fondation et de la légitimation qui ressortissent plutôt aux topiques kantiennes. À leurs yeux, la généalogie qui prend en compte les forces doit supplanter toute architectonique de la raison pure ou pratique.

Ni complices des tortionnaires responsables du sang versé dans ce siècle, ni kantiens avortés, pour la bonne raison qu'ils ont laissé Kant loin derrière dans une volonté délibérée et conjointe de renverser le platonisme, Deleuze et Foucault formulent tout simplement une théorie valant comme rupture épistémologique. Elle sectionne en deux ce vingtième siècle pour laisser d'un côté les tenants d'Apollon se débattre avec leur vieux monde, de l'autre, ceux qui sacrifient à Dionysos et s'évertuent à cartographier une autre réalité où la vie et le principe de plaisir ne sont pas comptés pour rien, ou pour quantités négligeables.

À destination de ceux qui auraient su lire, pourtant, Foucault a pris soin de commenter abondamment les lignes annonciatrices de la mort de l'homme dans un ensemble d'interventions où les choses sont précisées sans ambiguïté. Ni les droits de l'homme ni l'humanisme ne sont sauvés pour la bonne raison qu'ils fonctionnent sur le registre de la légitimation de l'état de fait. Rideau de fumée pratique, toile tendue entre la misère des gens et les lieux où se fomentent leur aliénation, ces deux édifices majeurs de l'entreprise bourgeoise servent à désamorcer tout désir d'accès au pouvoir chez ceux qui, exploités, aliénés, en sont privés et en subissent les effets pervers. L'humanisme des droits de l'homme agit sur le principe d'une machine à capter les énergies révolutionnaires pour les transformer en compassion, en sympathie, en condouloir et autres sentiments qui dispensent d'attenter à l'ordre du monde, auquel on doit pourtant la généalogie des misères sales.

L'homme meurt moins dans un camp de concentration que comme figure ayant fait son temps en étouffoir des perspectives novatrices. L'humanisme, par exemple, induit le déplacement du désir de justice vers la pratique de la charité, au détriment de l'équité en même temps qu'il épargne les causes de l'injustice, de la misère ou de la pauvreté. La pratique des droits de l'homme sur le modèle de la religion révélée célèbre les textes et brandit les articles de loi, les alinéas, avec force moulinets et effets de rhétorique. Elle dispense d'en appeler à une remise en cause des modes de distribution ou de production, de répartition ou de gestion des richesses et des biens.

Dieu fut, un temps, au centre de ces dispositifs de captation des énergies rebelles susceptibles de devenir révolutionnaires ; puis ce fut l'homme, longtemps, trop longtemps si l'on en juge par l'indécence dans laquelle on entretient les hommes réels, concrets, en chair et en os, qu'on exploite d'autant plus impunément qu'on multiplie les déclarations de bonne foi ou d'humanité et qu'on revendique les principes de la religion humaniste. L'antiracisme traité sur le schéma humanitaire ou néo-humaniste libéral devrait être envisagé politiquement, considéré comme un épiphénomène « éthique » du capitalisme en crise.

La pauvreté, la misère, la faim, la clochardisation massive, la précarité auxiliaire de l'inféodation des sujets à la production et au marché libre dureront tant qu'à la violence de ces états de fait dont on connaît les causes on n'opposera rien d'autre qu'une sympathie aristotélicienne, une commisération augustinienne, une compassion spinoziste ou un condouloir kantien. L'humanisme suppose le congé donné à la politique, la disparition de l'histoire au profit d'une lecture du réel selon les catégories anciennes de la nécessité, du destin, de la fatalité, de la tragédie inévitable, de l'incon-

tournable dureté. On n'est alors guère éloigné du péché
originel à expier. Ainsi l'impitoyable se voit investi
catégorie cardinale de la philosophie de l'histoire.

L'annonce du Dieu mort proférée par Nietzsche,
celle du trépas de l'homme faite par Foucault libèrent
le terrain aux fins d'une nouvelle naissance où l'humanisme et les droits de l'homme disparaissent, pour la
pure et simple raison que la figure appelée par les
vœux des nietzschéens français rend caduc le recours
à des appareils idéologiques destinés au recyclage ou
à l'anéantissement des pulsions et des énergies reven-
dicatrices. Dieu célébré, l'homme divinisé n'ont produit, *réellement,* que l'aliénation et l'assujettissement,
l'appauvrissement, l'amoindrissement des individus,
leur sacrifice aux léviathans multipliés.

Après Dieu et l'homme, le chameau et le lion
nietzschéens, il faut célébrer l'enfant et les vertus de
l'innocence coextensive au surhumain désiré et voulu
par Zarathoustra. Au-delà du visage de sable, on peut
tracer d'un doigt fébrile le contour d'une nouvelle
figure : l'*individu souverain.* La mort de l'homme et
le dépassement de l'humanisme prennent leur sens
dans cette perspective du règne de la nouvelle figure.
D'abord, Dieu dispose des pleins pouvoirs et l'homme
compte pour rien, ceci étant la cause de cela — la religion triomphe ; ensuite, l'homme règne sans partage
alors que l'individu souverain n'a aucune existence —
l'humanisme attire tous les suffrages ; alors imaginons
une époque nouvelle, rendue possible par les fractures
ouvertes en Mai 68, avec au centre l'individu souverain
et le règne de ce que j'appellerai l'hédonisme, en n'oubliant pas la leçon de Nietzsche pour qui tout plaisir
veut éternité.

L'ensemble des propos tenus par Foucault sur la
mort de l'homme et la nécessité de dépasser l'humanisme renvoie explicitement à Nietzsche et rend pos-

sible la formulation de ce nietzschéisme de gauche qui me convient. Zarathoustra a enseigné l'homme telle une figure s'épanouissant en rendant impossible l'émergence du surhomme. Fait pour être dépassé, dansant dans le vide sur une corde tendue entre l'animalité et le surhumain, l'homme s'essaie aux voltes en l'air, au-dessus d'une plage où le sable pourrait bien recueillir sa chute et s'ouvrir sous forme de tombe. Le père de *Zarathoustra* affirme que la distance est aussi grande entre le ver ou le singe et l'homme qu'entre l'homme et le surhomme. Le travail des nietzschéens français après 68 consiste à évaluer, mesurer, envisager la distance entre le point du milieu et celui de l'extrémité, loin des origines, avant d'entreprendre un autre parcours, celui du deuxième segment. Sur cette ligne, *Dieu et la religion* occupent le début, *l'homme et l'humanisme* le centre, *l'individu souverain et l'hédonisme* l'aboutissement.

Dans *Ainsi parlait Zarathoustra,* Nietzsche invite à guetter l'éclair procédant et jaillissant de cette sombre nuée qu'est l'homme. Embusqués, la tête dans les constellations qui les traversent, Deleuze et Foucault pratiquent la météorologie des grands espaces nietzschéens avant de capturer les zébrures de feu dans le ciel, avant, aussi, d'en infuser leurs œuvres à l'aide des fulgurances qui les caractérisent. Avec ce feu volé aux voies lactées et à la voûte étoilée, ils ont entrepris d'entretenir le bûcher dans lequel grillent les promoteurs de l'idéal ascétique, les prédicateurs de mort, les vendeurs d'arrière-mondes, les thuriféraires des vertus qui rapetissent, les contempteurs du corps, les maniaques d'au-delà, et tous ceux qui, après le cri de Zarathoustra, se sont remis à genoux et prient, enchaînant litanies sur litanies.

Ces logiques promeuvent l'assujettissement, c'est-à-dire la mise sous dépendance de l'individu. Son éducation vise l'addiction de ce qui le limite, l'entrave, le tue, le châtre, le contient. Le travail, la famille et la patrie, la morale, Dieu, l'idéologie et la métaphysique, les grandes vertus et les religions humanistes, sans oublier toutes les mythologies faussement démocratiques auxquelles il convient actuellement de sacrifier et se soumettre sans chercher à les comprendre ou à les remettre en cause. Pas de particulier sans subsomption à l'universel, pas de singularité sans subordination au général, pas d'individualité sans inféodation à la loi.

Briseur d'idole et négateur, Zarathoustra, dialecticien à ses heures, ne conçoit cette entreprise de destruction que dans la perspective d'une reconstruction. Foucault et Deleuze mêmement. Nietzsche a formulé les principes de cette positivité désirée et voulue : une philosophie du corps immanent, une invitation à consentir à l'innocence du devenir, quels qu'en soient les modalités, désirs, plaisirs, sentiments, passions, émotions, sensations. Il souhaitait également l'invention de nouvelles possibilités d'existence, la réconciliation avec le Moi qu'il invitait à ne plus penser comme haïssable, le vouloir du plaisir sur le mode de l'éternité, de l'éternel retour, de la répétition, de l'incessante réitération. Et, formulant non plus une religion divine ou un humanisme humain, mais une éthique hédoniste, *via* l'intersubjectivité associée, il écrivait : « Depuis qu'il y a des hommes, l'homme s'est trop peu réjoui. Cela seul, mes frères, est notre péché originel. Et lorsque nous apprenons à mieux nous réjouir, c'est alors que nous désapprenons de faire du mal aux autres et d'inventer des souffrances. » Qui, après ces lignes, n'envisagerait pas le *surhumanisme* nietzschéen comme une façon de déclasser cet humanisme tiède servant à justifier les existences glacées ?

Dès *Zarathoustra*, Nietzsche avait envisagé qu'il aurait pour ennemis ceux qui veulent conserver l'homme. Et il avait annoncé et énoncé leurs arguments et leurs logiques : la prière, le prêche, la modestie, la soumission, le travail, et tout ce qui, aujourd'hui, triomphe sur le mode de l'éloge des grandes vertus et du retour de l'homme-dieu. Là, il avait pointé les plus grands dangers pour empêcher l'accès au surhomme, là, grenouillent encore ceux qui fourbissent leurs armes pour interdire l'émergence d'une souveraineté libre tout en célébrant les seules individualités confinées dans l'humanisme ou les droits de l'homme. Ces sujets, par le fait, sont le contraire des individus : muselés sur l'essentiel, ils sont condamnés à bricoler dans l'incurable.

Que sont les rouages de cet humanisme à l'œuvre depuis plusieurs siècles, et encore aujourd'hui ? Cet appareil de guerre idéologique fonctionne dans, par et pour la captation. Il saisit les énergies rebelles pour les altérer, les réduire, puis les détruire. Il s'agit de déconstruire les forces, les décomposer, pour réduire à néant toute velléité de rébellion. Au sortir de cette machine digérante, on trouve, décérébrés, les individus assujettis par l'ensemble des mécanismes mis en œuvre pour l'occasion : de l'école à la famille, des médias aux autres lieux où circulent les savoirs dominants, de l'édition aux universités, ou l'inverse, tout est fait pour diriger les forces réactives vers les cristallisations humanistes qui revendiquent plus de décence, de justice, de considération, de dignité. Pour autant, elles se contentent des proclamations de bonnes intentions, interdisant qu'on aille plus loin, en familier de l'opération et de la méthode généalogique, pour voir d'où viennent ces misères, d'où proviennent ces douleurs, de quelle source coule ce négatif, comment on pourrait

attaquer le problème à la *racine,* là où les nietzschéens
voudraient le prendre, et non à son *extrémité,* là où
s'installent les humanistes. La compassion demeure
une vertu inopérante, même doublée de charité, là où
la subversion suppose une force active, surtout quand
elle est complétée par l'action.

L'idéologie a structuré un maillage serré duquel on
ne peut sortir sans dégâts. D'où le sens et la nécessité
d'un renversement du platonisme qui, métaphoriquement, vaut invitation à déchirer ce filet métaphysique.
De quoi est-il constitué ? D'un certain nombre de
croyances ou de vérités proposées dans l'absolu, intouchables et présentées sous la forme de fétiches à adorer
pour rendre possible cette religion philosophique
consensuelle. De l'origine de la pensée à son épanouissement contemporain, les points fixes restent les
mêmes.

D'abord, la promotion d'une âme séparée, principe
fédérateur et gouvernemental qui organise et veut le
corps, la chair, les désirs et les plaisirs soumis à son
registre. Même définie de façon hétérodoxe comme
matière, substance étendue autant que substance pen-
sante, enveloppe du corps ou principe énergétique, elle
est là, telle une vigie veillant sur l'ensemble du corps
assimilé à ce qui reste. Informatrice, elle subit l'information par le principe divin dont elle procède et qui
donne les ordres. En tant que telle, elle intercède en
auxiliaire du spirituel et fournit l'occasion d'une incarnation qui permet à l'animal matériel de connaître le
souffle idéal.

Puis, effet de l'âme agissante, la conscience apparaît
comme condition de possibilité de jugements clairs et
distincts, stables et posés, déductifs et apodictiques.
Pareille à une machine de guerre destinée à produire
de la vérité, la conscience est élevée à la dignité de
mécanisme efficace, opératoire et incontestable. Sou-

veraine dans l'ordre des jugements, elle avoue une soumission dans l'ordre de la vérité. L'ensemble visant l'édification et la légitimation des certitudes utiles au social, autant dire des mensonges de groupe, la conscience devient morale, ce qui rend possibles et justifie d'autant le remords, la culpabilité, le souvenir de la faute. D'où la généalogie de la responsabilité nécessaire aux entreprises disciplinaires construites sur le châtiment et légitimées par lui.

Enfin il fallait bien que cet individu doté d'une âme et d'une conscience, enrichi spirituellement par l'une et gratifié raisonnablement par l'autre, fût décrété libre pour que le bon ou mauvais usage de ces instruments puisse être retenu contre lui ou mis à son crédit. Là, apparaissent les techniques disciplinaires, les logiques normatives et autres mécanismes destinés à produire du vrai, autant dire les certitudes nécessaires à l'existence et à la durée du social. Intérieurement doué des pleins pouvoirs, l'individu se retrouve limité dans l'usage de ceux-ci par les impératifs sociaux sans cesse dressés contre sa souveraineté.

Ainsi, l'âme, la conscience, l'individu et la liberté devinrent les quatre piliers de la sagesse occidentale moderne. Promues autonomes, ces catégories se vivent sur le mode antinomique tant elles sont contenues, retenues et définies dans l'usage strict qu'en permet le social. Autant elles sont principes souverains, sans contrainte sur le mode de l'intériorité, autant, sur le registre extérieur, dans leur frottement avec le réel, elles deviennent des vues de l'esprit. Leur impossible usage souverain extérieur vaut l'étendue infinie de leur existence comme principes. L'humanisme s'enracine dans cette confusion entre les libertés intérieures réelles et les libertés extérieures formelles, entre la totale autonomie conceptuelle de ces principes et la limitation radicale de leur projection dans le monde.

Les concepts tuent la vie, les idées dévitalisent et inter-
disent le réel.

Forts de ces antinomies qui permettent de placer
sans cesse le problème sur le terrain de l'absolu, négligeant et oubliant les conditions d'une expérimentation,
d'une incarnation dans la vie quotidienne, les tenants
de la religion humaniste, qui sont aussi les défenseurs
de la mythologie des droits de l'homme, illustrent l'option réaliste dans la querelle ancienne avec les nominalistes. Le nietzschéisme de gauche revendique un
nominalisme radical appuyé sur l'évidence que le mot
n'est pas la réalité. La déclaration de principe, fût-elle
généreuse, superbe et magnifique — comme dans le
cas de l'humanisme et des droits de l'homme — vaut
pour rien en regard du monde concret si le passage à
l'acte est impossible.

Ainsi, l'humanisme sert-il une cause inverse du principe sur lequel il s'appuie : confinée dans le seul
registre de la pétition éthique, de la revendication
morale puis moralisante et moralisatrice, adossée à une
révolte et une colère qui ne débouchent sur rien d'autre
qu'elles-mêmes et les ersatz charitables que l'on sait,
cette religion qui réactualise le christianisme sous
forme anthropologique recycle également les thématiques du péché originel, de l'expiation, de la nécessité
de ce qui advient. Réformisme ou révolution sont interdits de fait et, pour désamorcer toute velléité revendi-
cative, on institutionnalise la charité dans les esprits et
les institutions relais de ces idées conservatrices.

Que dit Michel Foucault sur ce sujet ? Qu'on peut
mettre à mal cette réduction de l'action au condouloir
humaniste de deux manières : d'abord par la lutte politique classique, ensuite par l'engagement d'un combat
philosophique, de type gramscien. D'une certaine
manière il s'agit de déconstruire le sujet des droits de
l'homme et la personne de l'humanisme au profit

d'une nouvelle figure dessinée sur le sable découvert par la mer, un autre visage pour un nouveau type de rapport au monde et aux autres. Dans les deux cas, ce qui anime l'action suppose une farouche volonté de dissocier une entité idéologiquement servile de ce qu'elle pourrait être une fois reformulée sur le mode d'une instance foncièrement souveraine.

Dans cet ordre d'idées, et dans ces perspectives positives associées au surhumain souhaité par Foucault, Mai 68 fournit au philosophe des exemples, des expériences, des modes alternatifs de pensée, d'action, d'existence qui se retrouveront intégrés, aussi bien chez Deleuze et Guattari que chez Lyotard, dans le corps même de l'œuvre philosophique des années 80 et 90. Foucault voit dans les événements de Mai une invitation à faire tomber les tabous à l'aide desquels la civilisation assure sa domination : la famille mononucléaire visant la procréation est remplacée par les partages sexuels et l'indifférence des partenaires en la matière. De la même manière, elle disparaît comme modèle normatif unique sous les coups redoublés d'expériences intersubjectives de tous ordres, de l'association d'égoïstes sur le mode stirnérien, révocable à l'instant, aux pratiques communautaires sur le modèle proudhonien, installées dans une durée plus grande. Dans les faits, Foucault expérimentera aussi bien l'amitié sado-masochiste américaine que l'action syndicale aux côtés de la CFDT française.

Le travail cesse d'être entendu comme une fatalité, une nécessité dans laquelle l'assujettissement se dit de manière maximale. Il est pensé dans une relation limitée à la production, elle-même soumise aux besoins et nécessités de la consommation propre. D'où une série de variations sur le thème du droit à la paresse ou du travail ludique instruit en regard de l'attraction passionnée fouriériste. Le capitalisme et ses surplus, ses stocks et ses spéculations sur les marchandises laisse place à une économie généralisée qui soumettrait les modes de production aux seules satisfactions des individus.

Dans cette perspective d'un ludisme fondateur de nouvelles vertus, célébrant de nouvelles valeurs, la pratique de la drogue comme occasion de désinhibition, d'hédonisme communautaire, de souveraineté jubilatoire, retient l'attention de Foucault en tant qu'expérience fondatrice. Si le siècle précédent s'est constitué à partir des utopies, le nôtre, finissant, devrait ou aurait dû prendre appui sur ces nouvelles formes d'existence dont Foucault a cherché l'incarnation sur la côte ouest des États-Unis dans les dernières années de sa vie.

Ce qui se dessine dans ces expériences laisse apparaître un *corps nouveau,* une subjectivité désassujettie, souveraine, n'ayant de comptes à rendre qu'à elle-même. Sa faculté de s'éjouir, pour le dire dans les termes de Zarathoustra, permet le *faire jouir autrui,* impératif catégorique d'un hédonisme politique digne de ce nom. Les *nouvelles possibilités d'existence** invoquées par Nietzsche supposent Mai 68 comme un terreau non négligeable. De ce sous-sol peuvent naître, au-delà de l'humanisme classique, de nouvelles définitions de l'âme — Scherer et Hocquenghem la diront atomique —, de la conscience — Deleuze et Guattari la décriront machinique —, de l'individu — Bataille l'aurait souhaité souverain —, de la liberté — Foucault la voulait libre, dans les termes mêmes de Rimbaud. L'ensemble, au-delà du visage de sable, et déclassant, surclassant l'humanisme, décrit, fonde et structure un genre d'humanisme nouveau, un sur-humanisme libertaire qui installe en son centre, non plus l'homme châtré, mais l'individu désassujetti.

Après la souveraineté soumise, voici venu le temps de la souveraineté libérée. Ce passage effectué de l'autre côté du visage autorise une redéfinition de la pensée anarchiste engluée depuis trop longtemps dans les parages marxistes, scientistes et positivistes du siècle dernier. De Proudhon à Jean Grave, de Kropotkine à Élisée Reclus, de Bakounine à Han Ryner, le pouvoir a été entendu par ces grands anciens comme une figure monothéiste incarnée dans l'État. De plus, il m'apparaît que l'ensemble des pensées anarchistes formulées au siècle dernier et au début de ce siècle, avant l'explosion des machines infernales de la propagande par le fait, se réduit peu ou prou à une laïcisation de la pensée chrétienne. Nietzsche avait raison de dire que le socialisme était un platonisme pour les pauvres, cette doctrine philosophique antique elle-même ayant été la matrice du christianisme vaticanesque.

La plupart du temps, l'humanisme des libertaires anciens suppose l'irénisme et l'optimisme, le puritanisme et le moralisme, le pacifisme et l'éducationnisme, l'anticléricalisme et l'évolutionnisme, le sociologisme et une multitude d'autres écoles agissant comme des prisons aussi bien théoriques que dialectiques. Les invocations à la justice généralisée, la croyance en une téléologie positive, la soumission au dogme des lendemains qui chantent, la foi en la bonté naturelle des hommes, la célébration de l'école et de la culture comme seuls moyens de combattre l'infâme, la révolution sociale seule occasion de réaliser l'humanité achevée et parfaite, voilà qui faisait un credo poussiéreux, une série de dogmes pulvérisés par les leçons de la Première, puis de la Seconde Guerre mondiale.

Dans les tranchées de Verdun, puis dans les chambres à gaz d'Auschwitz, on a retrouvé les dépouilles d'une pensée anarchiste devenue inutilisable. Pour autant, personne n'a repris nettement le flambeau après ces deux apocalypses qui ont saigné le siècle. Et pourtant, une autre lignée, moins religieuse, plus artiste, a pris racine chez Félix Fénéon entre 1880 et 1920 et fournit une généalogie de ce nouvel anarchisme qui, par ses rhizomes, permet une constellation glorieuse : Tristan Tzara et Marcel Duchamp, Jean Dubuffet et John Cage, Noam Chomsky et Paul Feyerabend, Kate Millett et Merce Cunningham, Henri Laborit et Frank Lloyd Wright. Chacun à leur manière, ils ont formulé leur volonté de promouvoir de nouvelles formes, libres, libérées, dans leurs domaines respectifs. L'esthétique, la musique, la linguistique, l'épistémologie, le féminisme, la danse, la science, l'architecture s'en sont trouvés revivifiés.

Il me semble que le nietzschéisme de gauche, chez Deleuze et Guattari, chez Foucault aussi, n'a pas été sans infliger à la pensée libertaire une rupture épistémologique qui nécessite, aujourd'hui, une reconsidération magistrale. Défaite de son socle néo-chrétien et néo-marxiste, nourrie aux critiques de la modernité radicale, la *philosophie anarchiste** paraît en mesure de se constituer de manière singulière et d'offrir les moyens de penser cette fin de siècle puis de fournir des idées alternatives, sinon des modes d'existence radicaux et nouveaux.

Différant sur les seuls moyens, pas sur les fins, les anarchistes et les marxistes du siècle dernier voulaient en terminer avec l'État assimilé au bouc émissaire, seule source de tous les maux. Après la *Pensée 68** on n'ignore plus que le pouvoir agit ailleurs et autrement que concentré dans cette forme disposant seule du monopole de la contrainte légale. La leçon de Foucault, et Deleuze l'a mise en lumière dans son *Foucault* en 1986, a été d'en finir avec cette croyance au monothéisme du pouvoir. Cessant d'être une propriété localisable, il apparaît en stratégie œuvrant partout où il y a vie et vivants, relations intersubjectives et lutte des consciences de soi opposées. Fin de l'homogénéité, avènement de la parcellisation et des points plus difficilement repérables : le pouvoir agit là où des forces s'opposent et sont en jeu. Il coïncide avec la trace laissée par cette thermodynamique qu'est en son genre l'intersubjectivité.

Contre les marxistes, et sur ce point également contre les anarchistes orthodoxes, Foucault dissocie pouvoir d'État et mode de production économique : le premier ne participe en rien de l'infrastructure économique et ne se réduit pas à la superstructure idéologique. L'action sur l'un, par exemple l'appropriation collective des moyens de production, n'aurait aucun effet sur l'autre, à savoir la fin du pouvoir, sa disparition, voire son devenir positif. Autant dire qu'il n'y a rien à attendre d'une révolution prolétarienne, sociale ou politique pure et qu'il faut envisager autrement l'action politique et militante. Le pouvoir officie partout où il joue un rôle producteur : équilibres, déséquilibres, actions, réactions, forces en devenir, puissances en régression, involutions, évolutions, travail perpétuel du réel, ouvrage constant de tout ce qui vit.

De même, Foucault récuse l'idée d'une essence du pouvoir, un genre d'idéalité intelligible dont procéderaient les moments incarnés en quoi se diraient les forces. Ni l'État ni les lieux où il se manifeste ne participent, sur le mode d'une dialectique descendante, d'un foyer localisable ou d'une quintessence accessible. Le pouvoir s'affiche dans l'immanence et n'a rien à voir avec un Dieu dont la théologie, ou encore la sociologie, pourraient tracer les contours ou préciser les formes. Opératoire et tout entier dans le rapport, le pouvoir suppose jeu de forces pures et pur jeu de forces.

Son mode d'action évite la violence, le viol ou l'empire brutal. Plus insidieux, le pouvoir suppose une familiarité avec les interstices, les failles, les fêlures et les microbrèches ouvertes partout où des forces peuvent se glisser avant de marquer leur présence sur le principe de la conquête intégrale. L'idéologie n'est pas son vecteur et, pour en rendre compte, il faudrait plutôt recourir à la physique, à la mécanique, à la thermodynamique ou à n'importe quelle autre science plus habilitée à exprimer le comportement des forces, des fluides, des énergies, des températures.

Avec cette nouvelle cartographie, Michel Foucault ne pouvait que s'aliéner la sympathie des marxistes qui, eux, optent pour le molaire là où le philosophe nietzschéen revendique le moléculaire : moins le point fixe et repérable que la dissémination. D'où une reconsidération généralisée des tactiques et des stratégies en matière de lutte politique. Plus d'ennemi de front, d'animal à tête de taureau qu'on pourrait assiéger comme un fort imprenable et dont on pourrait imaginer l'encerclement et l'assaut, mais une infinité de circonstances, de lieux, d'occasions, une électrification de toutes les intersubjectivités et des espaces repérables entre les individus mêmes.

L'amour et la haine, le désir et le plaisir, la révolution et la répression, tout est travaillé par le pouvoir, habité par lui, creusé par les forces qui le constituent et le définissent. On n'écrit plus le mot au singulier, ce qui n'aurait plus de sens, mais seulement au pluriel. D'où le passage d'une stratégie de la guerre totale à la réactualisation d'une tactique de guérilla perpétuelle sur tous les fronts où le combat paraît possible. Fin du grand soir pour demain, fin de la résolution des conflits après et avec la fin de l'histoire, fin des révolutions économiques monothéistes. Les révolutions d'aujourd'hui s'actualisent dans la forme des subjectivités : le credo des marxistes et anarchistes orthodoxes s'effondre sous le poids de l'argumentation magistrale de Foucault.

De sorte qu'après cette métamorphose dans la façon d'envisager la politique et de pratiquer rébellion, résistance et insoumission, le nietzschéisme de gauche, libertaire, suppose de nouvelles façons de conjurer la fatalité du pouvoir généralisé. Foucault met au point une microphysique qui prend pour objet l'ensemble des productions d'une société. Dont la loi, le droit, la justice, la discipline, la punition et tout l'arsenal des cristallisations sociales autorisant une civilisation à capter ce pouvoir pour ses propres fins contre et malgré les subjectivités individuelles, déviantes ou non.

Le jeu politique suppose une gestion permanente des oppositions entre la matière de la force et sa fonction, autant dire entre le pouvoir d'être affecté et le pouvoir d'affecter. La capture de la fonction, doublée d'un évitement de sa matière, permet une immobilisation des forces de l'individu, à savoir l'expansion de sa vitalité, l'expression de son énergie, la manifestation de sa puissance. Ensuite, il doit faire face à une autre force, elle-même décidée à une lutte pour l'empire. Les institutions vivant de ces recyclages d'énergie, la famille, l'État, l'école, la prison, l'usine, l'atelier, l'entreprise, les médias et tous les lieux scellés, usent de leur force pour saisir celle des individus et la mettre au service d'une dynamique dans laquelle ils seront perdants au profit de la machine.

Formulant l'éthique et la dynamique de ce que peuvent être des forces mises au service du désassujettissement, Deleuze écrit : « La vie devient résistance au pouvoir quand le pouvoir prend pour objet la vie. » De sorte qu'il s'agit de chercher dans l'homme lui-même l'ensemble des forces qui résistent à... la mort de l'homme. Captées, capturées, saisies, contenues, retenues, ces forces pourront être canalisées dans la promotion d'une nouvelle subjectivité, celle qui, au-delà de l'humanisme, par-delà l'homme et les religions associées, passant outre le visage de sable, permettrait une figure nouvelle. Pli de Dieu, écrit Deleuze, dépli de l'homme, surpli de cette instance figurale qui procède du surhomme nietzschéen, voilà les trois repères permettant d'écrire une histoire de l'humanité dans laquelle l'existence de l'homme trouve une place dialectique, entre le chameau et l'enfant nietzschéen, du côté du lion dont les premiers signes de fatigue se sont fait entendre, en France, après ce joli mois de Mai.

Il faudrait, aujourd'hui, l'équivalent des *Mots et les Choses* qui avaient montré dans la triple émergence de la philologie, de l'économie politique et de la biologie, les conditions d'une généalogie de l'homme. Entre les analyses de la grammaire générale et du langage, des richesses et des sciences économiques, des discours sur la vie et de l'histoire naturelle, l'homme était apparu en animal raconté par la philosophie présocratique, se dégageant d'une gangue, se constituant, trouvant son allure avec le temps, en avançant dans les siècles. La mise en place d'un homme qui parle, travaille et vit, représente, classe, échange, donnait épaisseur au trait et permettait un contour susceptible d'être rempli avec la figure ancienne.

Faudra-t-il attendre trois siècles à partir de Mai 68 pour qu'une généalogie puisse être faite de cette nouvelle figure à dessiner sur le sable où fut le visage depuis effacé ? Ou peut-on, dès aujourd'hui, trouver des points de repère, mais sans une fixité absolue, qui permettraient une ébauche, une indication de direction pour mener à bien cette entreprise ? On peut, je crois, chercher du côté de ce qui fait le quotidien de la recherche de Paul Virilio : la déification de la vitesse et l'accélération du monde, sa planétarisation, l'ère de la virtualité domestique, la dromologie, la soumission aux logiques du temps réel, la permanence du coup d'État médiatique, le devenir immatériel des logiques de guerre, les réalités numériques et l'impérialisme cybernétique. L'œuvre entière de Virilio propose un regard sur le passage du local, qui permettait l'homme, au global, qui en rend l'existence précaire et la nécessité aléatoire. Dans un cybermonde, à quoi peut bien encore ressembler la figure de l'homme ?

Le devenir du siècle après Mai 68 montre moins la résurgence de l'humanisme, la revalorisation de la personne ou la redéfinition d'un nouvel individualisme que le repli identitaire et tribal, égocentrique et solipsiste, en attente devant les bouleversements du monde. Mai 68 fut un craquement symptomatique, comme on en perçoit dans la tectonique des plaques, qui annonçait un basculement de sa surface et un carrefour pour le capitalisme : soit sa permanence sur le mode national et néo-paternaliste, soit son devenir planétaire et cynique. La fin politique de de Gaulle héros de l'Histoire, l'avènement de Pompidou, héros de la Banque et des Finances, le triomphe, en 1969, moins du gaullisme de la participation que du pompidolisme de l'exploitation (sous ses formes giscardiennes, mitterrandiennes et aujourd'hui chiraquiennes) donnent l'onction à un autre monde qui n'a pas trouvé sa figure oppositionnelle ou rebelle.

En revanche, le capitalisme a formulé son type idéal avec la figure, annoncée par Marcuse, de l'*homme unidimensionnel,* variation sur le thème proposé par Nietzsche de l'*homme calculable.* On sait son portrait : illettré, inculte, cupide, limité, sacrifiant aux mots d'ordre de la tribu, arrogant, sûr de lui, docile, faible avec les forts, fort avec les faibles, simple, prévisible, amateur forcené de jeux et de stades, dévot de l'argent et sectateur de l'irrationnel, prophète spécialisé en banalités, en idées courtes, sot, niais, narcissique, égocentrique, grégaire, consumériste, consommateur des mythologies du moment, amoral, sans mémoire, raciste, cynique, sexiste, misogyne, conservateur, réactionnaire, opportuniste et porteur encore de quelques traits du même acabit qui définissent un fascisme ordinaire. Il fait un partenaire idéal pour tenir son rôle sur le vaste théâtre du marché national puis mondial. Voilà le sujet dont on vous vante aujourd'hui les mérites, les valeurs et le talent.

Cet homme est moins le produit dérivé de Mai 68 que celui du triomphe politique du conservatisme avéré dès juin de la même année. Le capitalisme ayant réussi sa métamorphose, Mai 68 ayant permis le passage au capitalisme libéral planétaire, au marché totalement libéré, l'humanisme et l'idéologie des droits de l'homme ont superbement fourni depuis les moyens idéologiques d'entretenir la misère et de replâtrer le tout, malgré les failles en nombre croissant.

L'augmentation de la misère sous toutes ses formes, l'accroissement des aliénations, la sauvagerie des lois de la concurrence, la paupérisation généralisée ne trouvent médications et pharmacopées, chez les tenants de l'humanisme, que du côté de la charité organisée cyniquement sur le mode de l'entreprise et du spectacle. À défaut de justice, le sentiment promu caritatif s'appuie sur les associations de bénévoles, les sociétés charitables, les dons sollicités à coups de grands spectacles où le monde médiatique, se mettant en scène, exacerbant le système, distribue les émoluments d'une soirée sous le prétexte humaniste de rendre la misère supportable. Et tant qu'une chose paraît supportable, on en rend difficile, impossible, impensable la suppression.

Jamais le rôle contre-révolutionnaire, conservateur

sinon réactionnaire de la charité n'a produit autant de beaux effets qu'avec l'aide et la complicité des philosophes officiels qui, entre l'Académie française et les journaux parisiens fréquentent les jardins de l'Élysée où ils reçoivent de quoi rougir leur boutonnière ; on étouffe et éteint tout ce qui pourrait représenter un risque pour l'ordre social en place. En face de cette *philosophie officielle,* souvent celle des professeurs assoiffés d'onction médiatique, persiste une *philosophie radicale* soucieuse de faire de la Pensée 68 moins un effet de génération qu'une illustration, dans le siècle, de la permanence d'un courant nietzschéen génétiquement radical et producteur d'effets alternatifs.

La mort de l'homme, la fin de l'humanisme et la proposition d'une nouvelle figure, à cet effet, semblent contradictoires dans la pensée de Foucault à ceux-là seuls qui veulent y trouver ce qu'ils cherchent : de quoi légitimer l'éviction d'une pensée qui nourrit puissamment toutes les modernités, esthétiques, éthiques ou politiques. On conviendra, en le constatant, que les tenants d'un péremptoire « pourquoi nous ne sommes pas nietzschéens » passent l'essentiel de leur temps à fustiger toutes les modernités de ce siècle en ne célébrant que les artistes, penseurs, pensées ou politiques qui en amont de Mai se sont refusé ou refusent l'adhésion à leur siècle pour lui préférer d'improbables vertus surannées.

Dans leurs bûchers, on trouve la musique contemporaine, le sérialisme, le dodécaphonisme, l'atonalisme, le nouveau roman, l'art conceptuel, l'art minimal, l'architecture postmoderne, les pensées de la déconstruction, la sociologie et la théorie anthropologique de Bourdieu, la gauche non libérale, ce travestissement le plus récent du capitalisme échevelé, sinon toutes les gauches. Pour alimenter le brasier, donc, les livres de Deleuze et Guattari, ceux de Lyotard et de Foucault, la musique de Boulez et les colonnes de Buren, le tout présenté comme les marques d'un nouvel académisme. Restent, autour du feu, de paisibles conversations, qu'on peut oser jusque dans les cafés philosophiques, sur la nécessité des valeurs, le retour de la philosophie et de la morale, l'opportunité de restaurer les grandes vertus — le courage et la foi, l'amour et la charité, l'espérance et la tempérance, la prudence et l'humour, puisqu'il suffirait d'en rire...

Comment dès lors reprocher aux acteurs de la Pensée 68 de se retrouver en victimes d'une ruse de la raison, promoteurs involontaires d'un retour de l'individu qu'ils auraient voulu supprimer, d'un triomphe de l'humanisme qu'ils auraient voulu dépasser ? On ne peut rendre Foucault et Deleuze responsables, de près ou de loin, de l'état des lieux réels et concrets, depuis Mai 68, puisque, jusqu'à preuve du contraire, ce qui a triomphé politiquement après ce printemps 68, c'est l'hiver de l'idéologie humaniste des droits de l'homme chers aux ennemis de la Pensée 68. Que Pompidou pour le temps qui lui restait, puis Giscard, Mitterrand et Chirac aient lu attentivement *L'Archéologie du savoir* puis *Capitalisme et Schizophrénie,* avant d'enchaîner sur *La Volonté de savoir,* et s'en soient inspirés pour construire le siècle à l'image de ces œuvres-là, voilà qui ne manquerait pas de piquant. Seuls les intellectuels mondains imaginent que les livres précèdent le réel et que le texte annonce le monde...

En revanche, que ces pensées-là soient toujours actives, ou soient des enjeux agissant comme des lignes de partage, voilà qui ne fait aucun doute. Que la nouvelle figure, après le visage de sable, soit encore à dessiner, certes. Que le faciès grotesque de l'homme de cette fin de siècle n'ait rien à voir avec cette autre figure, mais procède directement des accouplements entre les tenants de la religion humaniste et ceux des droits de l'homme célébrés comme un décalogue dispensant de tout sauf de prières, bien évidemment. On ne peut pas repérer de Pensée 68 à l'œuvre dans ces trente dernières années sur un quelconque terrain politique pour qu'on puisse rendre leurs philosophes coupables de malversations.

Le dernier Foucault n'a en rien abandonné ses idées de 1966. Pas de reniements ou de contradictions, pas de voltes ni de repentirs. En annonçant la mort de l'homme, le philosophe ne s'interdit aucunement un travail ou une recherche permettant la formulation d'une figure alternative. Son refus d'un homme nageant dans la période classique comme un poisson dans l'eau peut, sans danger pour la cohérence de son œuvre, se doubler d'une quête de nouvelles formes pour une autre figure qui prendrait pour centre l'individu désassujetti. L'existence de ce personnage conceptuel aurait ouvert une autre période, une épistémè singulière, encore à constituer.

Les interrogations du *Souci de soi* et de *L'Usage des plaisirs* (1984) visent moins un *retour au sujet* qu'un *dépassement de l'homme* pour parvenir à formuler une théorie de la souveraineté de l'individu en même temps qu'une *théorie de l'individu souverain*. Sur le sable où s'est effacé le visage de l'homme, Foucault a commencé à dessiner quelques traits pour constituer une nouvelle figure. Ce nouveau sujet, le philosophe en cherchait une esquisse dans le passé grec et romain, quand le christianisme n'avait pas encore perverti toute éthique avec force doses de moraline. En cherchant à quoi pouvait ressembler une morale préchrétienne, Foucault se donnait les moyens de formuler une morale postchrétienne qui vaut pour nos temps.

Quelle morale dans cet espace païen ? Une problématisation des plaisirs qui autorise une résolution des désirs sans parasite de culpabilité, une nouvelle érotique et une culture de soi qui suppose une définition élargie de la diététique entendue comme une éthique généralisée, un gouvernement de soi où le régime des plaisirs paraît moins une occasion de souffrance qu'une possibilité hédoniste, une intersubjectivité contractuelle et jubilatoire, une morale de la douceur et de l'amitié, une politique de la tempérance, le désir non plus défini par le manque mais par le plein, la confusion de l'éthique, de l'esthétique et de l'existence, la vie pensée comme une œuvre d'art. Et toute une série de traits forts, suffisants pour voir à quoi aurait pu ressembler, au-delà de l'esquisse, l'œuvre achevée.

Loin de contribuer à rendre possible une *barbarie* — c'est le mot qu'utilisent Luc Ferry et Alain Renaut — en détruisant le sujet, donc en interdisant toute intersubjectivité, la mort de l'homme autorise de nouvelles perspectives de relation à autrui. La figure formulée dans les derniers temps de sa vie par Michel Foucault, celle d'après le visage sur le sable, n'a pas été constituée sur le mode du solipsisme, mais sur celui de l'*éjouissement mutuel,* pour reprendre les termes donnés par Zarathoustra lui-même. L'*individu souverain,* en relation et en contact avec d'autres individualités souveraines, permet l'esquisse d'une civilisation susceptible de dépasser l'épistémè classique. Dans une relation pacifiée, hédoniste, libertaire et jubilatoire, le contrat, l'association sur le mode synallagmatique, fournit et légitime l'autorité fondatrice. Le jeu de forces s'infléchit dès lors moins dans le sens de Thanatos, comme à l'époque de l'assujettissement, que dans la direction d'Eros, par et pour lui. Le pouvoir, enjeu des désirs, devient une force employée à procurer des plaisirs et à en obtenir.

Moins barbare, sauvage et brutal que civilisé, raffiné et courtois, le régime éthique voulu par Foucault dans ses derniers livres définit un idéal contemporain.

Qu'une mystique de gauche puisse tendre vers la réalisation d'un modèle de subjectivité et d'intersubjectivité, que le politique s'appuie sur une éthique, que les machines sociales soient moins en contradiction avec les individus que dans une relation de complémentarité constitutive, c'est là qu'en était la recherche du philosophe quand le sida l'a emporté.

Après lui, mais près de lui encore, Gilles Deleuze constate que Mai 68 a permis, ce que l'Histoire, cette histoire particulière, a donné sur le terrain des idées et de la pensée. À savoir le glissement d'un monde vers un autre. Il affirme qu'après ce printemps il faut distinguer « l'avenir des révolutions dans l'histoire et le devenir révolutionnaire des gens ». Ensuite, il invite à tirer les conclusions et les conséquences de ce savoir, de sorte qu'on accrédite et célèbre, leçon pour une mystique de gauche et une éthique libertaire, le devenir révolutionnaire des gens « qui peut seul conjurer la honte ou répondre à l'intolérable ». Ni humanisme, ni droits de l'homme, ni charités associées, ni retour aux grandes vertus proclamées et réitérées sur le mode des derviches tourneurs, la philosophie radicale veut une puissance d'action effective et non une compassion moralisatrice verbale et verbeuse, stérile et stérilisante. Les déclarations d'intention complices du réalisme politique suffisent quand tout, à cette heure, exige un nominalisme que pratiquent les nietzschéens car ils savent que les mots ne sont pas des actes, les verbes des gestes, ni la rhétorique une politique.

Mai 68 a fait s'effondrer l'Université construite sur le modèle du XIXe siècle. Ce genre de Bastille mise à terre, le travail commençait. Dès cette époque Foucault a désigné les autres forteresses à attaquer, les édifices à viser : les grands mécanismes de reproduction et de conservation sociale, les institutions et les instances par lesquelles les savoirs constitués sont enseignés, célébrés, encensés. Pour obtenir une liste de ces lieux de prédilection de l'auto-engendrement du pouvoir on lira Pierre Bourdieu qui, de concert avec Foucault, par-delà le temps, pointe l'Université, bien sûr, mais aussi les lycées, l'école, au sens large du terme, les bastions du journalisme, la télévision, les galeries d'art, l'édition, et autres machines destinées, la plupart du temps et sauf quelques rares exceptions, à cimenter et conforter l'édifice social plutôt qu'à le faire vaciller ou le mettre en péril.

Dans tous les lieux possibles et imaginables, loin d'un endroit centralisé, visible et repérable, Félix Guattari pointe le danger d'un *micro-fascisme* actif. Disséminées partout dans le champ social, ces forces qui absorbent la vie et l'énergie comme des trous noirs fournissent aux pouvoirs en place des occasions de fabriquer des nœuds, des points de durcissement sur lesquels se font l'ancrage et l'arraisonnement de maillages et quadrillages plus enveloppants. Le passage de l'ancienne société disciplinaire, théorisée par Foucault, à la *société de contrôle,* diagnostiquée par Deleuze, suppose l'exacerbation, la prolifération et l'expansion des micro-fascismes.

La modernité politique coïncide d'ailleurs avec ces métamorphoses qui, après fissurage du monolithe, le font éclater et pulvérisent l'autorité, le pouvoir, la puissance, la violence légale, en des zones difficiles, sinon impossibles d'accès tant sont contrôlées les modalités d'un possible accostement. La virtualité des modes d'action de la contrainte légale génère une plus grande brutalité : la dissimulation ajoute à l'efficacité, vieux principe de stratégie guerrière et militaire. Le diffus gagne en concentration, en dangerosité, d'autant qu'il tient son apparente invincibilité de l'invisibilité de son approche. Seuls ses effets sont visibles, mais trop tard pour envisager une interception puis une destruction, un court-circuitage.

La cybernétique et l'informatique donnent à cette nouvelle société des moyens nouveaux : le virtuel, le secret, le temps réel, l'efficacité du contrôle dont les auxiliaires, les moyens, les hommes et les techniques ne nécessitent plus l'apparition directe ni la présence. Tout cela induit un nouveau régime de domination qui déclasse Marx et rend caduques ses anciennes grilles de décodage. Les analyses du siècle dernier ont vieilli en même temps que son objet élu a cessé d'être reconnaissable. La postérité de Nietzsche, notamment dans la formule du nietzschéisme de gauche, me semble fournir une grille plus adaptée à la lecture de cette fin de siècle. De sorte que, sur la plage où la figure de l'homme a fini par disparaître, se dit de plus en plus nettement depuis Mai 68 une souveraineté en guerre radicale contre tout ce qui, sous la forme d'un quelconque pouvoir, empêche son expression et son expansion.

DU POUVOIR

De la sculpture politique de soi

Où donc est le succès de Mai 68 ? Que faut-il en retenir ? Barricades et odeurs de gaz lacrymogène, multiplication des graffitis et poésie descendue dans la rue, voitures renversées et brûlées, universités, usines occupées, prise de parole généralisée, dionysies du Quartier latin et saturnales jusqu'en province, meetings et grèves, défilés et incidents, pavés et boucliers, conférences de presse et effets d'annonce, communiqués radiodiffusés et théâtralisation de la politique, tout rappelle la tradition historique de l'insurrection, dans les modalités propres au siècle. Tout, aussi, raconte la fin de cette histoire d'un genre bachique dans le triomphe de la réaction et du conservatisme : de Gaulle éconduit, ce ne fut pas Mao, mais un banquier qui reprit les choses en main laissant piteux, pantelants et ridicules ceux qui, à Charléty, croyant leur heure venue, s'étaient présentés en recours, en secours.

D'aucuns virent là l'échec du mouvement, son ratage, son insuccès manifeste. Mais qu'aurait été un succès ? La prise effective du pouvoir par ceux qui défilaient sous les portraits du Grand Timonier, de l'inventeur de l'Armée rouge, sinon les staliniens du Parti communiste français ? Succès les soviets et la dictature du prolétariat, la révolution culturelle sur le mode chinois ou la généralisation du travail manuel forcé ? Pas sûr. L'*esprit de Mai** ne s'épanouit pas dans ces machines valant moins que celles qui faisaient le pouvoir du moment, mais dans le ton libertaire nouveau, né là, dans les rues, sur les murs, dans les lieux occupés, et dans l'interstice sans cesse visible entre deux personnes qui se parlent. Mai 68 a découvert la diffusion généralisée du pouvoir et fait de celui-ci, où qu'il se trouve, une occasion de remise en cause, de critique. Loin du seul pouvoir d'État, ou d'un Althusser palabrant sur les appareils idéologiques d'État, le pouvoir s'était montré partout ; s'il fallait le combattre, il s'agissait de le traquer partout.

D'où une obligation à penser autrement les modalités de la résistance ou de l'insoumission. La leçon de Mai est là aussi : savoir l'inexistence d'un lieu fixe pour l'expression de l'autorité, qu'aucune figure n'incarne spécifiquement, par essence, car elle agit *via* une énergie installée dans tous les endroits possibles et imaginables. Là où deux êtres se regardent, avant même de se parler, le pouvoir travaille la relation, la mine, la détermine. La lutte des consciences de soi opposées chez Hegel, le combat pour déterminer ce qui revient à la domination, ce qui relève de la servitude, voilà matière à une vérité autant éthique que politique.

Cette logique agonique œuvre entre les individus, les groupes, les castes, les nations. Elle suppose toujours une issue sans que jamais l'équilibre dispense de déterminer dans l'absolu un gagnant, un perdant, un victorieux, un vaincu. La guerre envahit le théâtre de toute intersubjectivité et le pouvoir circule telle une énergie mauvaise avec laquelle se formulent et se cristallisent les assujettissements. Le problème est moins le pouvoir d'État que l'état du pouvoir, sa fluidité, son silence et sa circulation généralisée, ses flux et ses ravages, ses constructions, les édifices et les ruines. Là où luttent deux forces opposées, il y a matière à exercice libertaire.

D'où une caducité généralisée de la pensée anarchiste qui fait de l'État son objectif prioritaire et unique. Imaginer le pouvoir dans le seul lieu où se fomentent la bureaucratie et l'administration d'une nation, c'est trouver à moindres frais un bouc émissaire, élire sans risque une victime susceptible d'un sacrifice propitiatoire uniquement générateur de satisfactions symboliques. Le coup d'État, tel que Malaparte le détaille, a cessé d'être pensable : les lieux d'un pouvoir à prendre sont disséminés et clignotent dans les endroits les plus inattendus. Au-delà des ministères, des aéroports, des capitales, des liaisons et de la radio, le pouvoir demeure dans sa superbe et son éternel efficace, nulle part et partout.

Une pensée anarchiste contemporaine doit rompre avec cette fétichisation de l'État, car il se réduit à n'être qu'une machine, sans aucun coefficient éthique, juste un mécanisme obéissant aux ordres donnés et transmis. L'antinomie entre l'État et la liberté disparaît en même temps que la société de contrôle remplace la société disciplinaire. Et l'idéologie, comme toute autre nouvelle technologie de gestion virtuelle des flux d'hommes ou d'idées, remplace le seul État. Le Léviathan ancien change de forme et se manifeste dans la toute-puissance de la pensée unidimensionnelle, la condamnation à mort de toute réflexion un tant soit peu complexe, subversive, pire, dans sa récupération selon les mots d'ordre du théâtre médiatique ambiant.

En tout lieu où l'énergie rebelle se transfigure en violence constitutive du réel, le libertaire peut se mettre à la tâche. La résistance peut s'exercer tous azimuts face à un pouvoir fonctionnant sur le principe des catégories théologiques de l'omniprésence, de l'omnipotence, voire de l'omniscience, tout pouvoir valant comme un savoir. En revanche, le savoir compris comme un pouvoir sollicite l'ire des amateurs et promoteurs d'assujettissements.

La logique révolutionnaire holiste et grégaire n'est plus de mise, elle a fait son temps. D'autant qu'elle a toujours montré dans l'histoire sa condamnation, après l'épreuve du pouvoir politique effectif, à « gouverner comme les gouvernés gouverneraient s'ils avaient le pouvoir » — selon l'heureuse formule de Giono préfaçant Machiavel. Dans tous les cas de figure, les révolutionnaires d'aujourd'hui font les réactionnaires de demain. Bien souvent, les opposants du jour se révèlent pires que leurs prédécesseurs dès qu'ils prennent leur place sur le trône.

Voici donc les leçons anarchistes pour aujourd'hui : l'éternelle perversion de ceux qui exercent le pouvoir, quels qu'ils soient, fussent-ils des philosophes devenus rois ou des rois piqués de philosophie. Son exercice induit une onction qui transfigure les gouvernants, droite et gauche confondues, en membres d'une caste avec ses règles, ses lois, son grégarisme entendu, et conduit à un culte envers ceux qui ont pu, un jour, pratiquer légitimement, ou non, la domination sur le plus grand nombre de leurs sujets, de leurs administrés — de leurs victimes.

La révolution sur le mode du coup d'État est morte, vive la révolution sur le mode libertaire, moléculaire pour le dire avec les mots de Deleuze et Guattari. Loin des avenirs radieux et des lendemains qui chantent, pacifiés, il faut songer au *devenir révolutionnaire des individus,* seule éthique pensable pour un libertaire au tournant du millénaire. Là où les recycleurs millénaristes visent une société figée, fixée, construite sur le principe de la sphère parménidienne, close, il faut opposer la volonté d'une société mouvante, changeante, traversée par des flux, animée par des courants, élaborée sur le mode du fleuve héraclitéen, ouvert. Là où la mort finit par être le modèle, la vie devient le principe, une obligation ontologique. De l'une à l'autre, il y a tout ce qui sépare sociétés closes et sociétés ouvertes selon les catégories proposées par Bergson.

Hier, la révolution supposait une attente, un pire pour aujourd'hui dans la perspective d'un demain pacifié. Le tout justifiait ainsi le recours à une dialectique et la négativité jouait son rôle dans la logique d'une résolution ultérieure, sur le mode synthétique. Ces avenirs radieux, jamais venus, toujours annoncés, furent la cause de présents déplorables, de quotidiens détestables. C'est d'ailleurs au nom d'un troisième temps social merveilleux que le deuxième était supporté, fût-il effrayant.

Ce millénarisme doublé de sacrifice à l'utopie classique doit être remplacé par un instantanéisme fondateur de l'identité hédoniste en politique : ici et maintenant, dans l'urgence d'un présent à ne pas lire comme un moment dans un mouvement, mais tels une fin en soi, un absolu. L'éternité gît dans l'instant même, nulle part ailleurs, et il faut la vivre sur le principe énoncé par Nietzsche du désir de voir se répéter sans cesse ce que l'on choisit, veut, élit. Différer, c'est rendre impossible, donner ses chances à l'improbable. Or, le devenir révolutionnaire de l'individu s'inscrit dans le moment présent et lui seul.

Quel que soit le pouvoir, le rôle de l'individu consiste à opposer une résistance déterminée, une insoumission farouche à ce qui requiert l'autorité. Si une mystique de gauche sert de boussole et offre des points cardinaux sûrs et certains pour l'action et la décision, il ne faut pas imaginer pour autant que la gauche au pouvoir suppose et signe la fin du travail de toute volonté libertaire. Au contraire, et plus que jamais, pour aiguillonner les aspirants et les prétendants, les auxiliaires et les acteurs de l'incarnation de cette mystique, pour éviter son abandon en route, voire sa perversion, son oubli, l'individu rebelle doit se préparer à exercer une tâche infinie. Dès la Révolution française et son lent acheminement vers la négation de ses idéaux fondateurs, les enragés ont isolé l'antinomie radicale qui architecture toute volonté libertaire. Varlet écrivait dans *Explosion :* « Gouvernement et révolution sont incompatibles. » Deux siècles plus tard, même si la notion de révolution exige redéfinition et reconsidération, l'idée demeure une vérité soutenue par l'évidence.

D'un côté, ceux qui détiennent le pouvoir, l'exercent, l'aiment, le veulent, le réclament et, bien souvent, en disposent ; de l'autre, ceux sur lesquels il s'exerce. Les premiers peuvent être de droite ou de gauche, athées ou cléricaux, libéraux ou communistes, ils désignent et distinguent, pour les seconds, les ennemis avérés, affichés. Car, bien qu'étant mobile, difficile à repérer, susceptible de disparaître ici pour réapparaître là, le pouvoir s'incarne souvent chez les mêmes qu'une société forme en conséquence, élit comme tels et récompense de façon non négligeable. Les élites, les énarques, les ministres, les apparatchiks, les élus, constituent une oligarchie qui s'arroge le pouvoir politique sans partage, une caste dissociée des intérêts et de la vie des citoyens ordinaires sur lesquels s'exerce l'autorité.

L'homme blanc, adulte, occidental, chrétien, hétérosexuel, marié, disposant d'un capital culturel et d'un volume de biens matériels codés, apparaît en modèle à qui l'on réserve l'usage et la détention de cette violence sociale autorisée et légitimée. Ceux sur lesquels elle s'exerce sont bien souvent leur contrepoint, leur contradiction : les femmes, les gens de couleur, les jeunes, les adolescents ou les vieux, les musulmans — qu'on songe à l'acception de ce terme dans les camps de concentration —, les homosexuels, les incultes, les illettrés, les pauvres, les handicapés moteurs ou mentaux, et ceux que j'appellerai de manière générale les célibataires, pour inscrire sous cette rubrique tous ceux qui assument fondamentalement et viscéralement leur part de solitude, leur identité en individus souverains et rebelles, solaires et solitaires.

Bien sûr, cette tendance majoritaire ne fait pas loi et il est des exploités, des domestiques, des esclaves et des soumis dans le premier ordre, puis des exploiteurs, des maîtres et des seigneurs arrogants dans le second. Hegel a tout dit sur ce sujet, l'un peut être ici soumis, là décidant pour autrui de l'assujettissement, tel maître sur le terrain symbolique, tel autre esclave sur le registre réel concret. Le repérage des effets de pouvoir, des lieux où il se formule, se dit, s'exprime, propose un jeu perpétuel assimilable à la stratégie des militaires ou des dialecticiens des écoles de guerre, de Sun Tzu à Clausewitz, du jeu de go aux cases de l'échiquier.

Plus de monolithisme facilement pointé et distingué, mais une fragmentation plastique en métamorphose permanente : le nouvel état des lieux modifie le travail du libertaire et suppose un tacticien, un guetteur éveillé aux acuités formidables. L'infinitésimal sature son monde, l'imperceptible remplit son univers, le je-ne-sais-quoi cher à Graciàn, le presque-rien familier de Montesquieu délimitent son registre. Le portrait du libertaire, cette figure célibataire, appelle les qualités de la bête de proie : flairer, écouter, épier, être sans cesse sur ses gardes, interpréter des traces, des signes, les chercher, les solliciter, mettre en perspective — ce qui définit étymologiquement l'intelligence, l'art de relier ce qui, *a priori*, semblait sans lien de conséquence ou de causalité.

La politique devient science du décodage des signes mobiles entre les individus que rapprochent des relations dans la cité, ou sur le terrain plus spécifiquement domestique lorsque ce sont d'abord les travestissements sociaux qui mènent le jeu. L'intersubjectivité entre un père et sa fille, un mari et sa femme, une mère et son fils, et toute autre relation appuyée sur des fonctions, au-delà des individus, installe de fait sur le terrain politique. De même, et *a fortiori*, cette logique est repérable entre un patron et son ouvrier, un directeur et son employé, un gradé et son inférieur hiérarchique, un enseignant et son élève, et n'importe quelle autre distinction sociale qui masque ou dépasse le pur et simple rapport entre deux individus.

L'interversion des jeux, la mobilité des rôles font d'une femme, ici un sujet pour son mari, là un maître pour ses élèves si elle enseigne ; tout autant qu'un être inférieur ou supérieur pour ses collègues suivant la singularité de son diplôme, sa compétence, son charisme, sa beauté, son intelligence ou tout autre signe distinctif d'une identité socialement repérable et négociable. Les idées dominantes, ces mensonges sociaux de groupe nécessaires aux cohésions sociales, permettent de coefficienter les qualités associées à tel ou tel : du plus détestable au plus remarquable, du plus évitable au plus souhaitable. Le mimétisme incitant et conduisant la plupart à vouloir le seul désir de l'autre, à vouloir la ressemblance avec autrui, a produit une échelle de valeurs avec des marchandises sans cesse réévaluées suivant le lieu où elles sont considérées : l'université ou l'usine, l'atelier ou la librairie, le foyer domestique ou le local de réunion syndicale, le bureau ou la salle de classe, dans un lieu public ou dans un lieu privé, avec ou sans témoins.

Chaque fois, le pouvoir formulé diffère. Sa forme, sa nature, son fonctionnement, son devenir, son intensité en sont affectés. L'entropie qui le travaille est modulée, ses effets s'en trouvent déterminés. La lutte menée contre tel ou tel de ces pouvoirs incarnés supposera un repérage vif, un pointage rapide, une circonscription de la géographie concernée dans les meilleurs délais : pas de tactique ou de stratégie sans la précision et l'élaboration d'une cartographie préalable doublée d'un talent pour les ajustements véloces. Le champ de bataille maîtrisé dans son ensemble, ou dans sa plus grande étendue, vaut comme une probabilité de succès.

En refusant les pouvoirs pour autre chose que leur désamorçage, le libertaire se fait compagnon de ceux qui en sont privés. Le camp de concentration a montré le paroxysme du dépouillement, la soumission aux seuls devoirs des personnes singulières sur lesquelles tous les pouvoirs, indépendamment de leur degré d'infamie, d'ignominie, de perversion, ont été exercés sans relâche par ceux qui n'en subissaient aucun, sauf celui de la résistance affichée par le corps qui dure et reste en vie — l'individu.

Robert Antelme lui-même a installé l'usine et les lieux de production du capitalisme productiviste dans l'orbe de ces enfers concentrationnaires. Suivent tous ceux où sont entassés et domestiqués les dépouillés, les privés, les assujettis, les sans-grade, les exploités, les sujets, les pauvres en tout, les modestes, ceux qui toujours subissent et jamais n'exercent de pouvoir, ceux qu'on accule au ressentiment avec lequel se nourrit la force populiste et néo-fasciste.

Cette jouissance du pouvoir exercé par les maîtres — eux-mêmes domestiques du système qui sait s'en débarrasser l'heure venue, quand la productivité ou l'efficacité diminuent — se justifie et se légitime par des idéaux. Jamais la jouissance du pouvoir exercé sur un autre ne s'exprime dans la nudité du seul exercice, du pur et simple exercice. Elle se justifie toujours en vertu d'universaux, de transcendances qu'exigeraient et nécessiteraient, pour le bien de ceux qui les subissent, le Juste, le Vrai, le Beau, la Loi, l'État, le Savoir, l'Ordre, la Sécurité, le Droit, la Morale et autres mythologies avec lesquelles se perpétuent les assujettissements. Dire que la jubilation sadique se suffit à elle-même, sans souci de ce qui pourrait la justifier, voilà ce qui s'entend seulement chez Sade, d'ailleurs proscrit théoriquement par ceux qui le pratiquent avec ardeur et au quotidien dans le système.

Et puis il existe aussi, plus étonnante, la jouissance de ceux qui subissent le pouvoir. Car, si La Boétie a raison de dire du pouvoir qu'il s'impose par le seul consentement de ceux sur lesquels il s'exerce, pourquoi diable consentent ceux qui en font les frais, parfois douloureusement ? Qu'est-ce qui peut justifier qu'on reste en deçà de ce jeu où sont distribuées domination et servitude en évitant un hédonisme qui congédierait les stratégies d'asservissement ? Quand le même La Boétie écrit « Soyez résolus de ne plus servir, et vous voilà libres », pourquoi peut-on n'être pas résolu et persister dans le service ?

Par peur de la liberté. Par crainte de devoir choisir, inventer, vouloir, par paresse intellectuelle, par incapacité à vouloir quand tout a été fait pour circonscrire l'esprit critique grâce aux techniques d'aliénation, d'asservissement et de décérébration permises par les sociétés d'aujourd'hui. Dans les sociétés disciplinaires, Michel Foucault a montré combien le châtiment était la perspective réservée aux rebelles et insoumis : torture, enfermement, hospitalisation, médicalisation, emprisonnement, privation de liberté, sévices, castration chi-

mique, incarcération, confinement des individus dans
des dispositifs construits sur le mode panoptique. On
réduisait à rien tout ce qui, de près ou de loin, ressemblait à une insoumission individuelle. Qu'on se souvienne du destin de Campanella, d'Auguste Blanqui ou
d'Alexandre Soljenitsyne. Les totalitarismes de ce
siècle ont illustré à merveille ces modes de fonctionnement, jusqu'en 1989, date de l'effondrement du rideau
de fer.

Dans les sociétés de contrôle, on agit en amont, en
associant la liberté à ce qu'il faut ne pas désirer. On,
c'est-à-dire les auxiliaires du système qui vendent
l'idéologie libérale en prétendant qu'elle est la seule
disponible sur le marché intellectuel. La liberté défen-
due est associée à un désirable utile pour le social :
liberté de consommer, de posséder, de disposer de
biens matériels, meubles et immeubles ; liberté d'être
conforme au modèle du consommateur vanté par les
systèmes publicitaires et promotionnels ; liberté
d'acheter une conduite, des valeurs, un mode d'apparition à autrui, le tout proposé clés en main par l'idéologie dominante relayée par tout ce qui relève de ce que
l'on a cessé d'appeler la propagande et qui est devenu
la publicité pour un monde unidimensionnel.

La circulation des signes, leurs relations avec les
structures techniques de transmission, pas seulement
l'univers télévisuel, mais aussi tous les autres trajets
empruntés pour acheminer un message d'un lieu à un
autre, donnent des occasions de vider en route la liberté
de son contenu libertaire pour la remplir d'une autre
matière, comestible dans la perspective du seul et
unique marché libéral. La liberté se réduit à la possibilité de s'inscrire dans une logique mimétique, de
prendre part à la course dans laquelle tout le monde
vise l'accession aux barreaux supérieurs de l'échelle
sociale proposée sur un modèle unique par le monde

marchand. Liberté d'avoir, liberté libérale, contre liberté d'être, *liberté libertaire**.

Quiconque voudrait une autre liberté que libérale se voit circonscrit tel un ennemi, désigné comme un adversaire qu'on peut solliciter, acheter, faire revenir à de meilleurs sentiments par la persuasion et la rhétorique, sinon, en cas de résistance prolongé et revendiquée, par des moyens progressivement coercitifs. Les techniques médiatiques associent, sur le mode pavlovien, ce qui est désirable individuellement avec ce qui l'est collectivement : le bien de l'un est défini en relation avec ce qui réalise le bien du tout. Se formule ainsi de manière moderne et contemporaine un genre de contrat social où l'invitation suppose, entre diplomatie et coercition, l'abandon de toute prétention et volonté individuelle au profit d'un choix engageant l'ensemble de la société. La volonté générale rousseauiste trouve de la sorte sa reformulation sur le principe libéral : ce qui est bon pour le marché est bon pour l'individu. Et, bien sûr, vice versa.

Quand le désir obéit à ce point, contraint, fabriqué et possédé par le marché, il devient le corps étranger intégré et digéré par le sujet aliéné qui, voulant ce que le système lui fait désirer, croit vouloir librement alors qu'il subit, dans une chambre d'écho où se répercutent les besoins du marché. Désirer ne plus servir est, bien évidemment, un désir non désirable pour le social qui promeut exactement l'inverse en célébrant la formule : soyez résolus de servir et vous voilà libres. D'aucuns avaient formulé cyniquement une variante bien connue : le travail rend libre. La disparition de cette sentence du fronton des camps de la mort n'a pas signifié pour autant la fin de la croyance en cette idéologie toujours au cœur de la production capitaliste contemporaine. Cette liberté-là, on peut facilement l'imaginer, n'a pas grand-chose à voir avec la liberté libertaire dont l'objectif consiste à tendre au-delà de l'aliénation individuelle.

Vouloir la liberté libérale induit l'inscription dans le mouvement grégaire et suppose le pouvoir de se dispenser de réfléchir, d'analyser, de comprendre, de penser ; de faire l'économie de toute démarche critique propre, car l'obéissance suffit. De sorte que le désir, rendu inactif sinon impossible, conduit à la servitude volontaire. De même, elle donnera au plus grand nombre la satisfaction de ressentir la chaleur animale des troupeaux loin du souvenir ancien d'un vent froid venu des cimes où l'on avance seul. Le groupe prend en charge, donne les sensations fortes de l'esprit de caste à ceux qui sacrifient toute volonté propre pour ne plus se définir que dans, par et pour le nombre. Le service volontaire paraît jubilatoire aux âmes riches du salaire de leur renoncement à l'individualité et des gages de leur domesticité : ainsi disposent-ils de l'assurance d'être comme tout le monde, dans la course qui mène à l'abîme, mais au milieu du troupeau.

En dehors des sentiers balisés et des autoroutes mentales, la liberté libertaire inquiète. Elle suppose le combat, la crainte, l'incertitude, les difficultés, une immense solitude et, bien souvent, l'étonnante sensation de se sentir et de s'éprouver étranger au milieu de ceux qui donnent l'impression d'être des semblables. Le choix angoisse, les latitudes offertes dans leur multiplicité génèrent des étourdissements existentiels. Devoir s'engager sur une voie à inventer réveille des terreurs anciennes, des fantasmes d'impuissance et des craintes alimentées par le risque du fiasco.

Toute l'entreprise existentielle sartrienne a montré la formidable puissance de l'angoisse et sa nature consubstantielle au constat d'existence d'une liberté métaphysique en soi, avant même tout usage. Qu'on l'utilise pour s'engager ou n'en rien faire, elle est toujours exercice, positif ou négatif, auquel on n'échappe pas. La condamnation à cette liberté libertaire fait désirer la liberté libérale, toute faite, toute prête, et qui dispense de tout effort imaginable. D'autant que la préférence accordée à la première génère des satisfactions seulement personnelles et solipsistes. En revanche, l'élection de la seconde rend possible, dans la vie quotidienne, une série de compensations symboliques qui réjouissent les naufrageurs de leur individualité : ils sont assimilés à des fonctions, puis craints, célébrés, vénérés, admirés, tels des parangons de réussite sociale.

La servitude volontaire apporte en retour évitement des angoisses consubstantielles à l'exercice d'une liberté libertaire et accès à des gratifications symboliques dont la plupart se satisfont, tant il est facile et directement jubilatoire de se contenter de l'hédonisme vulgaire vanté et célébré par le marché libéral. Consommer, avoir, posséder, voilà qui dispensera d'être ou qui vaudra pour tel. Or ces bénéfices coûtent, car ils pétrifient l'aliénation et obligent à une duplication indéfinie de l'asservissement *via* des rhétoriques d'accélération du pire.

Englué dans ces logiques libérales, l'individu n'a plus aucun moyen de recouvrer son autonomie si d'aventure, un jour, il a choisi de l'aliéner aux impératifs sociaux dominants. Soumis et assujetti par les liens du mariage, de la paternité ou de la maternité, du crédit et de l'endettement, du travail salarié et de l'idéologie grégaire, il lui restera à s'enfoncer doucement mais sûrement dans les marécages où il a un jour posé le pied. Chaque ponction mensuelle effectuée sur son compte témoignera, entre les remboursements et les pensions alimentaires, les impôts et les assurances, qu'il n'est plus qu'un sujet, un citoyen, à peine un individu.

Ces principes pertinents pour un individu valent aussi, bien sûr, pour les groupes, voire les peuples, les nations entières qui préfèrent l'assujettissement du chien à qui on assure la pitance, même si c'est au prix de la liberté, aux errances et au nomadisme libertaire du loup qui, s'il ne mange pas tous les jours une pâtée médiocre, du moins dispose de lui dans la plus absolue des souverainetés. La Fontaine, qui a raconté les frasques de ces deux-là, précisait ailleurs : « Notre ennemi c'est notre maître », formulant ainsi l'impératif catégorique libertaire opératoire à toutes les époques. Le maître, c'est bien sûr l'unique travesti dans la fonction, la seule rubrique à laquelle il consent d'apparaître, mais c'est aussi toute idée qui asservit et transforme les individus en sujets.

Conséquemment, toutes les dissertations classiques et traditionnelles de la littérature politique sur les mérites comparés d'une monarchie, d'une république ou d'une démocratie directe ou indirecte, élective, oligarchique ou ploutocratique ; celles qui interrogent sur ce qui fait le souverain, ce qui est préférable entre une gérontocratie, la règle, et une gynécocratie, l'exception ; tous ces exercices de style paraissent vains puisque dans tous les cas, le principe est le même et veut l'assujettissement, la fin et la mort de l'individu en guise de sacrifice fondateur de la naissance du sujet, du citoyen, de l'homme. Un seul ou quelques-uns, riches ou pauvres, de sang noble ou roturiers, technocrates ou autodidactes, les familiers de l'exercice du pouvoir pratiquent de la même manière, avec la haine radicale du loup et l'amour immodéré des chiens. La société veut la sécurité, l'individu, la liberté. L'antinomie subsiste, persiste, demeure, fondamentale.

Le pouvoir étant partout, comment imaginer une figure soucieuse d'investir toute son énergie à éviter d'être le maître tout autant que l'esclave ? À quoi pourrait bien ressembler cette individualité qui, selon l'expression de Nietzsche, trouverait pareillement odieux de suivre et de guider ? Ni bourreau ni victime, mais disposant par-devers soi d'une souveraineté radieuse, cette figure, j'en ai tracé le portrait dans *La Sculpture de soi* en proposant une éthique, avant cette politique pourvoyeuse de style, de verticalité radicale quand l'heure, le temps et l'époque sont, sinon à la reptation, du moins à la quadrupédie généralisée.

Cette figure purement éthique qu'alors je n'avais pas voulu considérer dans sa dimension politique, réservant l'occasion pour le présent livre, je l'avais construite en regard de la métaphore du Condottiere, principe manifeste dans la statue de Verrocchio sise piazza San Zanipollo à Venise. Par lui s'exprime la confusion de l'éthique et de l'esthétique puis se formule le traitement de l'histoire sur le mode métaphorique, artistique d'abord, conceptuel et philosophique ensuite. Plieur d'énergie, dépositaire d'une vitalité surabondante, le Condottiere de mes vœux excelle dans l'art du dressage des forces qui contribuent à la sagesse tragique. Non loin des cyniques, dans l'esprit de Diogène et des figures associées de l'Antiquité grecque, il oppose un tempérament faustien aux délitements généralisés et aux effondrements générateurs des mondes dans lesquels prospèrent les grouillements grégaires. Virtuose de la force, il use de son talent pour contrer la violence, ignorante de son dessein, et veut concentrer puis diriger l'énergie rabattue sur des plans avec lesquels il construit son existence. Bien sûr, il triomphe en figure célibataire et nominaliste, en artiste spécialiste des pointes et de la maîtrise du temps efficace, en rebelle ennemi du contrat social auquel il préfère et

oppose le contrat hédoniste. Pour assumer sa part
solaire, et contre les égocentrismes incandescents dont
notre époque est spécialiste et friande, il dessine un
narcissisme flamboyant à l'aide de quoi chacun peut
se réapproprier un moi discrédité par la tradition chrétienne.

Metteur en scène de sa propre existence, théâtrali-
sant ce qui peut l'être sur le mode de l'élégance, du
style, de la verticalité, le Condottiere veut une vie
transfigurée dans laquelle éthique, esthétique et vie
quotidienne se confondent. Il crée des formes là où
triomphe l'informe et substitue l'artifice de la volonté
au naturalisme des pulsions du nombre. Enfin, sa
dimension dionysienne ne faisant aucun doute, Apollon servant la contention d'une énergie qui, sinon, se
dilapiderait, il stylise sa liberté, sculpte sa propre statue, élargit l'art tout en intégrant les parts maudites
dans son projet. Son art sans musée se contient dans
les limites d'une existence singulière tout en débordant
dans les temps sur le mode radieux et irradiant.

Par ailleurs, doté d'une vitalité impossible à troubler
par une pulsion de mort, le Condottiere célèbre la pro-
digalité, la magnificence, la magnanimité, la longani-
mité et autres vertus plus proches des *virtù* italiennes
de la Renaissance que de la vulgate chrétienne infectée
de moraline, cette substance des moralismes de tous
les temps. Loin des vertus qui rapetissent et de toutes
les variations d'hier, d'aujourd'hui et de demain sur le
thème de l'idéal ascétique, il incarne la machine de
guerre, telle qu'elle traverse l'œuvre de Deleuze et
Guattari, dirigée contre le retour du moralisme car
l'éthique devrait suffire comme remède. Dans la relation à autrui, il suppose une arithmétique des plaisirs
et un utilitarisme jubilatoire informateur des affinités
électives, une pratique de l'eumétrie, la bonne distance,
une réactualisation de la politesse, sinon une célébra-

tion de l'enthousiasme dans toutes ses modalités. Dans son souci de prévenance, il organise le réel autour de lui sur le principe des cercles éthiques où la place d'autrui s'énonce en fonction d'un perpétuel réajustement réalisé par l'élection ou l'éviction. De sorte qu'il triomphe en hédoniste sur le terrain libertaire. Dans l'esthétique ludique où je lui prête du talent, il se fait le promoteur d'une rematérialisation de la parole, et de l'ironie aussi. Je reprends donc là où je l'avais laissé le portrait de cette figure de l'individu solitaire pour parachever en précisant sa dimension politique.

L'ensemble du portrait suppose la convocation d'un certain nombre de sensibilités qui dans l'histoire ont montré à l'œuvre des figures rebelles, insoumises, résistantes, singulières, affichant l'autonomie en parangon de richesse suprême. Cyniques et dandys, libertins et romantiques, par leur geste propre, ont structuré le tempérament éthique du Condottiere. Pour parfaire la description et la compléter par sa dimension politique, il me faut dire que le contrepoint de ce personnage conceptuel suppose le Libertaire, moins anarchiste sur le mode ancien que dépositaire de cette tradition de la rébellion dans une perspective résolument moderne. Diogène et Baudelaire, Wilde et Carlyle réconciliés.

Le Libertaire, stratège et tacticien, connaît la métaphore guerrière du pouvoir, les champs de bataille et les faits militaires ; il évolue sur scène, sachant la dimension théâtrale du terrain des opérations militaires ; il sait le jeu entre l'ombre et la lumière, la scène et les coulisses, le silence et la déclamation — d'autres avaient convoqué le renard et le lion, sinon le lynx et la sépia, car il faut la force et la ruse, l'acuité et la dissimulation à chaque expression du pouvoir, toujours travesti, souvent transversal, régulièrement oblique ; il se métamorphose aussi en un genre de mécanicien spécialiste des rouages, poulies, leviers et autres cardans, qui assimilent le corps politique à un automate soumis aux lois de la physique élémentaire des répartitions d'énergie, des couples de forces et des tensions dynamiques ; enfin, il excelle en diplomate sur le mode de l'art ancien, mixte de pensée orientale et exotique, familier des initiations politiques pratiquées derrière les murailles sacrées, là où évoluent René Leys et les siens. Stratège, acteur, mécanicien, *exote,* selon le beau mot de Segalen, le Libertaire brille avant tout dans l'art de débusquer le pouvoir où il est, de le circonscrire, le contourner, l'esquiver, pareil aux spécialistes en aïkido qui évitent les énergies négatives et savent aussi les retourner contre ceux qui les ont déclenchées et voulues. Repérer, voir, stopper, détourner, chaque fois le propos consiste à éviter la maîtrise et la servitude, l'obéissance ou la sujétion.

Si la question : comment peut-on être anarchiste, aujourd'hui ? peut être posée, la réponse paraît immédiate : en installant l'éthique et la politique sur le perpétuel *terrain de la résistance**. Maître mot, ambition cardinale du libertaire. Résister, à savoir ne jamais collaborer, ne jamais céder, garder par-devers soi tout ce qui fait la force, l'énergie et la puissance de l'individu qui dit non à tout ce qui vise l'amoindrissement de son empire, sinon la pure et simple disparition de son identité. Refuser les mille et un liens ténus, ridicules, dérisoires qui finissent par produire l'assujettissement des plus vigoureux géants. Qu'on se souvienne de Gulliver, immense et puissant, mais contraint et maintenu au sol par la quantité infinie des liens dont le nombre rendait possible l'efficacité.

Loin de la proposition d'un modèle de société idéale, averti par la sagesse tragique consubstantielle aux questions politiques en vertu de quoi il sait la nature corruptrice de tout pouvoir et la fatalité aliénante pour tout individu de la presque totalité des liens sociaux, le libertaire contemporain avance une attitude, une allure, un mode d'être, une façon de dire et de faire, un *tempérament*. Cette résistance manifeste, l'essence de la force libertaire, peut s'activer dans toute société, quelles que soient les géographies et les histoires. Dans une dictature ou dans une société libérale, sur une planète ravagée par le marché libre ou dans les limites barbelées d'une nation au pouvoir totalitaire, le libertaire reste l'homme de la résistance et l'occasion de l'insoumission. De Spartacus à Inge Scholl, de la Rose Blanche à la place Tien An men, de Jean Moulin au dalaï-lama, il cristallise la force avec laquelle on fait les tyrannicides, les monarchomaques, les renverseurs de trône, les briseurs d'idoles et les fomenteurs d'attentats dirigés contre les liberticides. Tous communient dans ce que Michelet, dissertant sur Charlotte Corday, appelait la *religion du poignard**.

Aussi, je me souviens qu'en matière de politique, les cyniques peu diserts, mais substantiels, célèbrent le bronze avec lequel on a immortalisé la mémoire de deux tyrannicides, stigmatisent les décorations, les honneurs, fustigent les officiers du fisc, insultent les collaborateurs, critiquent les maîtres, les gendarmes et toutes les formes d'autorités, aussi bien philosophiques que militaires. On sait qu'à l'empereur Alexandre sollicitant un souhait, afin de pouvoir l'exaucer, Diogène répond insolemment en l'invitant à se déplacer parce qu'il lui fait de l'ombre. Une autre fois, prisonnier, conduit enchaîné auprès de Philippe de Macédoine qui l'interroge sur les raisons de sa présence en pareil lieu, il rétorque : « J'espionne ton instabilité. »

La leçon cynique reste d'actualité : enseigner la nudité du roi, l'absence de différence d'essence, de nature ou de substance entre le premier des citoyens de l'Empire et le dernier des esclaves de la cité — une sapience annonciatrice de Robert Antelme. De même,

Diogène, Cratès et les autres veulent la désinvolture à l'endroit de toutes les manifestations de pouvoir : faste, théâtralité, splendeur des ors et brocarts. Cyniques les rebelles qui placent leur orgueil bien au-dessus des prébendes offertes par la collaboration avec les pouvoirs en place, cyniques encore les révoltés qui mettent la pensée au service de l'insoumission plutôt qu'à celui des forces qui dévitalisent l'individu, cyniques enfin les résistants qui opposent le savoir au pouvoir en guise de contre-pouvoir.

Les conseillers du Prince, les collaborateurs, comme on le dit dans un mot qui n'a rien perdu de son sens depuis la période des années noires, les techniciens, les fonctionnaires de la pensée qui œuvrent dans des commissions ou fournissent aux hommes politiques du moment et aux puissants du jour deux ou trois concepts tout juste susceptibles d'être compris et assimilés par des journalistes, ceux-là perpétuent la misère et l'asservissement, l'assujettissement et le sacrifice des individualités au profit des machines sociales dont ils obtiennent des avantages en nature, en symbolique, sinon en monnaie sonnante et trébuchante, l'ensemble, de toute façon, ne faisant jamais mauvais ménage.

Là où les auxiliaires du pouvoir en place célèbrent la vertu de sérieux, utile et indispensable pour sacraliser le pouvoir, en faire un épiphénomène procédant du religieux ou du céleste, le libertaire restaure les vertus du détournement, de l'ironie, de l'humour, du cynisme, sous forme de modalités subversives langagières et gestuelles, conceptuelles et pragmatiques. Le rire nietzschéen de Foucault, contre le silence feutré des palais présidentiels ; la danse de Zarathoustra en contrepoint aux raideurs ministérielles, aux rigidités de tous les protocoles ; le grotesque de Rabelais et les folies de Swift en guise de réponse aux chuchotements des huissiers à chaînes ; le ricanement de Voltaire et le tonneau de Sartre en écho aux huisseries d'or et aux brocarts pourpres ; les sarcasmes de la fête des fous et des anti-messes avec les ânes face aux pompes élyséennes ; du vin à flots, des libations, un Diogène pétomane, onaniste et cannibale, une politique dionysienne, des toasts à l'eau plate, des présidents de la République décérébrés, une politique apollinienne, voilà l'inventaire des alternatives ancestrales.

Le risque du loup, bien sûr, n'est pas celui du chien. Pour ce dernier, l'embonpoint éthique, la fin de toute élégance morale, l'obésité conceptuelle et la réflexion adipeuse, l'œuvre jetée en pâture aux simples comme aux charognards : une idée par livre, et encore, un livre par mandat de celui qu'on sert, une multitude de prêches publics, une occupation des endroits médiatiques sur le mode de celle des lieux d'aisance. Au bout du compte, un talent dévitalisé, une pensée en loques, en charpie, et l'âme vendue aux parasites politiques nourris de sang sucé et d'intelligence asservie.

Pour les loups, les autres, ce qui fut le lot des compagnons de Diogène au travers des siècles : le bannissement, l'exil, la prison, la torture, l'enfermement, la persécution, la punition, les mauvais traitements, l'incarcération. Prison mamertine et cellules emmurées, montagnes corses et cages de fer non loin du Couesnon, bûchers romains et salles de torture espagnoles, exil néerlandais et déménagements forcés en Amérique, Bastille et Charenton, Jersey et Guernesey, ou, aujourd'hui, privation de couverture médiatique ou de promotion sociale, le contraire de tout ce qui, de près ou de loin, ressemble au nectar et à l'ambroisie des élysées. La folie de Nietzsche, le sida de Foucault, le suicide de Deleuze, le silence de Blanchot, contre la passion de certains pour les déjeuners en compagnie de ceux qui nous gouvernent. Les pensées fortes s'associent aux vies qui vont avec, les pensées débiles aussi.

La passion cynique peut se doubler d'une volonté aristocratique. J'ai toujours aimé que Roger Vailland, communiste, roule en Jaguar MK II, pratique l'héroïne et ne soit suspect dans son engagement du côté des démunis qu'aux yeux des belles âmes encore pieuses, sinon chrétiennes jusqu'à la moelle, qui accordent un crédit aux pensées de gauche si elles s'affublent des oripeaux caricaturaux d'une pauvreté de composition portée ostensiblement en sautoir. La culpabilité n'est pas une obligation, ni un devoir, pour la raison qu'une politique hédoniste, libertaire et de gauche, s'illustre moins dans l'art d'appauvrir les riches que dans celui d'enrichir les pauvres.

Loin de ce qui a pu caractériser à une époque une gauche dite caviar dont on cherche encore ce qui faisait d'elle une gauche, quand on n'a plus aucun doute sur les raisons et l'existence de son addiction en matière de beluga, une pensée libertaire, infusée par une mystique de gauche, peut très bien fonctionner sur le mode artistique. J'en veux pour preuve, outre Roger Vailland, les pages superbes écrites par Oscar Wilde sous le titre *L'Âme de l'homme sous le socialisme,* un livre d'une totale actualité après un siècle d'existence ou, plus inattendu, un déjeuner rapprochant dans les premières semaines de 1849 Baudelaire et Proudhon chez un petit traiteur de la rue Neuve-Vivienne. Un regard pour le système des contradictions économiques, un autre pour savourer les fleurs du mal ou goûter les paradis artificiels, l'ensemble visant ce que Séverine appelait, au siècle dernier, un *dandysme révolutionnaire,* le mélange ne cesse de me plaire.

L'option libertaire n'ayant pas d'obligation à œuvrer du côté de la compassion sur le mode chrétien, il ne me paraît pas légitime, pour être crédible, d'être pauvre ou soi-même démuni, car les détracteurs diraient alors l'engagement politique motivé par le règlement de compte personnel ou le ressentiment en quoi ils trouveraient raisons nouvelles pour le discrédit auquel ils tiennent. Dandysme et pensée libertaire fonctionnent à ravir chez tous ceux qui, loin des impératifs du réalisme socialiste en vertu duquel il faut soumettre l'art à la politique, posent exactement l'inverse et attendent de l'art qu'il informe le politique, le nourrisse, lui transmette force, vigueur et énergie. Dans cette perspective, le dandysme contemporain du siècle de la révolution industrielle peut se lire en réaction contre l'unidimensionnalité générée par la métamorphose du capitalisme.

Contre l'égalitarisme, cette religion nocive de l'égalité, le dandysme revendique une subjectivité radicale active au combat contre tous les mots d'ordre du moment : culte de l'argent et de la propriété, dogmes bourgeois et mythologies familialistes, raisonnable économie des ménages et presse consommée en unique repère intellectuel, culturel et tout ce qui fait le ton de l'époque. Baudelaire affirme et affiche une farouche indépendance d'esprit, une animosité particulière à l'endroit des bourgeois, d'où qu'ils viennent, droite et gauche confondues. Il professe le culte de l'inutile et de l'artifice, du loisir et de la gratuité là où la plupart s'épuisent dans l'utile, le rentable, le travail, la rente.

Le dandy vise le sublime. La politique libertaire aspire au même type d'objectif : l'assomption de l'individu artiste réagit contre l'effondrement des particuliers vers les bas-fonds où triomphent les vertus et les valeurs bourgeoises. Le poète contre le pharmacien, le peintre comme remède à la veulerie de la vie moderne, l'écrivain en guise de réponse aux turpitudes induites par l'industrialisation et l'ère de la reproduction mécanique des objets, des hommes, des œuvres d'art

— qu'on songe aux imprécations du poète sur la photographie — ou des individualités. À l'époque du reproductible, tous sont pensés, voulus, construits sur un mode semblable. Le dandysme théorise la revendication de garanties multipliées pour l'expression de l'individualité et la souveraineté des monades.

Le dandysme révolutionnaire formulé par Séverine ne suppose pas la communion dans un autre péché véniel, parfois mortel, commis par ceux qui frémissent non loin de la mystique de gauche : le devoir d'amour du peuple, l'obligation abjecte de le célébrer, de lui prêter ou donner des mérites. Car un coup d'œil rétrospectif sur l'histoire devrait dissuader de pratiquer cet enthousiasme aussi dangereux que néfaste chaque fois pourvoyeur des grégarismes politiques, du stalinisme au nazisme en passant par les formules européennes d'un national-populisme décliné sur les modes italien, espagnol, français, grec, et européen de l'Est. Rien de plus dévot à l'endroit du peuple que les déclarations de Lénine, Staline, Hitler, Pétain, Mussolini, Franco, Le Pen et tant d'autres dont la fabulation sur cet universel à leur solde se nourrit de l'oubli et de la négligence des individus, seuls principes ou unités opératoires en matière de politique. Le dandy excelle en pharmacopée opposable à l'*homme des foules**.

La psychologie des foules est connue. Le Bon, Freud et Canetti ont traqué et raconté les errements, les mouvements de cet animal décérébré, sa ductilité et sa soumission quasi systématique aux démagogues, les meilleurs conducteurs de ces énergies en quête d'un maître, d'un guide, d'un chef. Caudillo en espagnol, Führer en allemand, Duce en italien, Conducator en roumain, chaque fois, le monstre fournit l'occasion d'une captation et d'un rapt d'énergie au profit des machines totalitaires. L'irrationnel irradie, les remugles des sous-sols et géologies primitives triomphent, les meutes et les masses déchaînent des puissances toujours trop dévotes à Thanatos pour qu'on désire encore les célébrer. Ne pas tenir compte des leçons pessimistes données par le peuple prostitué en ce siècle serait coupable. Offert aux tyrans impérieux dans leur vouloir, il a montré sa nature veule et son tropisme trivial.

Nous sommes entrés, avec la révolution industrielle, dans l'ère des foules nationales devenues planétaires avec la fin du XXe siècle. Ce qui valait pour les unes, hier, vaut pour les autres, maintenant : pas de raisonnement mais une propension à l'action aveugle, sentiment de puissance et libération sauvage des énergies, agissements contagieux et hypnotiques, suggestibilité maximale, impulsivité et irritabilité, autoritarisme, conservatisme et simplisme, les foules appellent le maître qui leur donne en retour une voix et la parole. Puis elles se plient à son vouloir, puissantes et dangereuses, impérieuses et ne supportant pas la résistance ou l'opposition. Le dandy fournit l'antithèse radicale de l'homme des foules, il oppose sa vitalité singulière aux pulsions de mort à l'œuvre dans le corps de tout agrégat social. Le cynique combat le pouvoir des princes et des puissants, le dandy celui des peuples et des masses. Dandy, Romain Gary arrivé au pied de l'Arc de Triomphe avec ses médailles de résistant et de combattant, son drapeau et sa mémoire, pour défendre un général de Gaulle qu'il croyait seul et abandonné, puis qui tourne les talons et rebrousse chemin après avoir découvert la veulerie de la masse à la haine affûtée pour une scène de chasse annoncée.

Le populisme agit en ennemi le plus sûr du peuple qui, un jour ou l'autre, vidé de sa substance par un dictateur ou un tyran, un démagogue ou un tribun, livre au pavé une nation exsangue d'avoir cru et suivi les mots d'ordre fixés par une rhétorique active sur le mode du slogan, du catéchisme, de la fausse idée, véritable opération de captation et transmutation d'énergie neutre en négativité à l'œuvre. La souveraineté directe du peuple, la religion du référendum ou les appels au bon sens populaire ouvrent des pièges sous toutes les énergies rebelles et intelligentes. De Baudelaire, cette fusée : « Il ne peut y avoir de progrès vrai (c'est-à-dire moral) que dans l'individu et par l'individu lui-même. » Pas de dandysme sans souscription intégrale à cette évidence.

Récemment, Cécile Guilbert a proposé une lecture de l'œuvre du dernier Guy Debord en relation avec le dandysme baudelairien. Elle convainc et montre le devenir tragique, mais ludique encore, d'un penseur pour lequel la vision du monde sur le monde spectaculaire, puis sur celui du spectaculaire intégré des dernières années de ce siècle, fut l'occasion d'une actualisation des thèses situationnistes de la dérive, de la psycho-géographie, de la construction d'ambiances, d'une civilisation du jeu, du culte du style et du refus des idoles du jour. La poétisation du réel, l'écriture artistique de la résistance libertaire, le devenir révolutionnaire d'un individu auteur en d'autres temps d'une théorie cohérente de la révolution, montre dans le parcours d'un même homme comment le passage de la société disciplinaire à la société de contrôle, avec un craquement en Mai 68, induit une conversion à l'invite deleuzienne au devenir révolutionnaire des individus.

L'un des dandys majeurs en ce siècle, Marcel Duchamp, est mort fort opportunément, si l'on considère les correspondances historiques, le 2 octobre 1968, après le printemps chaud qu'on sait. Suite à un dîner avec Man Ray, Robert et Nina Lebel, dans son appartement du 5, rue Parmentier, à Neuilly, le père de toute modernité esthétique après Nietzsche, l'embrayeur nietzschéen par excellence, disparaît d'une embolie, âgé de 81 ans. Sur l'une de ses notes, on peut lire ceci : « Mon art serait de vivre ; chaque seconde, chaque respiration, est une œuvre qui n'est inscrite nulle part, qui n'est ni visuelle, ni cérébrale. C'est une sorte d'euphorie constante. » Le cynisme et le dandysme du libertaire supposent cette perpétuelle euphorie qu'on peut obtenir par le désir et le plaisir de l'action.

Le devenir révolutionnaire de l'individu s'incarne également dans cette transfiguration libertaire qui emprunte au libertinage du Grand Siècle sinon des Lumières. Depuis les plus anciennes définitions, contemporaines des réflexions de Graciàn, le libertin caractérise d'abord l'affranchi, celui qui ne se reconnaît aucune obligation, aucune loi, aucune contrainte et avoue une propension d'obéissance à sa pente naturelle. Déjà, ni Dieu ni maître, ou plutôt ni dieux ni maîtres. Puis, la définition s'affinant, Littré aidant, le libertin caractérise l'individu rebelle à l'endroit de toutes les tentatives d'assujettissement menées contre son autonomie, son indépendance. Indocile, insoumis, rebelle, rétif à tout lien social, il vit en ennemi des lois, en perpétuel opposant aux figures d'autorité incarnées par le Commandeur. J'aime aussi rappeler à l'envi qu'en termes de fauconnerie un libertin désigne un oiseau qui, élevé et dressé pour revenir au bras de son maître, part un jour et ne revient pas.

Là où le *corps politique* exige l'abdication de la souveraineté individuelle, le libertin célèbre une *politique du corps ;* là où triomphent sous tous leurs modes les variations sur le thème du contrat social, il oppose un contrat hédoniste, révocable à partir du seul désir de l'un des deux ; là où le pouvoir politique règne, en dernier ressort, à l'aide de la raison d'État, il magnifie la passion singulière et individuelle, le caprice, la volonté de jouissance, pour lui et pour autrui. Associations d'égoïstes, affinités électives et pratique politique de l'amitié, le libertin historique de la Trétrade ou des Académies secrètes, pratique le lieu clos comme une métaphore : le cénacle et le café, la taverne et le salon, le boudoir et le carrosse, la maison de campagne et la chambre à coucher, le château et le pavillon de chasse, la soupente, des microcosmes élevés au rang de laboratoires libertaires où triomphent les vertus partagées et la société organisée sur le principe du jouir et faire jouir.

Ces nouvelles possibilités d'existence fournissent des modèles, et pourraient encore en donner, pour des inter-subjectivités véritablement et radicalement hédonistes : cynisme et dandysme, libertinage et ciment libertaire, chaque fois ces forces contribuent à désamorcer les logiques de pouvoir en promouvant une microsociété élective hédoniste. Dans le registre de l'idéal ascétique, le pouvoir fonctionne par procession : du plus élevé sur et contre la personne située en dessous dans la pyramide hiérarchique ; dans celui de l'idéal hédoniste, il agit par capillarité, irriguant l'ensemble et traçant dans la totalité d'un groupe les brillances et les scintillements propres aux relations jubilatoires.

Là où les autres voient la fonction, la personne, il veut la nudité, métaphorique ou réelle, car il agit en vertu d'une sapience tragique : le savoir conséquent propre à tout athée radical de l'égalité absolue devant la mort. Cette sagesse violente des consciences à proximité des charniers, dans les camps, dans les bouges où l'on attend la tombée du couperet de la guillotine, elle suppose qu'on ne perde pas son temps en attendant le trépas dans des considérations où les hiérarchies entraveraient les mouvements d'une attraction passionnée voluptueuse entre tous les membres de la communauté sociale, à égalité devant leur destin.

Les *Remarques nouvelles sur la langue française* de 1692 précisent : « On dira d'un homme de bien qui ne saurait se gêner et qui est ennemi de tout ce qui s'appelle servitude : il est libertin. » D'aucuns, Vanini,

Fontanier ou Vallée par exemple, payèrent cette volonté libertine et libertaire du bûcher, fidèles en cela à la proximité nécessaire de la pensée et du danger — même si les risques de notre époque paraissent quasi nuls, du moins dans une France repue et percluse d'égocentrisme, non loin d'une Algérie où le libertin se fait encore trancher la gorge ou décapiter avec un couteau de boucherie. Les ennemis et les amis connaissent les mêmes trajets, ils subissent de semblables destins. Rien ne doit plus et mieux durer, et de toute éternité, que cette figure libertaire construite sur un principe anticlérical et athée.

Enfin, cynique, dandy et libertin, le libertaire s'affiche aussi en romantique, car il se sait engagé dans un combat de Titans où il perdra tout, fors l'honneur. L'issue ne fait aucun doute : nul sacrifice individuel ne suffira à infléchir le cours de l'histoire durablement et définitivement. Rien n'inverse la nature tragique du réel et la permanence des luttes violentes pour le pouvoir. Du moins, l'élégance aidant, le libertaire peut rendre son dernier souffle avec la satisfaction d'une tâche accomplie jusqu'au bout, malgré toutes les difficultés.

Là où le révolutionnaire imaginait la fin de sa tâche coïncidant avec la fin de l'histoire, le libertaire converti aux nécessités du devenir révolutionnaire de l'individu acquiesce à l'éternité de son œuvre et sait l'impossibilité pour l'histoire de finir un jour. Pas de pacification future, pas de société réalisée dans l'harmonie, pas d'idéal de la raison incarné dans des lendemains radieux, mais l'éternel retour de la violence, de la lutte pour l'exercice d'une souveraineté à payer du prix de l'assujettissement de l'autre. La volonté hédoniste en politique suppose le désir exacerbé d'un désengagement de soi du registre agonique.

Le romantique agit en solitaire, pour atteindre le sublime, son idéal, en évitant toute négation ou objectivation d'autrui. Car dans une volonté jubilatoire généralisée, une économie globale des désirs et des plaisirs, il faut jouir et faire jouir, malgré le désespoir. Parce qu'il n'est pas kantien, le libertaire ne compte pas sur l'improbable universalisation de la maxime hédoniste. En revanche, sur le terrain de l'essaimage, de la capillarité de proximité, chacun peut attendre un réenchantement du monde dans sa seule sphère en espérant l'entrecroisement de ces sphères en un jeu de combinaisons multiples.

La guerre demeurera, et avec elle le théâtre d'ombre et de lumière, la stratégie et la tactique, la force et la puissance, le mystère et l'implacabilité de ce qui se répète : la nature et la substance de cette énergie guerrière installée dans les interstices libérés par les individus qui déplient et déploient leurs destins. Le romantisme réside dans ce savoir tragique et désespéré : rien ne se modifiera de substantiel ; le seul espoir, solipsiste, gît dans la possibilité d'une sculpture de soi. Une politique hédoniste désireuse d'une inter-subjectivité au plus neutre des pouvoirs d'asservissement et au plus absolu des plaisirs de jubilation génère une verticalité dans la structuration de soi sur le registre de la morale pure.

Là où le monde guerrier et les violences sociales vivent de solennité, de sérieux, de sécurité, de communauté, de brutalité, de scientisme, de sociologisme et de contrat, le libertaire propose le ludisme, la liberté, l'individu, le romantisme, le tragique et l'esthétique généralisée. Contre le souverain voulu pour le groupe, le nombre et la quantité, il réalise la souveraineté du moi et autorise une parole susceptible de dire « je » et rendant possible le même exercice pour chacun. Dans ce projet de sculpture politique de soi, l'euphorie chère à l'esprit de Marcel Duchamp devient psychopompe et porteuse d'enthousiasme. D'où l'intercession et l'avènement de l'œuvre dans l'action.

Quatrième Partie

DES FORCES

Célébration du gaz lacrymogène

1

DE L'ART

Vers une esthétique généralisée

L'art demeure l'un des rares domaines où l'individu peut théoriquement donner sa pleine dimension, quelles que soient l'époque, l'histoire ou la géographie. Par lui restent des traces en lutte à armes égales avec le temps, sinon avec ce qui dure en de lointaines poussées, dans les sous-sols où se préparent les vitalités à venir. Or tous les régimes, tous les pouvoirs politiques savent ce lieu stratégique et veulent le confiner, maîtriser, limiter, contenir, voire le contrôler radicalement. Certains utopistes aspiraient purement et simplement au bannissement des poètes de la cité, d'autres à leur inféodation franche et nette ; ailleurs on confondait la fin de l'histoire avec la fin de l'art, d'où une réalisation de la digestion définitive des artistes par le corps social.

D'autres, à l'esprit moins errant parce que disposant des pouvoirs réels et effectifs, ont allumé des bûchers, ouvert des prisons, rempli des asiles, exigé des tribunaux, forgé des cages, pendu, brûlé vif, décapité, guillotiné ou soumis à d'autres traitements tout aussi réjouissants les tenants d'un art libre, opposés aux pratiquants de la politique en mécaniciens du pire, en pourvoyeurs de cimetières.

Artistes ceux qui voyaient la Terre ronde et tournant sur elle-même, les réducteurs de mondes à l'atome, les lecteurs de géographies sphériques, les poètes amateurs de fleurs vénéneuses, les pornographes contempteurs de vertu et les romanciers sociologues du bovarysme, les journalistes rédacteurs de feuilles libres ; artistes aussi les peintres maudits et les hurleurs de vérités crues, ceux qui proclament contre les discours officiels, les vendeurs de Terre plate et d'esprits célestes, les promoteurs de vers à l'eau de rose et les polygraphes tirant à la ligne des histoires fades et insipides, les barbouilleurs de revue encensés par ceux qui les appointent, les fauteurs de croûtes pour salons académiques, les penseurs jetables confinés dans le modèle périssable. Artistes les familiers du non quand sont domestiques les autres qui disent oui.

Entre républiques désertées par les poètes et démocraties célébrées par les médiocres, il reste des figures individuelles et rebelles, des artistes dont la négation vise d'abord la préparation du terrain pour leur pouvoir affirmatif. S'ils sont amateurs des puissances négatrices, c'est pour mieux laisser le champ libre à la force qui travaille leur corps et déborde leur existence afin d'ensemencer les terres où fleurissent les plantes carnivores de la politique. Les œuvres de ceux qui, à travers l'histoire, racontent les pouvoirs et la puissance de toute esthétique qui veut la vie et conspue la mort, s'épanouissent en étranges mandragores épanouies au pied des gibets.

Bien sûr, peu de princes sont capables de ramasser le pinceau échappé des mains d'un grand artiste et tombé à leurs pieds, mais quand ils le sont, n'agissent-ils pas sur le mode d'une condescendance que peut arrêter, dès leur bon vouloir, la brutalité de leur désir ?

Car La Boétie avait raison de suspecter toute autorité, par principe, sur le prétexte, fondé, qu'elle peut être négative à tout moment, et donc toujours dangereuse, sinon en acte du moins en puissance. Quand il est digne de ce nom, j'aspire à voir l'art en antidote à tout pouvoir, d'où qu'il émane. De sorte qu'un art officiel énonce une contradiction dans les termes, une impossibilité oxymorique.

La folie des artistes s'oppose au sérieux de ceux qui investissent la politique avec morgue : d'un côté l'esthétique et l'aspiration au sublime, de l'autre la revendication, sous couvert de scientificité, de prétendues vérités toutes utiles à la cristallisation et à la solidification des mensonges de groupe, voilà les termes de l'alternative. En matière politique, on aurait tort d'attendre le salut des artistes, mais on peut vouloir puiser aux forces jetées par eux dans les réservoirs où se disent leurs visions du monde, leurs enthousiasmes, leurs audaces et leurs furies. On imagine sans peine l'antinomie radicale entre la prétention des uns et la folie des autres. Le désir de l'acteur politique vise la fin de toute vie en une forme figée dans la raideur du cadavre ; celui de l'artiste tend vers une perpétuelle dynamique informée par la vie, le mouvement, le changement, la force en acte.

Aussi faut-il s'interroger sur les raisons du recours au registre artistique pour parler de politique. La plupart du temps, les intellectuels vivant d'entregloses, sans souci de la prose du monde, de l'enseignement du réel, de l'histoire et des faits, usent de la *métaphore* en catégorie équivalente à la vérité effective, incarnée. De sorte que la politique assimilée à une œuvre d'art passe bien souvent, sous la plume de certains, pour le summum d'une trouvaille philosophique là où excelle seulement un talent pour la rhétorique.

Les dialecticiens rompus à l'art de manier la pointe

et l'ensemble des figures répertoriées en la matière, subissent les tropismes de la scolastique médiévale et des schémas hérités d'une vulgate aristotélicienne. À savoir ? Qu'on pourrait filer la métaphore de l'art politique à l'aide du recours à la sculpture, par exemple en recyclant l'antique image du potier. En poursuivant ainsi on retrouve à peine travestis les outils de la forme en puissance, de la forme en acte et de l'information de la matière.

La matière, c'est le peuple, la foule, l'assemblée informe de ceux qui évoluent, errants, avant l'existence d'une nation. Pierre brute, ou terre dans la sauvagerie d'un pur limon, il s'agit d'aller chercher au cœur de ces matériaux la forme qui gît, cachée, enfouie. Puis on suppose la main de l'artiste habile à dégager d'une gangue inutile l'œuvre déjà là. L'informateur, c'est l'artiste qui sculpte, taille ou modèle. Dictateur ou prince éclairé, despote ou chef d'État, tyran ou président, il se décline de cent façons sur le mode du philosophe roi ou du roi philosophe.

Artiste, il pourrait bien devoir sa place, sa nature, sa fonction, son charisme, à je ne sais quelle ruse de la raison. N'importe, démiurge ou dieu à sa façon, par lui advient la forme. Enfin, les moyens utilisés, les outils de l'artiste, ce sont tour à tour ou simultanément la persuasion ou la contrainte, la force ou la séduction, l'énergie ou la violence. Chaque fois le but consiste à repérer le moteur de l'histoire et les formes dans lesquelles ces forces captées finissent contraintes : le Parti, l'État, la Nation, le Peuple, l'Idéologie, la Race, le Plan, ou autres idoles chères au cœur de ceux qui nous gouvernent.

Dans cet ordre d'idées, ceux qui appliquent encore le schéma scolastique en ce siècle persistent dans ce qui fait l'idéal esthétique classique : la Beauté, définie en relation avec les auxiliaires de cette police esthétique que sont équilibre et harmonie, symétrie et cohérence, nombre et proportion. De l'État grec à celui qu'a promu le national-socialisme en passant par les conquêtes normandes en Sicile ou les cités artistes de la Renaissance, l'idée d'une forme politique assimilable à une forme esthétique a fait son chemin. « L'État comme œuvre d'art », écrira Jacob Burckhardt qu'utilisent sans référence ceux qui aujourd'hui ressassent, jusqu'à satiété, cette intuition séduisante mais limitée à sa pure efficacité métaphorique.

La politique comme œuvre d'art établit comparaison qui ne fait pas raison. Bien sûr, elle autorise également qu'on fasse de la guerre un art, sinon de la diplomatie, voire de l'économie et de tout ce qui contribue aux fondations et à la durée de l'action politique en question. Mais en l'occurrence, l'art vise moins un projet esthétique qu'un pur projet technique : celui de l'artisan, son savoir-faire, sa compétence pour une fonction, certes. Mais rien n'autorise une assimilation *substantielle* de la politique d'une époque, celle de Lénine ou de Hitler, par exemple, à une pyramide ou une cathédrale, objets avec lesquels, au pire, on pourrait suggérer un rapprochement uniquement *formel* — sur le modèle fourni par Panofsky pour penser l'architecture médiévale selon les principes structurels scolastiques. L'idéal de la belle forme pure et intacte, de la création incorruptible installée dans le ciel des idées et dans les faits, l'État, le Droit, la Loi entendus et définis dans les mêmes acceptions que la Peinture, la Musique, la Poésie, voilà qui suffit aux tenants de cette thèse pour penser la politique en de nobles termes.

Que les hommes politiques les plus soucieux d'unité et de monolithes aient voulu, à force de guerres et de conquêtes, un Empire décidé et déterminé telle une forme sublime justifiant tout sacrifice, voilà qui ne fait aucun doute dans l'esprit des négateurs d'individus qu'ont été Alexandre, Charles Quint, Napoléon, Hitler ou Staline. Mais cette forme voulue par eux procédait plus de la religion et de l'Église que de l'art et de l'idéal esthétique. Elle visait plus la communauté céleste transposée et supposée réussie sur le mode terrestre que la production d'une instance authentiquement innervée par une énergie procédant de l'art. Artistes, ils ont désiré l'être, en jouant de la métaphore comme du reste du monde. Pour autant, ils ne l'ont pas été. La déclaration d'intention et le décret d'autoproclamation n'ont jamais suffi à légitimer l'artiste.

C'est d'autant plus étonnant qu'au-delà de la mégalomanie propre à tout chef d'État, voire à tout bâtisseur d'empire, il y a eu des philosophes, des penseurs, des historiens de l'art pour abonder dans ce sens et consentir à ce que certains hommes politiques aient fait de leur trace dans l'histoire une incarnation assimilable à une œuvre d'art digne de ce nom. J'ai cité Burckhardt, il faudrait ajouter Walter Benjamin et ses épigones contemporains. Après la formule donnée par l'historien de la Renaissance, l'idée apparaît une fois encore en 1936 sous la plume de l'auteur de *L'Œuvre d'art à l'époque de sa reproductibilité technique* qui pointe dans le fascisme européen, et plus particulièrement dans le nazisme, une « esthétisation de la vie politique » contre laquelle il appelle à lutter par la « politisation de l'art ».

Le chiasme séduit, mais, une fois de plus, cache mal une efficacité réduite aux effets de rhétorique. D'abord, parce que l'esthétisation de la politique suppose un élargissement maximal de la notion. Où le nazisme est-il esthétique ? Quand l'est-il ? Sur quelles raisons peut-on appuyer pareille hypothèse ? Ensuite parce que la politisation de l'art, loin de constituer une réponse au nazisme, renvoie dos à dos, en frères jumeaux, le national-socialisme et le bolchevisme, tous deux éminem-

ment doués pour politiser l'art plus qu'esthétiser la
politique.

Ou alors, s'il s'agit d'imaginer le nazisme comme
un esthétisme, il faut étendre la notion au bolchevisme
et aux démocraties occidentales qui, tous deux, sont
lisibles à grand renfort métaphorique comme des occasions politiques de dire l'artiste, l'action d'informer la
matière et le matériau. L'usage de la métaphore
déborde l'idéologie hitlérienne. Le nazisme est-il un
esthétisme pour le recours aux fêtes nocturnes, aux
lumières utilisées dans le cadre de grandes théâtralisa-
tions festives et communautaires ? Pour les symboles
à l'aide desquels se matérialisent les hiérarchies, les
parties qui, ajustées au plus près, font le grand tout ?
Ou encore pour le recours du chef au sentiment et à
l'émotion plus qu'à la raison et à la déduction ? Si
tel était le cas, il faudrait mêmement disqualifier les
différentes versions du marxisme : soviétique ou chinois, africain ou européen ou pour toutes les propositions de variation sur le thème libéral jamais en reste
pour promouvoir les occasions de célébrer les mythes
auxquels tous sacrifient : l'argent roi, la pensée insipide, la dégradation du sens en signes publicitaires, en
signaux marchands, l'amnésie généralisée montée en
épingle dans toutes les commémorations qui prennent
prétexte d'une histoire réduite aux dates de naissance
ou de décès d'acteurs de la vie culturelle ou sociale
pour réaliser prioritairement des bénéfices sonnants et
trébuchants. Dans l'utilité sociale et l'usage idéologique, la fête de la Fédération montagnarde vaut celle,
nazie, du solstice, ou celle, libérale, du débarquement
allié de 1945 cinquante ans plus tard.

Toute politique vit de grégarisme festif et de célébrations communautaires, de recours à la séduction
plus qu'à la déduction, au mensonge et à l'hypocrisie
plus qu'à l'analyse et à la réflexion. Son essence même

réside dans le talent consommé à réhabiliter les animaux machiavéliens ou gracianesques : lion et renard, lynx et sèche — force et ruse. Rien qui ressemble à la chouette de Minerve ou à l'aigle nietzschéen aux yeux perçants. Est-ce avec le bestiaire du faux-semblant qu'il faut imaginer la politique installée du côté de l'art ? Vraisemblablement non.

Ceux qui aujourd'hui reprennent l'hypothèse de Walter Benjamin vont plus loin sur ce qu'ils appellent le *national-esthétisme**, une catégorie susceptible, à leurs yeux, de rendre compte conceptuellement et philosophiquement du nazisme. Selon eux, le IIIᵉ Reich aurait voulu pratiquer la politique tel un art en considérant le peuple comme un matériau à informer plastiquement afin d'en faire une œuvre esthétique ? Lorsqu'elle suppose, écrivent Jean-Luc Nancy et Philippe Lacoue-Labarthe — puisqu'il s'agit d'eux —, un mythe pour rendre possible son avènement.

En vertu du catéchisme universitaire bien connu, et devenu cliché, que le *mythos* s'oppose au *logos,* le mythe à la raison, et selon le principe dualiste mêmement chéri qu'une dyade simplifie l'existence en opposant le négatif au positif, tout ce qui se réclame du mythe est condamnable pour en appeler exclusivement à l'émotion, à la sensation, au corps, à l'irrationnel, au péremptoire, à l'affirmation pratiquée sur le mode incantatoire. En revanche, bien sûr, la raison s'appuyant sur la démonstration, la rhétorique et la logique, la déduction et les autres accessoires utiles à la panoplie philosophique classique, voilà des conditions de possibilité irréfutables pour établir la vérité.

Esthétisme dès l'usage du mythe contre la raison ? Mais à cette aune, la Révolution française, elle aussi grande consommatrice de fêtes, de manifestations publiques et collectives mises en scène par des artistes — songeons au triumvirat Chénier-David-Gossec —,

1789, donc, relève également du national-esthétisme ? Tout autant, si tel était le cas, que les bolchevismes divers de ce siècle.

Car l'usage d'une raison différente ne doit pas faire illusion et laisser croire à une éclipse de la raison. Il y a malheureusement une raison fasciste, une raison bolchevique, une raison nazie tout autant qu'une raison républicaine, une raison démocrate, une raison libérale, pour la plupart contradictoires, mais pour certaines compatibles. Cette disparité des raisons dispense d'opposer les politiques appuyées sur des mythes, enfoncées sur les sables mouvants esthétiques, et celles qui s'adosseraient à la raison souveraine, sublime, triomphante et pourvoyeuse de vérités magnifiques. Le mythe traverse autant le politique que la raison. Ils se nourrissent d'ailleurs l'un l'autre et constituent simultanément une raison mythique et un mythe rationnel.

Le mythe subit la caricature dès sa réduction au mode droitier des références au sol, au sang, à la race et à la terre. Point n'est besoin de l'imaginer seulement en relation avec l'enracinement, les forces obscures et dangereuses, les sous-sols chthoniens où croupissent des ombres maléfiques accouplées aux monstres engendrés par le sommeil de la raison. Il existe une possibilité, une nécessité même, de recourir à des mythes pour structurer une politique, lui donner une colonne vertébrale. Toute démocratie qui énonce son refus du mythe et sa préférence pour un « irreprésentable » *(sic)* prend le risque d'exister à peine ou d'être authentiquement invertébrée.

De même, un mythe peut être élaboré, construit pour obéir à une nécessité indépendante de l'irrationnel. L'opposition pensée mythique-pensée rationnelle oublie et néglige ce que les deux mondes doivent l'un à l'autre, leur façon de se nourrir et de se vivifier mutuellement. Lorsque Georges Sorel fabrique le mythe de la grève générale, il est loin d'en appeler à l'irrationnel ou de solliciter les forces démoniaques des géographies infernales. Le mythe propose une forme, un concept utile pour réaliser la confluence et la convergence de ce qui, sinon, demeurerait éparpillé, informe et sans force. La République a dû sa structure dans l'histoire à une mythologie devenue mystique sans que pour autant le mythe en lui-même soit condamnable. Dans le nazisme appuyé sur le mythe aryen, ce qui est indéfendable est moins le mythe que l'aryanisme dont on sait l'économie et l'usage dans l'idéologie nationale-socialiste.

Les enfants et petits-enfants de Walter Benjamin en veulent au mythe, et célèbrent la Raison comme une idole, parce qu'il obligerait, nécessairement, à l'imitation et au mimétisme. En l'occurrence, le mythe nazi prendrait pour modèle la Grèce antique, revue et corrigée pour une adaptation sous des formes contemporaines par Wagner et le wagnérisme. De sorte que, dans cette opération, Nietzsche rôde, toujours discrédité par ceux qui, en revanche, mettent toute leur ardeur à défendre Heidegger, dont j'aime à rappeler, pour ceux qui l'ignoreraient encore, qu'il a eu la carte du NSDAP entre 1933 et 1945 — plus tôt, c'eût été difficile, plus tard aussi...

De l'homme grec au type nazi, l'écart vaudrait pour rien, ou si peu, et la référence au mythe suffirait à autoriser l'identification. L'esthétisme engagerait le désir de copier, de reproduire, de décalquer une forme ancestrale revivifiée pour les Temps modernes à des fins politiques. De la même manière, Philippe Lacoue-Labarthe, auquel on doit cette lecture, cherche confirmation de l'hypothèse benjaminienne dans une lettre adressée par Goebbels au chef d'orchestre et compositeur Wilhelm Furtwängler.

Dans ce courrier, le chef de la propagande reproche

au musicien d'avoir refusé l'aryanisme comme critère de l'excellence de la musique et de lui avoir préféré une notion intrinsèquement esthétique : là où le nazi distingue musique aryenne, pure, et musique juive, dégénérée, l'artiste oppose la bonne et la mauvaise musique, au mépris de toute autre distinction. Et Goebbels de reprocher à Furtwängler sa vision artistique et non politique. Je veux voir là une illustration de l'opposition radicale entre les références « scientistes » et « positivistes » du nazi et la lecture esthétique et musicale de l'artiste. Si d'aventure le nazisme avait fonctionné sur le principe d'un esthétisme, le nazi, il me semble, aurait pensé comme le chef d'orchestre.

En revanche, le ministre d'Hitler affiche ses références. Aux antipodes de l'art, elles renvoient explicitement à ce qui fait le fond de la pensée nazie : le *biologisme hygiéniste* — en aucun cas l'esthétisme. Que Goebbels parle de l'art politique ne signifie en rien qu'il pense la politique comme un art, même si lui aussi, en continuateur classique de la raison politique occidentale, sacrifie au lieu commun métaphorique d'une lecture esthétique de la politique à partir de cette seule volonté de faire du peuple une œuvre d'art. Ni les aquarelles d'Hitler et les éructations nazies, ni le doctorat de littérature et de philosophie de Joseph Goebbels ne suffisent à faire du national-socialisme un esthétisme, et de ceux-là des artistes.

Le nazisme a vécu de cette idéologie scientiste radicalement antinomique avec l'art. Le IIIe Reich se veut moins une œuvre d'art *métaphoriquement* qu'un corps politique sain, *réellement* débarrassé du fantasme mille fois présenté des maladies, des parasites, ou de toute pathologie supposée empêcher la suprématie et la santé aryennes. Dans la logique des benjaminiens, quelle place faut-il donner à la chambre à gaz dans le nazisme comme national-esthétisme ? Cette invention radicalement funeste, ontologiquement monstrueuse, témoigne d'une référence à une « science » raciale et raciste dont je vois mal la relation à un projet esthétique. En revanche, je saisis mieux, me semble-t-il, le rôle architectonique des raisons biologiques du projet racial.

On lit, sous la plume de Philippe Lacoue-Labarthe, que « le racisme, et tout particulièrement l'antisémitisme, est avant tout, fondamentalement, un esthétisme ». Le philosophe cherche la preuve de cette hypothèse dans les photographies ou illustrations de la propagande nationale-socialiste qui montrent toujours le Juif laid et caricaturé. Lacoue-Labarthe persiste dans son hypothèse et en appelle au cinéma de Syberberg pour confirmer ses intuitions. Ainsi, les bobines du film *Hitler, un film d'Allemagne,* réalisé plus de trente ans après la libération des camps, en 1977, accèdent au statut de document susceptible de fournir une vérité semblable à celle que donnent les reportages de l'époque. Le virtuel comme la métaphore finissent par devenir des occasions légitimes de disserter sur le réel au même titre que les faits et l'histoire.

Le cinéaste avance l'idée que le national-socialisme, finalement, semble une production voulue par le Reich afin de rendre possible le système autoroutier sur le même principe que le réseau d'allées tracées dans les beaux jardins du château médiéval ou les parcs municipaux de l'ère bourgeoise. Par ailleurs, il se demande si les rassemblements immenses de Nuremberg ne procèdent pas d'une volonté de rendre possibles les films de Leni Riefenstahl. Finalement, la Seconde Guerre mondiale elle aussi pourrait bien avoir été conduite selon l'ordre du film de guerre à grand budget. Le suicide même d'Hitler s'intégrerait à ce projet de confusion du réel et du virtuel, de l'art et de la vie, en fournissant une copie, un acte mimétique appuyé sur l'identification avec les personnages se jetant dans le brasier de la scène finale du *Crépuscule des dieux* de Wagner. Faut-il continuer ? Où sont, finalement, les points de repère utiles pour isoler ici la métaphore, y compris sous la forme d'un film, là l'histoire, afin que soient distinguées nettement, radicalement, fiction et vérité historique ? Jusqu'où tolérera-t-on que le fictif serve de preuve au réel, la métaphore de démonstration à l'histoire ? Depuis quand le cinéma vaut-il ontologiquement autant que le monde qu'il met en scène ?

National-esthétisme ? En 1936, date des analyses du philosophe sur la question du nazisme comme esthétisme, Benjamin ignorait, par définition, la solution finale, les chambres à gaz, la politique d'extermination, les réalités historiques tragiques de la libération des camps et tout ce qui se révélera après 1945. Mais ses suivants, affranchis et informés de tout cela, pourraient éviter de filer plus encore une métaphore dont l'exercice trahit plus une pensée ludique qu'une analyse sérieuse. Ni la réflexion philosophique sur une métaphore, ni la conceptualisation à partir d'une figure de rhétorique même si la jonglerie est brillante, ni le recours nazi au mythe, ni la revendication esthétique affichée d'un dictateur ou de son ministre de la propagande, ni le désir cinématographique ou philosophique de confondre réel et virtuel, fiction et réalité, ne suffisent à valider l'existence d'un hitlérisme identifié au national-esthétisme.

Il me semble que le nazisme revendiquait plus *réellement* un biologisme racial, un scientisme hygiéniste que *métaphoriquement* un national-esthétisme. De même, la politisation de l'art voulue par Walter Benjamin en forme de réponse à cette hypothétique esthétisation du politique ne convainc guère tant elle réunit, plus qu'elle n'oppose, le nazisme et le bolchevisme sur le terrain de l'appropriation de l'art et de sa sujétion aux impératifs politiques. Jdanov, par la mise au pas idéologique et politique de l'art, incarne une figure nazie autant que Goebbels une figure bolchevique. Le nazisme a radicalement politisé l'art, montrant en acte les conséquences du souhait de Benjamin : des artistes travaillant en domestiques, des écrivains agissant tels des valets, des musiciens composant comme des enfants, des peintres barbouillant des chromos destinés aux intelligences les plus débiles. La politisation de l'art est la pire des choses pour les artistes d'abord, et leur public ensuite. Dans un monde totalitaire, les artistes meurent et leur disparition signe et avalise l'avènement des publicistes, des propagandistes et autres metteurs en scène de vérités nécessaires au grégarisme du moment.

Ni esthétisation de la politique, ni politisation de l'art : j'aspire à l'émergence, la formulation et la pratique d'une *esthétique généralisée*. Contre l'esthétique particulière, soumise à des impératifs séparés, et bien souvent posée en auxiliaire du pouvoir dominant, elle vise le dépassement des oppositions entre l'art et la vie, la rue et le musée, non pour faire, comme trop souvent, de la vie et de la rue des repères et des critères nouveaux, mais pour appeler l'art et le musée à une dynamique ascendante.

Le mot d'ordre de Lautréamont — une poésie faite par tous — produit des catastrophes dès lors que l'écriture du plus minable accède au rang de poème. En revanche, que tout soit fait pour l'élévation de la plupart aux conditions qui génèrent l'artiste, même si le travail ne définit pas, de fait, l'artiste, voilà une éthique rigoureuse, exigeant la patience et l'investissement, qui seuls rendent possible une esthétique libérée du musée, des institutions et des appareils de reproduction sociale.

Une *esthétique généralisée** s'enracine dans un terreau très ancien et l'on pourrait trouver chez les zutistes, les hydropathes, les fumistes et les incohérents de la seconde moitié du XIXᵉ siècle, les grands ancêtres d'une tradition libertaire et ludique qui transfigurent en art la moquerie à l'endroit de l'art. Derrière Jules Lévy, ceux qui, parmi d'autres trouvailles, inventent les monochromes dès 1882, ouvrent des perspectives admirables non encore épuisées. Toutes les avant-gardes esthétiques du siècle s'inscrivent dans cette logique de l'absurde, cette métaphysique de la destruction doublée d'une volonté absolue de faire du jeu un principe moteur dans un monde où le sérieux des officiels, là comme ailleurs, fait des ravages. L'humour tient un rôle dynamique et l'on pourrait, dans tous les domaines, suivre le trajet des philosophes ou des artistes, des écrivains ou des musiciens qui mettent haut le rire dans leur œuvre : ils constituent une famille épanouie dans un archipel de libertés.

Le rire des matérialistes de l'Antiquité, des cyniques et des cyrénaïques, puis des libertins, des utopistes et des nietzschéens croise celui des dadaïstes, des futuristes, des surréalistes, des lettristes, celui des situationnistes ou de Fluxus désireux d'une pensée et d'une esthétique généralisées, c'est-à-dire subversives, à même de s'attaquer au vieux monde où l'on ne rit jamais et où le sérieux triomphe systématiquement. Où et quand rient ceux qui font la politique ? Alors que retentissent encore les éclats de Nietzsche ou de Tzara, de Duchamp ou de Foucault.

La politique de ce siècle a proliféré sur des guerres et des tranchées, des camps et des barbelés, des prisons et des persécutions, des misères et des abrutissements, des exploitations et des exterminations. On y a entendu les chiens policiers et les verrous, vu les miradors et les uniformes. Le feu s'est déclaré et les villes, les pays, les continents fument encore après les brasiers récents. Le sang a coulé, à flots. Les larmes se sont mêlées aux cris, les hurlements aux gémissements. Tout cela offert en holocauste à Thanatos dans le dessein de faire émerger l'histoire de ce siècle.

Pendant ce temps, pratiquant la politesse du désespoir, l'esthétique subversive a voulu le rire puis la provocation, l'ironie ou l'absurde, le jeu et la destruction, l'audace, le rêve, l'imagination, et encore la vitesse, la beauté, la dérision ; ici l'insolite, là le cocasse, le sexe ou la liberté, l'inconscient, l'inspiration, ailleurs l'euphorie, l'enthousiasme et le hasard ; elle a célébré l'aléatoire, promu le scandale, pratiqué la révolte, la spontanéité, l'indépendance, elle a voulu l'improvisation, enseigné le fugitif, le périssable, travaillé l'énergie, ouvragé le dynamisme, en un mot, elle a élevé au pinacle la modernité. La plupart des acteurs majeurs de ce siècle ont bu à ces sources glacées. Ces étoiles brillantes au firmament paraissent aujourd'hui lointaines tant triomphent les obscurcissements et les pâleurs fades. Marinetti et Breton n'en sont pas réduits au sommeil éternel, Tzara et Debord n'ont pas disparu définitivement. Leurs leçons, toujours bonnes à prendre, enseignent la volonté radicale de subversion, le désir d'avènement d'un réel où les plaisirs et les désirs existeraient en paix, réconciliés, où la vie et les sensations, les sentiments et les émotions, les pulsions, les instincts et les passions cesseraient d'être des monstres à détruire pour devenir des partenaires à dompter. Là où le principe de réalité a triomphé, soutenu par Thanatos acteur de l'histoire, ils ont opposé, magique et magnifique, le principe de plaisir, turgescent d'un sang porté par Éros. Leur actualité demeure.

Une esthétique généralisée assume et revendique

cette filiation pour répondre aux misères généralisées par le marché. Les figures rebelles et résistantes risquent l'absorption dans l'histoire de l'art, puis la digestion avant de retrouver le marché. Alors, elles grossissent le rang du bourgeois, celui qui, selon la définition flaubertienne, pense bassement — il est d'autant moins qu'il a. L'art qui a cessé de résister doit périr, remplacé par un autre qui, lui, résistera. Dans cette guerre, quand l'un tombe, le suivant reprend le drapeau. Que disparaissent les parasites fixés au musée, à demeure plus que de raison, ou n'envisageant plus aucun travail sans viser d'abord l'exposition.

Plus que de raison ? C'est-à-dire au-delà du nécessaire utile à l'avancement et à la prolifération des idées. Dès qu'une station se prolonge, le risque d'un dépérissement du travail augmente. Exposée, une œuvre s'ankylose proportionnellement à son temps d'immobilité. Le lieu, délétère et dévitalisant, abaisse la température du travail incandescent jusqu'à tendre vers zéro, point d'inefficacité maximale en deçà de toute nuisance possible. Or le programme d'une esthétique radicale consiste toujours à refuser la bêtise. Le musée et les endroits officiels agissent comme des chambres froides où les feux furieux se rétrécissent, s'épuisent et finissent par s'éteindre, consumés par un gel raréfiant les possibilités de vie.

Une esthétique généralisée veut la circulation, le mouvement, la mobilité et le travail là où les risques de microfascismes apparaissent grands, dans les interstices mêmes où se logent et prolifèrent les occasions de pouvoir. Quand, chez deux individus, deux forces s'opposent avant résolution au détriment de l'une, l'art ralentit le processus d'assujettissement et doit pouvoir empêcher parfois la possibilité de domination. Dans la mesure où il suppose le talent pour la négation, le refus, le désamorçage par l'humour, l'art épuise les

forces négatives, les transfigure, voire les évite purement et simplement.

L'énergie à l'œuvre dans une esthétique généralisée,
donc subversive, suppose une revendication radicalement héraclitéenne : ce qui fige ou fixe une force est
négatif. Il faut la vouloir en mouvement, désirer son
amplitude et souhaiter son dépli. Or le marché libéral
s'entend à merveille pour ralentir, freiner, voire immo-
biliser tout ce qui contient une dose de subversion,
même infinitésimale. Ce tropisme du capital ne cessera
pas. Que d'aucuns désireux de commercialiser les
traces de leur entreprise subversive sachent le danger
d'une pareille volonté. Il s'agit de travailler en permanence aux contre-feux nécessaires là où brûle en auto-
dafé ce qui résiste à l'entropie généralisée.

Duchamp et Dubuffet ont expérimenté le devenir
blanc, neutre ou nul d'une œuvre jadis installée sur le
registre franc et net de la subversion et de la révolution
esthétique. Et avec eux les dadaïstes et les surréalistes
dont les créations entretiennent le marché depuis longtemps alors qu'à l'origine elles visaient sa négation, sa
destruction. Tout ce qui est susceptible de muséifica-
tion ou d'exposition en galerie, tout ce qui peut faire
l'objet d'une théâtralisation, d'une spectacularisation,
tout ce qui peut devenir marchandise, valeur
d'échange, support à opérations financières finit, un
jour ou l'autre, par être anéanti, stoppé, détruit, digéré
par le marché. Son triomphe est manifeste dans la
consommation populaire de rétrospectives en des lieux
qui transforment la contre-culture en prétexte marchand et occasion consumériste.

D'où, plus que jamais, la nécessité de promouvoir
un art sans musée, visant le sublime fugace et l'excellence sans ostentation. Le geste, le verbe, la trace
magnifique, le style, la verticalité, l'existence écrite
sous forme de biographie flamboyante, pour soi, voilà

le fond de l'esthétique généralisée. Sur ce sujet, Diogène a dit l'essentiel. Et l'on imagine mal le consentement du philosophe cynique à ce qui aurait ralenti ou immobilisé sa course et sa trajectoire dans l'univers. Météore, comète, feu de foudre, la vie transfigurée devient une occasion de se consumer, de brûler et de vouloir l'incandescence sous toutes ses formes. Généralisée, l'esthétique métamorphose l'existence en objet et support, elle convertit la vie quotidienne pour injecter en elle le maximum de liberté. Elle veut un vitalisme dispendieux caractérisé par un usage radical de la culture, un volontarisme hédoniste, une logique luxueuse et une pratique éthique de l'amitié politique.

On mésestime vraisemblablement les conséquences de l'usage bourgeois de la culture ou de sa dévirilisation par le marché. Ce que d'aucuns stigmatisent sous la rubrique de défaite de la pensée désigne moins la fin de toute culture que l'avènement d'un catéchisme de masse d'autant plus simpliste, populaire et grand public que se durcissent les positions élitistes de la culture digne de ce nom. Combien de livres insipides faisant la loi du moment en même temps que du marché, de musiques décérébrées et commerciales sinon de films qui confirment le jeu de mots de Duchamp : *Anemic-cinema* ?

Et combien, en regard, de philosophes illisibles et sentencieux, obscurs et délibérément ésotériques, de romanciers indigents dévots de l'antilittérature ou de la haine du style et de l'écriture, de musiciens radicalement solipsistes amateurs de culture en laboratoire, expérimentale, destinée au seul plaisir de la combinaison d'idées, de sons ou de mots, sans souci des effets dans le réel ? Combien d'autistes qui soliloquent et prennent la culture en otage ?

La vraie défaite de la pensée trouve son symptôme dans la réduction du divers culturel à cette alternative : l'indigence ou l'élitisme, le simplisme ou l'incompréhensible. Les excès pratiqués par les uns renvoient dans les cordes de l'autre et obligent à choisir un camp, sinon à le défendre bec et ongles, même si l'on désire moyennement épouser le négatif qui les hante. D'un côté, l'absence de culture et la promotion d'idées jetables, auxiliaires efficaces du marché ; de l'autre des œuvres foncièrement absconses où les quelques perles enfouies dans une boue supposent qu'on fouille pour mériter son savoir. Or je ne veux ni la pauvreté mentale des uns ni l'obligation sadique des autres à imposer la souffrance pour le savoir, à soumettre la science à une peine excessive, à n'accéder au paradis d'une création qu'après avoir expié, sué sang et eau, après contrition, pénitence et soumission à une discipline inutile. Un complexe prussien force à l'obéissance en lieu et place de la compréhension et suppose la lecture de Kant, Hegel ou Heidegger dans la seule perspective du psittacisme auquel on doit trop d'émules sur le terrain philosophique français.

Conséquemment, il a généré un contre-poison pernicieux parce qu'il s'énonce sur le mode de la profondeur et de la simplicité retrouvée, de la vérité et de l'originalité moderne, là où triomphent superficialité et simplisme, lieux communs et principes de sagesse populaire : en musique, où le sérialisme intégral puis intégriste a produit, réactivement, des minimalismes répétitifs et indigents ; en philosophie où la rhétorique absconse a nourri, en retour, un journalisme populiste d'idées lardé de citations pour classes terminales ; en littérature où le roman expérimental autiste et solipsiste a donné naissance, en face, à du bavardage à l'eau de rose où l'étalage d'autobiographies médiocres n'est pas même sublimé par un style qui sauverait l'ensemble. Jamais divorce n'a été aussi grand, écart aussi profond, entre culture savante et culture populaire.

Le premier excès, quand on souhaite éviter les simples ou les ésotériques, les populistes ou les élitaires, consiste à pratiquer en émule de Jean Dubuffet : refus pur et simple de toute culture entendue comme bourgeoise. Or, cet éloge nihiliste suppose en amont tout le luxe dont peut s'autoriser un nanti de ladite culture. On peut bien jeter par-dessus bord tout savoir pour autrui quand on en a fait profession pour soi. Car l'usage bourgeois de la culture est fautif non pour la raison qu'il s'agit de cette culture, mais par cet usage. *Asphyxiante culture* n'emporte l'adhésion qu'à condition de disposer d'une immense culture. Son refus, quoi qu'on fasse, reste un geste culturel. En regard de qui en est privé, ce luxe paraît une ostentation.

Le second excès, après l'oubli, consiste à promouvoir et enseigner la haine de la culture, son refus, son mépris, sa déconsidération, voire sa redéfinition dans le dessein de la faire coïncider avec des pratiques déjà factuelles. Indigents, élitistes et nihilistes, en la matière, finissent par jouer le même jeu et contribuent à allumer des brasiers où périssent toutes les œuvres dignes de ce nom laissant place aux seules déjections du marché, loin de toute circulation d'idées. La déconsidération de la culture signale le triomphe du principe libéral. Les chiffres de consommation des musées, des ventes de livres, de disques, de fréquentation d'expositions ou de concerts, nourrissent une sociologie des pratiques culturelles utiles pour légitimer l'offre selon les principes d'une demande fabriquée de toutes pièces. On consomme de la culture, donc on est cultivé.

Une esthétique généralisée renoue avec le gramscisme pour qui la culture fournit à la résistance et à l'insoumission une arme libertaire et non liberticide, libératrice et non libérale. Le chiffre, le nombre, la quantité, principes et lois du marché, ne déterminent jamais la qualité. L'équation libérale ne se cache pas : quantité égale qualité. Alignées sur cet axiome, les productions connaissent d'autant plus la médiatisation qu'elles épargnent soigneusement le système auquel elles doivent leur existence. Une culture digne de ce nom expose moins l'excellence de la règle du jeu libérale que l'option libertaire déclinée sous toutes ses coutures.

Lisible, audible, abordable, compréhensible, mais sans aucune concession, nécessitant l'effort, certes, mais s'interdisant l'ascèse ou ne voulant ni d'un chemin de croix ni de macérations en guise d'accès, l'œuvre de culture associée à l'esthétique généralisée se définit par son option radicalement critique. Elle analyse, démonte et fouille les conditions de production du marché libéral et capitaliste dans un premier temps. Dans un second temps, elle propose un mode alternatif de pensée, d'organisation, de réflexion, le tout doublé d'une invite à célébrer de nouvelles possibilités d'existence. Le modèle fourni par Nietzsche obéit à ces impératifs : critique de la raison occidentale, puis proposition d'une transvaluation éthique. Toute œuvre qui pratique éloge de la raison occidentale puis célébration des valeurs et vertus associées s'installe de fait aux antipodes de l'esthétique généralisée, à l'opposé de toute entreprise libertaire, du côté des sécuritaires, des autoritaires, de ceux qui ont, veulent, ou entretiennent le pouvoir de fait.

L'usage bourgeois de la culture suppose l'inféodation du savoir à la concurrence, à la consommation, à toute entreprise de distinction sociale et d'agrégation en classes. Il suppose une assimilation des œuvres à des biens de consommation culturels à l'aide desquels s'organisent les affinités, les relations grégaires et les fonctionnements mimétiques autorisant la reconnaissance du semblable, sinon l'expulsion de l'infréquentable, de l'indésirable. Instrument de domination libéral, la culture circule dans les réseaux empruntés par les marchandises et les biens de consommation habituels — textile ou électroménager, agro-alimentaire ou équipement automobile.

Un gramscisme libertaire et un usage associé de la culture pour la constitution d'une esthétique généralisée adoubent le savoir pour le combat et la lutte, pour l'opposition d'énergies et de forces dans une guerre sur plusieurs fronts : celui des pratiquants à la baisse, des usagers à la hausse indue, des négateurs purs et simples tout autant que des falsificateurs qui noient la culture en tout et la voient partout où elle manque, jamais où elle brille. Une dizaine d'années de capitalisme mitterrandien ont montré l'égale efficacité des entreprises de mépris de la culture et de celles qui recourent au traditionnel et bon vieux bûcher.

Mais l'existence d'une *culture critique** et positive contemporaine — Deleuze et Foucault, Bourdieu et Debray, Debord et Vaneigem, Gorz et Scherer, Le Brun et Virilio — ne suffit pas, tant dans ce monde ce qui circule peu existe peu. D'où le problème de la transmission de cette culture, sa duplication, et la tâche obligée, pour qui veut mener ce combat et opposer des forces vitales à des puissances mortifères, de donner à ces œuvres une dimension politique, c'est-à-dire non seulement théorique mais surtout effective. Tous les moyens sont bons qui autorisent leur diffusion, par capillarité, efflorescence, arborescence, rhizomes et autres techniques de prolifération.

Là où circule l'argent, il faut promouvoir des flux

de culture critique, quand règnent les capitaux flottants
on doit ériger le savoir en pouvoir et miner le social à
force de lucidité, de cruauté conceptuelle, de lumière
intellectuelle violente. Le gramscisme libertaire suppose la mise en compte de l'esthétique généralisée
dans l'arsenal guerrier pour qui la lutte contre la
culture libérale constitue une priorité, un combat tactique dans une grande stratégie d'opposition perpétuelle. Le savoir critique offre un moyen de choisir son
côté de barricade. Même si la probabilité d'une victoire
générale est nulle et impensable, du moins, sur le terrain de la révolte, de la rébellion, de l'opposition, de
l'insoumission ou d'une résistance qui fait style et verticalité dans une époque avachie, l'esthétique généralisée agit en moyen pour produire des *forces* à opposer
aux *violences* qui nous gouvernent.

Dans le flot des propositions de pensées collabora-
trices du système, dans leur promotion systématique et
leur règne médiatique presque sans partage, on peut
remarquer en germe ce qui fait le fascisme ordinaire :
pensée unique, comme il est convenu de la stigmatiser
par ceux-là mêmes qui la pratiquent, unidimensionnalité idéologique, fabrication d'un homme calculable,
uniformisation des us et coutumes issus du dangereux
bon sens populaire, célébration des lieux communs,
critique nourrie de toute entreprise culturelle obligeant
à un minimum d'effort intellectuel, sinon de mémoire,
tout cela conduit à la mort de l'individu, au triomphe
des masses, des groupes, des grands ensembles flattés
par les régimes totalitaires.

Le marché produit un consommateur aspirant ce que
désire l'autre, lui-même voulant ce que le marché
impose insidieusement. Reste une figure idéale pour le
système libéral, un moule à remplir, selon les moyens
habituels et consacrés, par un catéchisme consensuel
guère éloigné du contenu de la sagesse des nations

exprimée dans les almanachs, les catalogues populaires de colportage, les manuels de savoir-vivre et autres traités de la pensée rapide, inusable et mondaine. Le gramscisme libertaire veut la guerre culturelle et le combat ouvert là où l'esthétique généralisée apparaît en fer de lance.

La perversion infligée à l'œuvre de Duchamp ignore à ce point les limites que chaque vie calibrée d'aujourd'hui transforme tout sujet de la société marchande en ready-made n'ayant pas trouvé son musée. En attente, il demeure une unité fictive dans la production de masse. Les sujets grégaires s'alignent comme des urinoirs en rang d'oignons, il manque aux impétrants la signature autorisant l'entrée au musée des Beaux-Arts. Aussi croupissent-ils dans la seule fonction, relevant de la plus froide des ressemblances, vidés de tout ce que Walter Benjamin appelait l'*aura*. Notre époque nihiliste a effacé toute possibilité de nimbe pour ne plus laisser triompher ou parader que des objets manufacturés à la chaîne. Les vies, les existences, les personnes semblent sorties d'une unité de production : le même dispose d'un empire là où l'autre est interdit.

Une vie magnifique, celle de l'esthétique généralisée, se signale avant tout par son halo, pareil à celui qui, à l'époque de la reproductibilité, caractérise l'œuvre unique, originale, aux antipodes de la multiplication forcenée des fétiches. À défaut d'originalité propre, nombre d'existences scintillent aujourd'hui en chromos compensatoires. La culture libérale veille au grain et entretient ces modèles mimétiques dupliqués à l'infini en les présentant, alignés et raides, pétrifiés et immobiles, comme les seuls possibles.

Le mythe libéral existe, lui aussi, car le mythe est inévitable, désiré et sollicité par quelques-uns qui assurent sa pérennité. Apprentis sorciers, les fabricants sont ensuite produits par lui dans une réaction en chaîne accélératrice du mouvement auquel une seule impulsion a suffi. Contre cette force agissant à la manière d'un premier moteur immobile, on peut opposer une autre force : là où la *force libérale* ravage tout sur son passage, il faut dresser sur ses ergots une *force libertaire*. Rien ne sortira vivant de cette guerre si la première triomphe, impériale et impérieuse, sans partage.

Le devenir révolutionnaire des individus nécessite cette prise en compte de l'esthétique généralisée et de la culture. Il s'agit de mettre en œuvre des pensées utiles pour ciseler des idées et structurer une forme avec laquelle s'organisent les actions. Pas de mythe aux contours précis sans une culture mise au service de son élaboration. Le mythe, dans l'absolu, ne s'identifie pas à une forme irrationnelle, un recours sombre et dangereux, une construction nourrie de sang et de sol, de race et de terroir, mais de façon relative, il agit en point focal où se vivifient les puissances qui en procèdent. La mystique de gauche peut organiser la convergence de rayons d'actions vers un carrefour où les forces et les énergies se combinent, s'associent, ajoutent leurs vitalités pour grossir les potentialités et les richesses actives.

La pratique n'a guère intéressé la philosophie, sinon comme une question exclusivement théorique. D'où l'abondance de pages sur le concept de praxis. Elles donnent l'impression qu'à force de tant de soucis théoriques, cette notion a été usée et interdite d'effectivité. Mieux que la pensée continentale classique, le pragmatisme et l'utilitarisme anglo-saxon ont invité à mettre en perspective la pensée et l'action, la philosophie et l'efficacité sur le monde réel, concret. La première épistémologie issue de William James, dont nous devrions plus souvent reprendre le flambeau, suppose qu'on soumette la vérité, l'objectivité, la valeur d'une pensée à ses conséquences probables.

La pensée cesse d'être une fin en soi qui légitimerait le jeu rhétorique, le plaisir à confondre la métaphore et le réel, les faits et le virtuel, pour devenir un instrument à destination de la pratique. La pensée pour la pensée, la philosophie pour le seul plaisir de la philosophie valent autant que l'art pour l'art : des jeux qui n'inquiètent pas les acteurs du capitalisme agressif, grands seigneurs et tolérants tant que s'amusent les penseurs dans les colloques, les universités, les revues ou les maisons d'édition. La philosophie en circuit fermé, pareille à celle qui vit du système libéral, par et pour lui, ne présente aucune nuisance, aucun danger, aucun risque. Elle est autant tolérée que la seconde est encouragée. Un souci pragmatique suppose la soumission de chaque idée à ce qu'elle peut produire d'effets dans le réel, aux conséquences susceptibles de surgir dans les faits ou l'histoire.

Se contenter de donner des images du monde, de produire de la sociologie descriptive ou des clichés sur les fonctionnements de la société ne peut suffire. Une pensée qui ne vise ni ne veut l'action n'a aucun intérêt. La pure spéculation pèse aussi lourd en philosophie que celle des Pères de l'Église réunis en concile et dissertant sur des questions oiseuses dont, finalement, le prétexte était ailleurs, à savoir dans l'usage de la rhétorique à des fins de partage du monde chrétien et de domination politique réelle.

L'invitation marxiste à cesser de se contenter d'interpréter le monde pour viser enfin une action sur lui reste d'actualité. Se changer ou changer l'ordre du monde a, en revanche, cessé d'être l'unique alternative formulée par Descartes. Les écoles de sagesse hellénistiques et romaines ont illustré le premier terme, celle de l'utopie révolutionnaire, le second. On peut aujourd'hui imaginer moins une opposition, une contradiction entre ces deux options, qu'une complémentarité, voire une liaison sur le mode de la conséquence : se changer, c'est changer l'ordre du monde. Le devenir révolutionnaire des individus semble alors la seule voie pour injecter de la résistance et de l'antifascisme, de la rébellion et de l'insoumission là où triomphent les modes autoritaires. De sorte que la révolution se fait moins molaire et monolithique, centralisée et jacobine, que moléculaire et diffuse, plurielle et éclatée.

L'esthétique est fondée à se dire généralisée dès qu'elle n'a plus de lieu propre et fixe à occuper. Ainsi, il lui faut agir en une infinité d'occasions, toutes précaires, momentanées, imperceptibles parfois, infinitésimales. Là et quand le microfascisme s'annonce ou même s'énonce, à savoir dès qu'une puissance signifie l'empire du grégaire sur un individu ainsi mis en péril, la résistance peut et doit faire son travail. Ensuite, il faut compter sur la gradation des forces réactives et défensives, jusqu'à épuisement de la violence apparue, jusqu'à sa pulvérisation, son anéantissement. Loin de l'hypothétique esthétisation de la politique ou de la sinistre politisation de l'art, la culture ouvrage une rébellion chaque fois dressée contre toute agression de type microfasciste dirigée contre tel ou tel individu.

La vie quotidienne délimite le champ de bataille sur lequel s'opposent des forces, se formulent des violences et se fomentent les assujettissements. L'empire absolu de l'un sur l'autre, au nom d'un Universel agissant en négateur de l'individu, voilà ce qui définit le microfascisme. Les avant-gardes artistiques ont ouvert la possibilité, pour une existence propre, de résister en devenant un support possible d'investissement esthétique. Le corps propre définit l'individu dans sa radicalité, son absolu : ce dont on ne peut le priver. La fin de chacun est seulement consubstantielle à son dernier souffle. En attendant, la chair dit l'être et l'âme, et tout mouvement individuel qui rencontre une force empêchant son expansion se trouve impliqué et contenu dans un registre politique.

Installer au centre de sa vie quotidienne un dispositif subversif inspiré d'un volontarisme hédoniste, d'une esthétique de soi luxueuse et dispendieuse, voilà qui donne des contours à cette esthétique généralisée. Cet art de soi montre sa très improbable récupération dans et pour le marché libéral. L'impossibilité d'un objet à circonscrire, à commercialiser, à vendre, à intégrer dans le circuit des marchandises habituelles fait de la démarche libertaire et artistique une technique désespérément vissée au corps de chacun, sans aucune possibilité d'en faire un spectacle monnayable. L'impossibilité de la marchandise désempare le capital. L'art échappera au monde libéral quand il entrera dans le désir libertaire comme on entre en résistance, en refusant le recyclage de l'énergie du devenir révolutionnaire des individus en traces spectaculaires, en fétiches dignes d'être exposés, commentés, proposés au regard vide de mangeurs d'images devenus agueusiques.

L'esthétique généralisée procède des invites faites par Henri Lefebvre à définir un nouveau *romantisme révolutionnaire** concentré dans l'art de produire des situations, dans la volonté de promouvoir une théorie des moments, doublé par une pragmatique célébrant les actes et les actions qui visent à rendre plus flagrant le désaccord entre l'individu fou de liberté et le monde libéral dévoreur de substances vitales singulières. Quand *Introduction à la modernité* (1962) présente les situationnistes en incarnations des nouveaux romantiques appelés de ses vœux par Lefebvre, en vrais et dignes émules rebelles, les suiveurs de Debord refusent la paternité et sacrifient le philosophe au profit des révoltes logiques que l'on sait.

Pour de plus anciens précurseurs encore de ce romantisme révolutionnaire, il faut remonter au syndicalisme révolutionnaire du début de ce siècle et à Fernand Pelloutier, par exemple. Il parle en anarchiste et souhaite une culture du moi enfin avouée et revendiquée de l'action politique. Les universités populaires, qui font paraître ridicules, désuets et néfastes les cafés philosophiques d'aujourd'hui, donnaient à la demande de sens des réponses autrement plus rigoureuses et conséquentes que celle des débats de bistrot décérébrés, alignés sur ceux que la télévision propose aux contemporains demeurés.

Échapper au marché ne signifie pas ne jamais apparaître là où il organise la mise en scène de ses cérémonies d'autocélébration et d'autosatisfaction. Quand certains ajustent leur pensée sur ce qu'elle leur autorise en couverture médiatique, il semble criminel de refuser d'opposer une autre parole là où triomphe le verbe collaborateur. Pour tant qui saturent le petit écran avec leurs inepties débitées au kilomètre, combien j'aurais aimé avant-hier un Sartre réalisant cette série d'émissions télévisées sur l'oppression qui jamais n'aboutit, comme j'ai aimé hier un Foucault apparaissant pour dire en quoi *Surveiller et punir* se prolongeait concrètement dans la pratique quotidienne de la vie politique des années 80, il y a peu, un Deleuze distillant les éclairs et les fulgurances de sa pensée devant la caméra de Pierre-André Boutang et Claire Parnet ; comme j'aimerais demain un Bourdieu ou un Debray pratiquant la sociologie et la médiologie sur le lieu même où sévit souvent le pire — la télévision. Car l'ennemi n'est pas le lieu où l'on parle, dans l'absolu, mais ce qui se dit dans ce lieu.

Le gramscisme culturel suppose non pas la condamnation des moyens médiatiques, mais celle de leurs fins dans un monde libéral soucieux du seul marché. L'éclatement des régions, la dispersion des populations, le centralisme parisien, la sempiternelle négligence à l'endroit de la province, où je vis au quotidien, sa considération sur le mode de la condescendance, font de l'instrument télévisuel et audiovisuel une bastille à prendre, une place de grève à occuper pour faire circuler plus loin, dans l'HLM du lycéen de Lozère, dans le salon kitsch de l'ouvrier de l'Orne, dans la chambre de bonne du RMiste de Dunkerque, comme dans la prison bretonne ou l'hôpital alsacien, des idées qui, sinon, resteront lettre morte ou propriété des privilégiés habilités à accéder aux autres sources.

Pour adapter une tactique à cette stratégie entée sur la réalisation de l'esthétique généralisée, il faut réactualiser et réinvestir la distinction opérée par Carl Schmitt entre l'ami et l'ennemi en matière politique. Au-delà de ce que furent les amis du penseur, cette idée fonctionne dans l'évidence pragmatique. Le politique suppose un combat, une lutte perpétuelle, un instinct agonique où s'opposent des actes, des actions, des faits et des gestes. Loin de ce qui définit et caractérise l'amitié sur le terrain éthique, là où Montaigne et La Boétie trônent en parangon, et pour longtemps, l'*amitié en matière politique** suppose la conjugaison décidée, voulue et choisie des forces pour leur accroissement et augmenter les chances de réussite.

Adossée à une mystique de gauche, soucieuse d'user de ce mythe afin de rendre possible la généalogie d'une esthétique généralisée, forte d'une lecture polémologique du réel où apparaissent nettement l'ami et l'ennemi, pourvue d'un adversaire clairement désigné — le mode hégémonique de production libéral — informée de la tâche titanesque et romantique, la volonté soucieuse de faire surgir la forme dans l'individu qui la contient peut enfin viser une fin esthétique particulière, en l'occurrence le sublime. On sait la fortune de cette notion de Longin à Kant, de Burke à Hegel, mais on oublie bien souvent de réfléchir à ce que peut être le sublime en matière politique. Dans l'histoire, certains ont dit sublime la Loi, la destruction, la Constitution, d'autres l'Empire, l'État ou la Révolution française et même la Terreur...

Sorel, quant à lui, associe le sublime aux forces de résistance à la domination capitaliste absolue. Sous sa plume, les énergies rebelles deviennent des violences. Sublime, donc, la violence chez Sorel. Qu'est-ce à dire ? Sublime ce qui suppose le saut et le péril, appelle force et agilité. Sublime ce qui met en péril et exige le dépassement de soi. Sublimes la vitalité de l'artiste et la dynamique de son inspiration, le torrent de la passion et la puissance de ce qui déséquilibre, ce qui plonge dans l'enthousiasme et s'empare d'un corps pour le transfigurer, le métamorphoser. Sublime l'extase. Aussi, je veux imaginer sublimes cette esthétique généralisée et la maîtrise des forces qu'elle suppose, sublimes également ces forces elles-mêmes. Là où l'on préfère les hauteurs aux vallées, les cimes sèches et brûlantes aux anfractuosités humides, il y a sublime. L'action, alors, et les forces la rendant possible, voilà qui donne à cette mystique de gauche la puissance et la possibilité de s'incarner dans une forme libertaire.

2

DE L'ACTION

Une dynamique des forces sublimes

Le devenir révolutionnaire des individus n'exclut pas l'individualité devenue révolutionnaire sur le terrain des occasions d'assujettissement. La barricade crée une hygiène mentale dont l'étymologie nous apprend l'ancienneté. Car l'art d'aligner des barriques pleines d'huile ou de vin, mais aussi de sable ou de sciure, de clous ou de terre, équivaut à une métaphore de toute interposition entre des forces opposées. D'un côté et de l'autre s'expriment les parties prenantes de ce qu'il est convenu d'appeler la lutte des classes, si l'on prend soin de les définir dans l'acception contemporaine du modèle économiste.

La complexité de ce siècle en passe de s'achever, la diversité des logiques de soumission développées par le capitalisme, le bénéfice symbolique compensant parfois chez tel ou tel un réel écrit sur le mode de la servitude, l'illusion que le col blanc dispense d'une solidarité avec le bleu de chauffe, le morcellement, l'éparpillement voulus pour mieux assurer les dominations, tout cela a contribué à rendre apparemment caduc le recours à la notion de classe. Certes, le rapport aux moyens de production, le fait de les posséder ou non, ne suffit plus pour décider d'une appartenance à la bourgeoisie ou au prolétariat.

Un président-directeur général, à l'aune marxiste, parce que salarié du groupe qu'il préside et n'étant pas propriétaire du moyen de production où il officie, devient un prolétaire, alors qu'un petit paysan travaillant ses vingt hectares grossirait, quant à lui, le rang des bourgeois. Le développement du secteur tertiaire, la révolution cybernétique et informatique, l'usage commun et courant du virtuel dans les rapports de production et les relations d'intersubjectivité dans le travail renvoient tout un chacun en des catégories aménagées où l'aliénation, l'exploitation, la servitude, l'assujettissement ne paraissent pas toujours évidents ni susceptibles d'être remarqués au premier abord.

D'autant qu'une compensation en avantages transversaux opère sur le registre contre-révolutionnaire, ou au moins dans le sens de l'extinction des velléités revendicatives. Réputation, statut d'excellence, occupation de lieux symboliques, ritualisations et hiérarchisations, modes d'apparition ou de confinement, vêtements, mobilité plus ou moins autorisée des trajets et des flux dans l'espace laborieux, gestion de la parole et de l'image, ainsi que mille autres usages parfaitement connus et maîtrisés par le capitalisme permettent un désamorçage des foyers de contestation.

Deux classes, voilà qui était possible dans les temps hantés par Marx pourvu qu'un peu de rhétorique et beaucoup de dialectique fassent le nécessaire pour en convaincre. Aujourd'hui, une série de sphères qui s'entrecoupent et dans lesquelles tous habitent suivant des logiques chaque fois déterminées rend compte plus précisément du réel et cartographie mieux l'état du capitalisme après plusieurs siècles de plasticité et de métamorphoses. L'entrecroisement de cercles sociaux recoupe celui des registres symboliques, ethniques, métaphysiques, ontologiques, religieux, démographiques, géographiques, historiques, sinon toute autre discipline susceptible de fournir le moyen d'affiner les classifications.

Pour autant, l'inscription dans l'ensemble de ces cercles où l'on est soit dominé soit dominateur produit un résultat assez nettement marqueur de l'appartenance au monde de la servitude ou à celui de la domination. Pauvre plutôt que riche, de couleur plutôt que blanc, animiste plutôt que catholique, ouvrier au lieu de patron, Africain et non-Européen, illettré de préférence à cultivé, femme, enfant ou vieillard à la place d'adulte, homosexuel quand l'hétérosexualité fonde la norme, seul là où triomphe le modèle du couple, chaque fois, les occasions décident de l'appartenance à une sphère ou à une autre. L'on aura compris combien certaines positions apparaissent socialement plus enviables que d'autres. Des attitudes sont ici récompensées, là punies, les unes célébrées et vantées, les autres poursuivies et honnies. Les classes sont multiples, l'appartenance à un seul cercle ne suffit pas à signaler le registre dans lequel on évolue. Mais, au bout du compte, ceux qui ont accumulé les occasions d'être confinés dans la seule servitude sont facilement repérables. Ils correspondent à ceux qu'a localisés la cartographie infernale de la misère et qui s'approchent du degré zéro de l'humanité.

La barricade rend possible la fédération, elle simplifie le divers et force à un dualisme salutaire où les tergiversations qui alimentent les occasions de division sont devancées par les actions structurant les pratiques unitaires et monothéistes. Elle installe une limite, une barrière, une coupure nette entre deux mondes dont les intérêts divergent. Quel que soit le sujet pour lequel une barricade s'érige, elle réduit le multiple à l'évidence de deux forces qui s'opposent, de deux puissances en lutte pour la reconnaissance, la puissance et l'empire. Son existence fournit un principe sélectif. Son avantage réside dans la matérialisation évidente de l'état des lieux : d'un côté ou de l'autre, quelles que soient les différences de provenance, d'origine ou de recrutement, l'action commande l'unité, la synthèse — le bloc.

Après les invites hégéliennes à considérer le réel comme une perpétuelle occasion pour la lutte des consciences de soi, après celles de Nietzsche qui opposait les maîtres et les esclaves, l'affirmation jubilatoire et le ressentiment, la volonté de jouissance et l'idéal ascétique, on peut réduire les combats éthiques, politiques, ou plus généralement ceux ressortissant à n'importe quel type d'intersubjectivité, à une dialectique dont chaque instance s'affirme d'un côté ou de l'autre de la barricade — à droite ou à gauche, royaliste ou républicain, versaillais ou communard, révolutionnaire ou traditionaliste, conservateur ou progressiste, autoritaire ou libertaire.

L'ensemble des cercles et des sphères, leur perpétuel entrecroisement supposent, pour un déchiffrage, une considération des rhizomes procédant de l'État défini, depuis Weber, par la pleine et entière disposition, la concentration et le monopole de la contrainte légale. L'idéologie régule également cette contrainte et assure une répartition moins du haut vers le bas, que sur le mode de l'infusion, de la diffusion par capillarité. Le pouvoir ne tombe plus du ciel étatique comme une malédiction visible, telle la foudre faisant trace avec l'éclair, mais il électrise l'ensemble des relations, la totalité des champs sociaux et intersubjectifs plus ou moins saturés. La métaphore physique suppose une mise à plat du monde en termes de dynamique et de force, d'inertie et d'irradiation.

La contrainte légale, *via* l'idéologie, s'intègre spirituellement et intellectuellement dans l'esprit de la plupart, tant et si bien qu'il faudrait aujourd'hui pratiquer une dissociation d'idées, selon les principes formulés par Remy de Gourmont : arracher les liens qui unissent faussement, mais pour des raisons idéologiques et politiques certaines, deux notions présentées comme indissociables. Ainsi de la liberté et de la loi, de l'autonomie et du droit, de la souveraineté de l'individu et du contrat social, du particulier accompli dans, par et pour l'universel. Sur ce mode, d'aucuns avaient inscrit sur l'entrée de leurs camps que le travail rend libre, alors que, simultanément, toute la littérature politique et juridique regorge de cette idée, proche de la précédente, en vertu de laquelle l'indépendance surgit dans l'obéissance, réalisée et rendue possible par elle.

Les contractualistes de tous bords, fussent-ils générateurs d'un absolutisme sur le mode hobbien ou d'un genre de démocratie selon le principe rousseauiste, construisent leur politique sur cette association d'idées intéressée puisqu'elle suppose le corps social meilleur que l'individu, le tout supérieur à la partie, l'ensemble prioritaire sur ce qui le constitue. Une sévère et authentique dissociation d'idées voit moins dans ces couples une occasion de synthèse qu'une démonstration flagrante de contradictions non résolues. La barricade agit comme un séparateur de dualisme consensuel. Elle veut la coupure, l'opposition et la résolution non pas sur le mode de la confusion, de la coïncidence réalisée par la rhétorique ou les scolastiques modernes associées aux philosophes du contrat, mais sur celui de la scission et du triomphe de l'un contre l'autre, en amont ou en aval.

Le réel se nourrit de cette perpétuelle volonté affichée par les tenants de la règle du jeu libérale et capitaliste de diluer le conflit, de l'anéantir dès le départ ou même de le rendre impensable en le prévenant le plus en amont possible. La négation de la lutte, qu'elle soit des classes ou généralisée, ne cesse d'être le credo revendiqué par ceux qui la rendent possible et l'entretiennent. Masquée, étouffée, cachée, dissimulée, niée, elle se transforme en boulevard pour la circulation des intérêts de ceux qui luttent contre la lutte.

En dernier recours, résistant de toutes leurs forces contre une dissociation d'idées révélant que le roi est nu, que le travail ne rend pas libre mais aliène, que le grégarisme ne génère pas d'autonomie mais qu'il enchaîne, que la soumission de l'individualité à l'ensemble ne conduit pas à l'épanouissement mais à la mélancolie, les gardes-chiourme du capital, leur tolérance émoussée, leur patience éteinte, en viennent à la raison d'État, cette raison contre la raison inhibant toute sape de l'édifice social construit sur ces associations d'idées fautives et fallacieuses. Kant a invité à réfléchir par soi-même, certes, mais il a limité les domaines de cette réflexion en interdisant qu'on aille jusqu'à mettre en cause les fondements mêmes de l'ordre social, donc politique.

La réflexion requiert l'entendement, mais l'obéissance suffit pour l'action et les fins publiques. Nous ne sommes pas sortis de cette logique : penser ne génère aucun interdit tant que ne sont pas franchies les bornes fixées par ceux qui décident des règles du jeu. En revanche, toute réflexion aventurée au-delà des limites fixées et invitant à mettre en cause la machine sociale et son fonctionnement serait phagocytée assez rapidement, lue en travers, détournée, récupérée, citée sous tant de rubriques et d'occurrences que le venin distillé, dilué dans le corps social, finirait par compter pour rien. Les métamorphoses du capital trahissent un formidable talent pour la mithridatisation. Qu'on songe à l'œuvre de Georges Sorel, oubliée, méconnue, délaissée, et à celle d'un Guy Debord, pillée, revendiquée par tous, des histrions les plus connus aux anciens combattants soixante-huitards autoproclamés gardiens du mausolée, quand ce ne sont pas les mêmes.

Les forces négatrices du social libéral sont même montées en épingle par ceux qui trouvent là une occasion d'exhiber leur libéralité, leur magnanimité, sinon leur talent pour déviriliser le désir d'action antisociale : des prix littéraires distribués par et pour le marché à des livres dénonçant l'horreur économique et les perversions du système aux chaires du Collège de France attribuées aux philosophes spécialistes en critique des institutions universitaires ou de reproduction sociale, en passant par l'habillage mondain de l'œuvre d'un situationniste inexpugnable, ou l'invitation à la télévision d'un penseur critique des modes pervers de transmission médiologiques, tout semble bon pour tâcher d'acheter ou de circonscrire la vertu subversive du dernier carré de résistants. Ceci, sans parler du monde esthétique et des arts plastiques lui aussi souvent absorbé et digéré par le marché sur les mêmes principes.

Peu importent les tentatives de dévitalisation de la subversion pourvu que, malgré les prix, les éditeurs, les lieux prestigieux, les passages à la télévision, les acteurs conservent leur esprit critique et les ferveurs, les euphories et enthousiasmes d'avant les distributions de sucre d'orge. Bourdieu et Debray persistent dans l'efficacité de leur style, de leur lecture du monde et de leur volonté de ne pas composer avec les ennemis embusqués de l'autre côté de la barricade. Tous savent le rôle cathartique qu'on fait jouer à leur œuvre dans le processus d'extinction de la dynamique des forces sublimes. Reste, de toute façon, au-delà de cette entreprise de purification, au sens grec, la pertinence d'un travail qui vise l'exacerbation de ces puissances magnifiques.

Georges Sorel, en revanche, a sombré dans un purgatoire où il croupit en proportion de l'immensité des
vérités proférées en son temps et pas plus écoutées hier
qu'entendues aujourd'hui. Pour tout ce qu'il a dit et
écrit du rôle des partis politiques de gauche, du parlementarisme, du monde journalistique présentés en
auxiliaires engagés dans l'entreprise d'extermination
de la subversion authentique, et pour ces seules raisons, il mérite encore et toujours une lecture. De
même, pour sa volonté d'enraciner la pensée moins
dans une bibliothèque que dans l'expérience humaine,
pour sa critique de la métaphysique au nom de l'action,
pour préférer le pragmatisme à la puissance tribuni-
tienne, pour douter des intellectuels dans leur capacité
à penser un autre monde que celui de leurs pures cogi-
tations, il gagnerait à être mis en perspective avec
Marx qu'il a été le premier à revisiter, déconstruire,
dirions-nous aujourd'hui.

Contre le verbe parménidien, facteur de fixité, Sorel
veut l'action héraclitéenne, authentiquement dialectique et seule à rendre possibles le mouvement, les
flux, l'énergie, ou à formaliser l'instinct vital et ce qui
fait l'appareil conceptuel mis au point par Bergson —
qu'il prisait fort. Toute politique désireuse d'immobilité tend vers la clôture. De Platon à Marx, de Hegel à
Mao, la fin de l'histoire coïncide avec l'émergence
pour l'éternité d'un immense charnier où le dernier
guillotineur se serait lui-même tranché la tête laissant
le monde aux bêtes de proie et aux oiseaux charognards. Là, et seulement là, adviendrait la fin de l'histoire. Mais elle ne se fabriquerait qu'avec l'extinction
de l'espèce humaine, sa réduction à néant par le moyen
sommaire du camp ou par celui, plus sophistiqué, d'un
feu nucléaire obéissant à la seule folie meurtrière du
dernier homme. Tout cela paraît peu probable...

Sorel aime l'action et réfléchit sur la force et la violence, parfois en invitant à des redéfinitions, à de nouveaux contenus pour d'anciens termes, là où, par paresse intellectuelle, limites conceptuelles ou mauvaise foi professionnelle, la plupart persistent à entendre ce que l'usage et la tradition disent de ces vieux mots-là. Les *Réflexions sur la violence* ont souffert, et souffrent encore, de l'indélicatesse de ceux qui, souvent sans l'avoir lu, négligent les précautions d'emploi posées par l'auteur lui-même. Je crains que sa réputation sulfureuse, entre Mussolini et Lénine, empêche encore longtemps une lecture digne de ce nom. Pourtant, il y a dans ces pages de quoi penser par-dessus Marx, au-delà de lui, du côté de Proudhon et Nietzsche réconciliés, de Bergson et James associés — loin du bruit et de la fureur du fascisme, brun ou rouge, de ce siècle.

Les leçons de Sorel demeurent d'actualité. Face aux insultes faites à l'espèce humaine, devant les manquements aux droits naturels élémentaires, en présence des misères qui trouent l'époque, entièrement soumise aux lois du marché capitaliste libre, il réactive le génie colérique de la révolution, s'appuie sur une mystique, veut un réenchantement du monde *via* la mise de l'économie au service d'une grande politique où l'individu serait un moteur essentiel, animé par la volonté sublime, le désir héroïque et l'aspiration à l'œuvre magnifique. L'ensemble de ces considérations suppose une fin, le désassujettissement des individus, et un moyen, la violence. Là commence le malentendu.

Certes, le dictionnaire, l'étymologie et la tradition sémantique lui donnent tort : la violence suppose une brutalité toujours dissociée de la force. Elle définit d'ailleurs l'abus de la force là où cette dernière caractérise une puissance en direction d'un objectif précis. Du côté de la violence : l'abus, la terreur, l'horreur, le sang, la déportation, l'enfermement, la guillotine, le tribunal révolutionnaire, le comité de salut public — tout ce que Sorel ne cesse de critiquer ; du côté de la force : la puissance d'action, le concours d'énergie, l'intensité d'un pouvoir, le travail d'une volonté, la détermination pragmatique — tout ce dont Sorel fait l'éloge.

Pourtant, dans le cours du texte, il distingue la force, associée aux actions mises en œuvre par la bourgeoisie pour imposer un gouvernement dans lequel une minorité gouverne seule, et la violence, installée du côté du prolétariat et qui coefficiente les actes de révolte seulement dirigés vers la destruction de l'ordre bourgeois. Force négative là où sévit l'exploitation par le capital, violence positive quand elle est le moyen du désassujettissement. Le malentendu vient du glissement de valeur, de la transvaluation opérée par Sorel soucieux de rendre positif un terme dont l'acception ancestrale est négative. Simultanément il désire transformer en valeur négative une notion positive dans l'histoire des idées.

Le pari était audacieux, osé, risqué. Sorel l'a perdu, tant et si bien qu'une revendication mussolinienne d'un certain usage des thèses soréliennes dans le fascisme italien et un éloge écrit par Sorel lui-même du premier Lénine, celui des journées d'octobre 1917, ont suffi pour lui valoir une réputation d'autant plus lourde à porter que, fort de la référence italienne, le fascisme français, *via* Valois, n'a pas été sans forcer le texte, lui aussi, pour embrigader Sorel du côté de cette métamorphose supplémentaire du capitalisme que fut le fascisme dans sa version pétainiste. Lourd passif pour une pensée qui n'en méritait pas tant. De sorte qu'aujourd'hui, pour beaucoup, Sorel est au fascisme ce que Nietzsche est au nazisme : un axe de référence, un penseur clé, une source de mots d'ordre. C'est, bien sûr, se contenter de la *réputation d'un homme* quand la *lecture de son œuvre* suffirait à inverser le courant.

Mais sacrifier aux caricatures simplificatrices, même fautives, a toujours plus réjoui les simples que lire la plume à la main...

Ces forces libertaires que Sorel appelle violentes, visent la fin des violences bourgeoises dont il fait des forces. Si l'on se souvient de l'acception des termes proposée par le philosophe, on peut souscrire à son *éthique de la violence** qui suppose la lutte radicale contre tout ce qui transforme les individus en purs et simples sujets. Bien évidemment, tout ce qui entretient l'ordre bourgeois, annihile les puissances libératrices, fait l'objet des attaques redoublées de Sorel qui fustige le parlementarisme bourgeois et le socialisme électoraliste comme des facteurs renforçant le lien entre l'ordre capitaliste et la contre-révolution. Dans la Ve République française, deux septennats se réclamant du socialisme ont montré à loisir, pour qui sait et veut lire, combien les thèses de Sorel sur ce sujet restent d'une cruelle actualité.

Insoumission, rébellion, résistance, insurrection, voilà les formes susceptibles d'être prises par la violence sorélienne. Ces forces sublimes peuvent se décliner selon une multitude de définitions qui toutes supposent l'action, l'élection d'un côté de la barricade et la dénomination nette, précise, sans ambages, de l'objet du combat et des attaques. En des termes non soréliens, il s'agit de mobiliser des forces libertaires contre les violences du pouvoir afin d'informer l'action et de soumettre la lutte à des principes. De sorte qu'on distingue facilement, au-delà des deux seules classes définies par la vulgate marxiste, un ensemble de possibilités qui, malgré la multiplicité sociale, séparent nettement ceux qui choisissent l'adret et ceux qui optent pour l'ubac de la barricade.

Sorel ne lit pas le monde en optimiste humaniste, mais en pessimiste historique : il intègre le système des contradictions économiques et la volonté de puissance, l'élan vital et l'énergie spirituelle, le pragmatisme anglo-saxon et la sociologie française. D'où un dépassement du jeu politique pur et de la téléologie de la réconciliation, sinon de la fin de l'histoire, au profit de l'éternisation d'une lutte et de la permanence d'un combat incarné dans la forme historique du syndicalisme révolutionnaire. Le flux contre la sphère, le fleuve contre la forme arrêtée : Sorel illustre Héraclite là où Marx emboîte le pas à Parménide. D'un côté, la société ouverte et la durée indéfinie des mouvements sociaux, de l'autre, la société close et l'achèvement de l'histoire dans la société sans classes. Le sorélisme oppose un vitalisme à la thanatocratie marxiste.

La gestion du réel en collaboration avec les puissances du capital séduit aussi peu Sorel que la théologie marxiste. Il ne sacrifie pas plus à l'idéal du réformisme socialisant qu'il ne croit aux lois tendancielles du marché. Ni la révolution sociale avec dictature du prolétariat, ni la Chambre d'union nationale associant Jaurès aux amateurs de sabre et de goupillon. En revanche, Sorel avance l'idée de la puissance fédératrice d'action du mythe, en l'occurrence celui de la grève générale. Selon lui, elle cristallise un genre d'idée de la raison susceptible de concentrer, diriger et faire converger l'ensemble des forces capables de libérer les individus de l'aliénation dans laquelle ils perdent leur âme. D'où une mystique de l'action appuyée sur un idéal et des principes.

Dans cette revendication affichée d'atteindre au sublime en politique, Sorel fustige penseurs et acteurs à la petite semaine, uniquement préoccupés par leur carrière et leur avancement dans la profession politicienne. Qui donnerait tort aujourd'hui à ces analyses tant la politique se confond en occasion de trajet personnel, en passage obligé pour monnayer une domesticité en pouvoir symbolique — ce qui n'exclut pas les bénéfices sonnants et trébuchants — ou une formation de technicien du verbe, de spécialiste de la rhétorique, de petit homme vernissé par une culture générale aussi mince qu'est grande l'arrogance avec laquelle il négociera le virage conduisant de l'ENA aux cabinets des ministères, voire aux maroquins mêmes...

Que la politique ait cessé d'être un sacerdoce, une fonction spirituelle ancestralement associée au prêtre et au militaire, puis qu'en lieu et place d'hommes pour la servir on ne trouve plus que des homoncules qui s'en servent, cela ne fait aucun doute. La grande politique appelée de ses vœux par Nietzsche se rabougrit dans une petite politique réduisant ceux qui embrassent la carrière à gérer le capitalisme, ses crises, à l'accompagner dans toutes ses heures, à épouser ses causes, ses reculades, ses rebuffades, ses insolences, ses violences, sinon à jouir de cet accompagnement. Dans la petite politique, la carrière ne distingue que des gestionnaires réduits à l'inaction car le véritable pouvoir politique, en régime capitaliste, se concentre chez les seuls capitaines d'industrie et leurs associés qui augmentent leur puissance avec leur richesse — et vice versa. Les propriétaires et les politiciens, refusant d'associer le néant de leur pouvoir politique, se réfugient dans le pouvoir symbolique de la représentation, du verbe, de la palabre.

Drapés dans la peau de chagrin de leur puissance véritable, ils sont réduits, quand ils acceptent la règle du jeu libéral, au théâtre, à la déclamation, à la déclaration de principe, au psittacisme télévisuel, à l'arrogance des démonstrations de puissance de ces coquilles vides que sont les déplacements officiels, militarisés, exhibant les signes extérieurs du pouvoir : motards, drapeaux, fanions, policiers et gendarmes, compagnies républicaines de sécurité et services spéciaux, voitures

puissantes aux vitres occultées, vitesses illimitées et
code de la route aboli, sirènes hurlantes, véhicules
bourrés de médecins et chirurgiens spécialisés en interventions lourdes ou de courtisans infatués, prétentieux
et bouffis d'orgueil. Mais le convoi est vide : le vrai
pouvoir bruit dans la cybernétique complice de ceux
qui organisent les flux d'argent et contrôlent selon
leurs moyens les mitoses et méioses lisibles dans le
matériel cellulaire des capitaux flottants, corps virtuel
où le vrai pouvoir puise et mire son essence.

D'où cette étrange sensation d'assister, lors des
manifestations théâtrales de ces hommes de la petite
politique, aux antipodes du grand et du sublime, à
l'éternelle cérémonie de la quête du pouvoir, même et
surtout quand ils siègent aux plus hautes fonctions. La
preuve de leur impuissance véritable c'est qu'investis
des attributs de la puissance réelle, le sceptre en main,
ils parlent comme s'ils étaient encore et toujours dans
l'opposition. Incapables d'agir, ne souhaitant pas
montrer leur impuissance magnifique, ils disent les
contours de leur action — pour demain — et font d'aujourd'hui une scène perpétuelle pour des fêtes à venir
qui ne viennent jamais.

Le système parlementaire propose un vivier pour ces
comédies. S'y pressent ceux qui aspirent moins au
sublime en matière politique qu'à celui de leur petite
carrière. L'hémicycle agit en chambre de décompres-
sion des revendications légitimes. Métamorphosées,
diluées dans la scolastique moderne du formalisme
juridique, méconnaissables par le jeu des amende-
ments, elles finissent par ne pas plus exister que si elles
n'avaient jamais vu le jour. Droite et gauche s'empoi-
gnent sur des détails. Lors de discussions engageant le
durcissement de la droite sur la possibilité d'expulser
les immigrés, la gauche, vu l'heure tardive, part se coucher — ce qui évite à ses hérauts le piétinement dans

leur carrière que n'aurait pas manqué de leur signifier le bon peuple, jamais en retard d'une bordée raciste ou xénophobe, lors des prochaines échéances électorales.

Car le poison agit là : dans la soumission de l'action aux fins ridicules, minuscules, de la durée dans la fonction. Ne pas troubler l'électeur, ne pas le choquer, lui jurer l'excellence dans l'insipide ou la langue de bois et, surtout, réitérer la profession de foi sur le mode incantatoire et religieux des derviches tourneurs. Le parlementaire s'agite sous ses oripeaux de figurant sur la scène où il tâche de préserver et de masquer ce que trament, dans les coulisses, les seuls grands rôles. Le saurait-il qu'il pratiquerait le déni, trop fat pour consentir à son rôle indigent. Loin de faire les lois, de contribuer à la noble tâche de la législation de la nation, il obéit aux mots d'ordre de son parti qui, lui, vise la propulsion de son chef aux commandes du poste suprême — le trône, ce substitut républicain de la fonction monarchique.

Un parlementaire sans parti n'existe pas plus qu'un présidentiable sans parti. La petite politique sert les intérêts particuliers de quelques-uns, une oligarchie soutenue par la seule distribution des prébendes et passe-droits relevant de l'immunité et autres avantages associés à la fonction qui légitiment l'existence d'une caste non soumise aux mêmes droits ou devoirs que le citoyen de base. L'excellence du principe d'égalité absolue devant la loi issu de la Révolution française a péri paradoxalement dans les lieux de représentation populaire où l'on se réclame du peuple pour permettre les agissements d'une aristocratie non des mérites, ou de l'argent, mais de la servitude. Jamais les vertus domestiques n'ont été à ce point encensées, célébrées et entretenues. Y a-t-il, depuis la cour royale des Louis, plus vile pratique que ce système nouveau de courtisanerie, de figuration et de duperie parlementaires ?

Ne pas mettre en cause le principe de la représentativité et l'existence d'un personnel politique séparé, destiné à l'exhibition des impuissants ou des incompétents, des domestiques et des courtisans, empêchant qu'on se tourne vers les acteurs du monde économique qui tiennent les rênes, véritablement et sans états d'âme, c'est aspirer exclusivement à l'aménagement des conditions de représentation. Demander des comptes aux élus, pouvoir les démettre, en faire des justiciables devant des cours appropriées, envisager une sanction en cours de mandat, promouvoir une mobilité des personnes malgré la durée de la fonction, proscrire ou discuter les conditions de toute rééligibilité, en finir avec toute forme d'immunité ou d'avantages liés à la fonction, les idées ne manquent pas et toutes restent des vœux pieux aussi longtemps qu'elles ne sont pas avalisées et votées par ceux qu'elles concernent...

Alain a consacré beaucoup d'encre à exercer un certain talent libertaire dans plusieurs centaines de propos politiques. Qu'il ait fustigé les importants, les élus, les hommes de décision, les chefs, pris soin de dire le pouvoir intrinsèquement corrupteur et l'exercice de la puissance fondamentalement pervers, épinglé les juges, les administrateurs, les directeurs, les inspecteurs, les universitaires, les militaires, les gendarmes, les policiers, les prêtres, tout cela ne manque pas d'intérêt et appelle plutôt la sympathie. Mais on cherche les pages, les lignes où il propose à son lecteur les modalités d'une solution. Certes, à plusieurs reprises, s'affirme le désir d'un pouvoir de contrôle. Suivent deux ou trois phrases pour dire qu'il pourrait ressembler aux Chambres déjà existantes outre-Atlantique. Pourtant, la montagne accouche d'une souris : la possibilité d'interpellation à l'Assemblée nationale. On mesurera toute la débauche d'énergie pour aboutir à pareille billevesée !

Or, dans les mythologies démocratiques soucieuses de s'aligner sur une pensée politiquement correcte, on ne touche pas à la représentation parlementaire. Indépendamment du vote proposé, le résultat est connu avant même que les bulletins soient déposés dans l'urne du Palais-Bourbon. Il n'empêche, il faut protéger le jeu des partis, seul impératif catégorique du monde régi par les oukases de la petite politique, elle-même l'auxiliaire la plus efficace de l'idéologie dominante, celle qui vante sans partage les mérites du seul marché libéral. Les partis valent les autres machines d'asservissement, fonctionnent sur le même principe, absorbent les énergies individuelles, singulières, se nourrissent des forces diverses qui convergent, et régurgitent un discours stéréotypé autorisant la promotion des domestiques désignés par la machine comme de bons et loyaux serviteurs. Ceux-là émergeront du lot après de sanglantes oppositions et d'hypocrites échanges enregistrés lors des cérémonies initiatiques où se mêlent épreuves de silence, couleuvres avalées, actes d'allégeance et autres vexations imposées sans relâche aux impétrants.

Lorsqu'ils supportent tout sans broncher, voire en souriant, on leur attribue des fonctions, des circonscriptions, des postes en or, des chasses réservées, des ministères, des cabinets, des bureaux, on leur ouvre l'accès aux signes extérieurs de puissance sociale et à tous colifichets marqueurs et révélateurs du serf et du valet. Pour mieux se persuader qu'ils sont quelque chose, à défaut d'être quelqu'un, ils reproduiront avec morgue sur leurs inférieurs ce qu'ils auront enduré de leurs supérieurs. L'arrogance dont ils font preuve sur le terrain s'enracine dans le souvenir des humiliations subies en amont.

Dans tous les cas de figure, leur hypothétique force subversive du départ est annihilée. Personne n'échappe à la rigueur du mécanisme. Autant vouloir séjourner indemne dans un brasier. Pas de sublime, mais d'immenses petitesses, pas d'héroïsme, mais de perpétuelles bassesses. Les tenants de la petite politique, du jeu de la représentativité qui singe les cours royales d'antan, d'avant la république, vivent du refus de tout ce qui contrarierait l'ordre dont ils procèdent et qui les fait rois. Sorel, lui, veut une grande politique où le mythe serve l'expression du sublime et permette le dégagement d'héroïsme.

Contre le socialisme d'action électorale, qui lui répugne, il combat pour un socialisme d'action culturelle. Les thèses de Gramsci gisent là, en germe. D'où une critique du parlementarisme doublée, sur son autre front, d'une critique des modes d'action sanguinaires. Ni le socialisme parlementaire ni la propagande par le fait ou le recours au sang. Les travestisseurs de Sorel en philosophe brutal, pourvoyeur théorique des fascismes de ce siècle, oublient les pages consacrées à critiquer le jacobinisme de la Révolution française tout autant que le recours à la Terreur. Sa sympathie ne va pas à Jean-Paul Marat ni à Robespierre, pas plus à Hébert qui ont justifié d'abondance le recours à la lame funeste et les 20 000 victimes de la Terreur rouge. Ni les enragés ni les hébertistes ne séduisent Sorel, mais Desmoulins quand il s'oppose de toutes ses forces au déclenchement de la Terreur, contre laquelle il ne pourra rien et qui l'emportera même, lui et sa femme. Sorel apôtre de la brutalité sanguinaire ? Pour ceux qui refusent de lire ces pages, certes. Pas pour les autres.

De même, il critique la propagande par le fait active à la fin du XIXe siècle avec Ravachol, Émile Henry, la bande à Bonnot, Caserio. Les machines infernales, bombes à retardement, dynamite, fulminate de mercure, fulmicoton, inflammation de sodium et autres façons, selon les expressions de Villiers de l'Isle-Adam et Flor O'Squarr d'avoir « la foudre en poche » ou « l'Etna chez soi », ne plaisent pas à l'auteur des *Réflexions sur la violence*. Qu'on lise dans ce livre les lignes consacrées à réfuter ces moyens d'action, coûteux pour la liberté, générateurs d'une répression ainsi légitimée et accentuée par la bourgeoisie, inutiles, inefficaces pour la cause libertaire. Sorel voit dans ces pratiques « la philosophie de l'histoire selon les plus purs principes du maquis corse » et à aucun moment il ne souscrit à cette logique issue d'une « psychologie de la vendetta ».

De la même manière, il n'adhère pas au projet des anarchistes de la fin du siècle dernier défenseurs du vol nommé « reprise individuelle ». Sous prétexte que les bourgeois possèdent, ce qui suppose la spoliation et l'exploitation des ouvriers, les bandits dits d'honneur, un mélange d'Arsène Lupin et de gentlemen-cambrioleurs, légitiment le vol dans les propriétés privées. Voilà qui évite radicalement, pour Sorel, la logique collective de la réappropriation de soi en servant exclusivement les intérêts personnels et particuliers. Pire, ceux qui, de la sorte, prennent la cause prolétarienne en otage, discréditent les actions subversives dignes de ce nom.

Brutal ou dangereux, ce Sorel écartant les heures sanglantes de la Révolution française et les poseurs de marmites dynamiteuses dans les appartements des juges, les commissariats ou les restaurants parisiens de luxe ? Cryptofasciste ou penseur des barbaries italiennes et bolcheviques ? Maître à penser, *via* Georges Valois et le Cercle Proudhon, d'un pétainisme s'emparant de lui quinze ans après sa mort ? Georges Sorel lutte pour une production libérée de la hiérarchie, des institutions du passé et de l'État, le tout dans le constant souci de permettre à chacun, *comme individu,* de trouver son compte à cette lutte du bon côté de la barricade.

La violence sorélienne, démarquée par lui de celles de 1793 et de 1895, aspire à faire la preuve, sur le terrain, de l'existence d'une lutte des classes, puis d'une nécessité de compter et d'expérimenter ses forces. Sans souci du parlementarisme socialiste à sa droite, ni des terrorismes jacobins à sa gauche, il proscrit tout ce qui ressemble à de la haine, du ressentiment ou de l'esprit de vengeance, et réalise au mieux ce que je persiste à intégrer sous la rubrique du nietzschéisme de gauche. De la même manière, il pratique en chevalier une guerre où le combat oppose les ennemis directs en épargnant les autres.

Les actes de guerre que sont toujours les incarnations de la violence sorélienne dans l'histoire visent, ponctuellement, chirurgicalement dirait-on aujourd'hui, les seuls soldats du combat, à l'exclusion de tout autre être « inoffensif », c'est son expression. Lecteur de textes stratégiques, Georges Sorel propose sa machine de guerre. L'instrument avec lequel il entend forcer les lignes ennemies ? le syndicalisme révolutionnaire. Cette mécanique de forces sublimes, cette dynamique voulue pour exprimer ces énergies constituent le remède à la petite politique.

Une grande politique, aujourd'hui, peut s'inspirer de cet appareil de capture sorélien pour permettre au devenir révolutionnaire des individus une combinaison d'affects et d'énergies susceptible de réaliser un projet hédoniste et libertaire. L'objectif de cette machine est la destruction, après saisie de tout ce qui prolifère en vertu de l'exploitation capitaliste : misère, pauvreté, exploitation, assujettissement, servitude, domination, aliénation, et autres modalités de la violence — dans son acception classique — bourgeoise.

Le syndicalisme révolutionnaire début de siècle veut l'immanence en matière d'action pour contrer la modalité pyramidale et descendante de l'exercice et de l'expression du pouvoir d'État. Il vise l'action directe, sans intermédiaire, sans passage obligé par des machines dissociatives et anéantissantes, tels les assemblées, les commissions et autres groupements grégaires qui digèrent la revendication. De même, il part du principe de la constance et de l'éternité de l'action et de la lutte. Enfin, il aspire au remplacement des professionnels de la représentation politique par ceux sur lesquels doit s'exercer le pouvoir. Toutes ces lignes de force demeurent pertinentes pour une machine de guerre ajustée aux nécessités contemporaines : l'immanence, l'action directe, le jeu avec des forces incompressibles, et l'autogestion.

D'où la possibilité des coordinations, qui ont vu le jour il y a une dizaine d'années, ces machines propédeutiques à la réactualisation d'un syndicalisme authentiquement subversif, au-delà des appareils de parti que sont devenues, toutes tendances confondues, les centrales syndicales classiques. La coordination part de la base, revendique l'immanence et le court-circuitage des appareils de capture officiels, même d'opposition. Elle se moque des mots d'ordre, des positions de telle ou telle centrale dans le jeu de négociation transfigurant un syndicat officiel en interlocuteur privilégié auprès du gouvernement. Elle ne vise pas le détournement et la captation d'une revendication de la base à des fins de prestige personnel, pour assurer une domination à la tête d'une fédération. Elle ne craint pas la détérioration d'une image de marque de partenaire social obligé, sérieux, ayant le sens des responsabilités. Enfin, elle ne fournit pas de prébendes aux dirigeants des appareils après l'achat de leur silence contre leur coopération ou collaboration.

Les accords de Grenelle devraient rester dans toute mémoire syndicale comme une leçon. Dès qu'un pouvoir en place a obtenu des grévistes la reprise du travail, au nom de promesses dont la réalisation suppose de nouvelles rencontres, un cahier des charges, des délais ou toutes autres conditions mises en avant par les pouvoirs publics ou les tenants du pouvoir patronal, il n'a plus d'autre souci que d'étouffer les velléités de revendication qui subsisteraient. Tout ce qui diffère la prise de décision réelle assure aux revendications le trépas le plus certain. Le syndicalisme officiel, en vertu du principe cynique qu'il faut savoir arrêter une grève, finit toujours, peu ou prou, par se faire l'auxiliaire du pouvoir combattu, d'abord au nom du réalisme, puis d'un irénisme selon lequel des promesses faites supposent qu'elles soient tenues. Les pouvoirs syndicaux et politiques, réactionnaires et révolutionnaires, en charge des affaires, sont toujours et indéfectiblement complices. Il suffit de suivre à la trace les flux qui, dans les négociations, toujours convergent vers un point où se retrouvent les gens de pouvoir, syndicalistes officiels et ministres en activité. Leur rencontre vaut assurance d'une extinction du feu social.

Les coordinations courent le plus grand des risques en côtoyant les pouvoirs en place, à même de distribuer de formidables avantages et transformer la vie de celui qui convaincra ses mandataires de reprendre le travail et circonscrira les volontés individuelles. Une femme qui fut jeune et voix de la première coordination étudiante en 1986 devint ainsi rapidement chargée de mission au gouvernement, là où, dans un bureau, se fabriquent les études qui dévirilisent les revendications. Sa carrière personnelle fut assurée en même temps que la rue redevenait silencieuse. Les forces libres risquent de ne pas le rester longtemps, pas plus qu'elles durent en tant que forces.

Sorel, toujours lui, a mis en évidence cette vérité première de l'anthropologie politique : acheter un homme coûte moins cher que de le persuader de renoncer à ses idées — et paraît d'ailleurs plus sûr. Il suffit d'y mettre le prix et de savoir quelle monnaie fascine l'empêcheur de penser en rond. La société close, qu'elle soit de parti ou de syndicat, fonctionne avec des gens acquis, déjà payés, et dont l'intérêt vise moins l'idée pertinente ou la défense de ceux qui font confiance à la structure que la protection et la conservation de leur place, ou encore la préparation de la prochaine promotion au sein de l'association.

La coordination, spontanée, mobile, dynamique, plastique, reste la machine de guerre idéale pour cristalliser des forces et permettre l'action violente, selon l'acception sorélienne, et libertaire. Dès la perte de sa spontanéité, de sa mobilité, de son dynamisme, de sa plasticité, elle devient une machine de moins en moins performante pour les buts qu'elle s'est fixés. Bientôt, elle n'est plus qu'un auxiliaire des forces ennemies, avant passage avec armes et bagages de l'autre côté de la barricade. Dans la maîtrise des forces, les détenteurs du pouvoir sont plus doués, plus malins, plus rusés, plus fourbes et plus déterminés que ceux qui s'en servent comme on use d'un pur et simple outil. Pour les uns, il est une fin libertaire, pour les autres, un moyen liberticide. L'association d'individus sur le mode stirnérien rend possible une occasion de décupler les pouvoirs individuels qui, sinon, sont plus facilement destructibles par les tenants de l'autre côté de la barricade. Les forces gagnent, évidemment, à l'association. Et l'individualisme altruiste dont il est question, en passant, chez Albert Camus, gagnerait à être développé, précisé.

Je ne vois guère d'issue dans l'action individuelle seule et solitaire, car elle envoie systématiquement le particulier dans la gueule du loup. La force individuelle suffit pour les tâches à sa dimension, à sa portée. Pas plus. L'exemple de Thoreau suffirait à en faire la démonstration. Ce théoricien de la *désobéissance civile** pratiquait aussi ce qu'il enseignait. Chose rare chez les philosophes. Aussi, lorsqu'il décida de ne plus payer ses impôts, tant il trouvait cette obligation inique et en contradiction avec son idée de la justice, il fut bien évidemment requis par les forces de l'ordre et conduit en prison. Là, en martyr de la cause libertaire, il décida de rester, plutôt prisonnier en paix avec sa conscience que libre et fâché avec elle.

Derrière les barreaux, il expérimente, moins brutalement qu'Antelme, mais de manière quintessenciée lui aussi, qu'en incarcérant un corps, une chair, on n'entame en rien la volonté de l'être privé des seuls mouvements de son corps. Son emprisonnement aurait certainement duré un temps infini si un membre de sa famille n'était venu payer pour lui l'argent dû. Fâché, Thoreau consentit aux avantages de la liberté retrouvée, mais prétendit qu'il la devait à une injustice commise en son nom, par un autre. D'où un mécontentement dont il ne se remit pas...

Dans son analyse de la désobéissance civile, il appelle à une *révolution paisible,* c'est son expression, pour combattre les pouvoirs extérieurs qui entravent le gouvernement de soi. Cette révolution suppose deux faits : le refus d'obéir, l'insoumission, la révolte devant l'assujettissement, puis, chose moins aisée, la démission du fonctionnaire censé faire respecter la loi. Les vocations théoriques au martyre sont aussi nombreuses qu'improbables celles qui transforment un fonctionnaire en philosophe, certes en paix avec sa conscience, mais tout de même au chômage.

Sur le mode kantien de l'universalisation de la maxime, Thoreau a raison, le concept de révolution paisible semble opératoire. Mais Kant réjouit seulement l'esprit, et laisse intact le réel auquel il est extraordinairement inadapté. L'individualisme, dans l'action, équivaut à une pratique solipsiste relevant du sacrifice. Et l'on mesure ici toutes les limites de l'invite faite par La Boétie : se contenter de ne plus servir, non pas se révolter, se rebeller, entamer une action positive, mais ne plus soutenir. Tant que le pouvoir se cantonne à l'intersubjectivité simple entre deux individus, le propos du *Discours de la servitude volontaire* paraît efficace, bienvenu et roboratif. Mais dès qu'il s'applique à une relation plus complexe impliquant une fonction derrière laquelle se profile le monopole de la contrainte légale, ne plus servir, induit moins le surgissement de la liberté que l'apparition du cachot. La force d'inertie demeure une force pour autant qu'en face l'ennemi n'a pas décidé d'appuyer sa pression, d'augmenter sa puissance. En pareil cas, l'inertie ne suffit plus et si l'on s'en contente, on a perdu, emporté par une plus grande force qu'elle.

La Boétie enseigne : ne pas éteindre le feu avec de l'eau, mais cesser de l'alimenter en bois. Certes, pour éviter l'incendie, c'est efficace, du moins tant qu'en face de soi on n'a pas un incendiaire, un pyromane résolu. Ne plus servir suffit à libérer dans le seul cas des pouvoirs dont il est facile de se déprendre. En revanche, Thoreau en fait la démonstration biographique, ne plus servir un pouvoir qui ne craint pas l'insoumission, voire s'en moque, c'est aller tout droit au-devant de toutes les répressions possibles et imaginables.

Dans une dictature, par exemple, ou dans le maillage des réseaux en toile d'araignée par la société libérale, la résolution de ne plus servir ne suffit pas. Décidé à ne plus apporter son concours à l'entreprise totalitaire nazie, fasciste ou stalinienne, sauf à être kantien et attendre, crédule, l'universalisation de son principe, La Boétie se verrait condamné à l'incarcération, la punition, la torture, voire une balle dans la tête — ou la chambre à gaz. La non-violence ne suffit pas dans un monde où la force d'inertie compte pour rien tant sont démesurées les forces contraignantes auxquelles il faut s'opposer.

Thoreau souhaitait disposer d'une liste de toutes les associations existantes afin de pouvoir démissionner de toutes celles auxquelles il n'aurait pas adhéré. C'est sympathique, mais la protestation sur le mode de l'objection de conscience ne suffit pas. Tolstoï, Gandhi et Martin Luther King ont lu Thoreau avec le désir de l'inféoder à l'idéal chrétien, celui avec lequel on fait des martyrs qui meurent dans les cirques, croqués par des lions ou mangés par des bêtes mauvaises. C'est oublier que le même Thoreau a défendu, dans un petit texte souvent négligé, John Brown, un Noir qui militait contre l'esclavagisme sur le mode violent : en se fournissant, par exemple, en armes dans une armurerie attaquée avec quelques complices ou, plus tard, en participant aux massacres d'Ossawatorie. La légitimité d'une rébellion ne se cherche pas dans son mode de rapport à la violence mais se trouve dans sa relation au droit naturel dont elle procède. Le sentiment de la justice ignore les lois positives et pose, en priorité, l'iniquité des impôts et la révolte devant l'esclavage des Noirs. Le reste suit. La révolution paisible, vœu pieux, ne suffit pas à engager une authentique action subversive.

En revanche, l'association d'égoïstes, la création d'une dynamique fédérant ces forces éparses en machine à percer les lignes ennemies, voilà un avenir radieux pour l'action sorélienne violente. Le devenir révolutionnaire des individus pour-soi doit se doubler, pour des raisons pragmatiques d'efficacité, par une mécanique fonctionnant avec-autrui. L'individualisme altruiste qui traverse de part en part *L'Homme révolté* agit selon ce principe : une force individuelle associée à une autre, réalise sa puissance par elle, puis pour elle, et récupère, dans cette opération l'équivalent des plus-values dégagées par la force de travail en commun.

L'association des forces, leur communauté, suppose, au-delà de l'individu, moins une hypothétique univer-salisation qu'une généralisation au maximum possible de son élargissement. La contagion, la contamination s'imposent pour structurer et mener à bien l'insurrec-tion voulue, presque sur le mode dionysien, par Auguste Blanqui, révolté permanent et théoricien de l'insoumission généralisée. L'action solitaire, sauf dans l'hypothèse héroïque pure, a une efficacité limi-tée. La force individuelle vaut pour une intersubjecti-vité réduite, dans une relation éparpillée, morcelée. Là où triomphent de gros appareils, d'immenses machines produisant l'assujettissement, il faut viser la collation des forces, leur association.

La machine de guerre constituée, la stratégie étant la destruction de l'ennemi embusqué de l'autre côté des barricades, quelle tactique convient-il d'adopter ? *Le Syndicalisme révolutionnaire** de Pelloutier, repris en cela par Sorel, avait répondu à cette question : tous les moyens sont bons qui permettent la concentration des forces pour ouvrir une brèche dans le camp de l'ad-versaire. Puis toutes les actions directes sont légitimes qui, épargnant les innocents, ceux qui ne sont en rien des auxiliaires du pouvoir bourgeois, autorisent un nouveau rapport de force, un autre équilibre. Loin de la seule force d'inertie individuelle, cette machine syn-dicale promeut et produit une puissance supérieure à celle qui lui est opposée. En termes de dynamique pure, il n'est pas d'autre issue pensable pour une victoire possible.

L'action peut se déployer entre deux extrémités qui, pour la plus retenue suppose la grève, pour la moins soucieuse des convenances, va jusqu'à la destruction de l'appareil de production. De la grève, on sait qu'elle peut être partielle, perlée, générale, ponctuelle, revendiquée comme telle ou pratiquée discrètement. Les syndicalistes, au début de ce siècle, ont passé un temps considérable à discuter de ses formes, de ses modalités, de sa légitimité, de son efficacité, sinon de sa pertinence. Émile Pouget a donné des variations sur ce thème qui sont d'authentiques occasions de mener le combat.

Ainsi du degré zéro de l'insurrection inauguré par l'obstructionnisme, cet excès de zèle susceptible d'être mis dans l'accomplissement d'une tâche pourvu qu'on agisse en respectant très scrupuleusement l'ensemble des règlements dans leur détail. Ne refusant pas le travail, obéissant à la loi dans les moindres méandres, l'acteur qui obstrue la circulation de ses flux montre ainsi la place cardinale occupée dans ces trajets laborieux par son intercession.

De la même manière, agissant sur les cadences, Pouget invite l'ouvrier à pratiquer ce qui, procédant d'une pratique écossaise, s'appelle le *go canny*. Il s'agit d'aller à son rythme et de fournir un travail dans la quantité estimée en relation avec la qualité de la paie. Puisque sur le marché du travail on considère la possibilité d'obtenir un individu dans l'absolu, il s'agira de démontrer la relativité de la force de travail et sa relation spécifique avec le salaire de la fiche de paie.

Toujours dans la logique de la maîtrise ouvrière des flux et des vitesses de travail, on pourra recourir au sabotage dont le même Pouget précise qu'il définit un travail fait comme à coups de sabot. Deleuze, pour sa part, brodait sur l'étymologie et l'associait au sabot glissé dans la machine. Le geste vise la revalorisation de la force de travail dans un monde où elle compte pour rien. Il est opposition d'une force à une autre : subversion contre exploitation, autant dire insurrection contre paupérisation. La formule du saboteur est : « À mauvaise paie, mauvais travail. » Et l'on aurait mauvaise grâce à voir dans cette violence prolétarienne, dont Georges Sorel faisait l'éloge, un plaidoyer pour les bûchers, les prisons, les guillotines ou autres instruments de terreur. Le ralentissement du temps dont le capitaliste sait qu'il est de l'argent, constitue une force révolutionnaire considérable, un formidable moyen de pression, l'expression d'une véritable force à opposer à la domination des exploiteurs qui asservissent sans contre-partie digne de ce nom.

Pareillement, l'action sur la dilution du temps peut se doubler d'une action sur la qualité de la marchandise. Là où le système capitaliste exclut des bénéfices celui qui, par sa force de travail, y contribue largement, le syndicalisme révolutionnaire de Pouget, Sorel ou Pelloutier propose et revendique une appropriation partielle de l'objet fabriqué. Par exemple, en lui accordant un label certifiant au consommateur potentiel sa production dans des circonstances respectueuses du droit syndical et des conventions collectives, en un endroit où les conditions de travail sont en conformité avec le souhait des travailleurs.

Sur le même objet, à l'autre extrémité, on peut aussi décréter un boycott, selon le principe identique, mais inversé, qu'une production effectuée dans des conditions déplorables justifie le refus d'une promotion ou d'un achat par ceux qui se sentiraient solidaires du sens de cette décision. Les organisations de consommateurs, parties prenantes dans le jeu d'une réactualisation des conditions de possibilité d'un nouveau syndicalisme révolutionnaire, pourraient montrer la force et l'action de ceux qui, en achetant, peuvent faire ou défaire un marché en lieu et place de ce qui, aujourd'hui, fonde la logique commerciale : la publicité.

Ni vanté ni discrédité, on peut enfin pratiquer le sabotage pur et simple de l'objet manufacturé en le rendant invendable, impossible à commercialiser. Chaque fois, et des dizaines de décisions de congrès politiques en témoignent, la volonté de rendre un objet vendu impropre à la consommation doit se faire exclusivement au détriment du propriétaire, jamais du consommateur. Puisque pareille action vise l'expression d'une force contre le pouvoir des exploiteurs, il ne saurait en aucun cas être question de prendre en otage l'acheteur potentiel. Pouget justifie le sabotage comme réponse à celui que pratiquent les entrepreneurs dans leurs domaines respectifs. Il signale des produits moins coûteux, ignobles ou dangereux, plus rentables ou moins dispendieux utilisés par un nombre incalculable de marchands qui accumulent et augmentent leurs bénéfices tout en mettant en danger la santé des consommateurs. Les récents scandales de l'amiante, du sang contaminé, de la viande de vaches folles, des produits de la mer irradiés par les rejets de centrales nucléaires, des productions agricoles transgéniques peut-être nocives, des eaux et sous-sols pollués par la généralisation des engrais chimiques, des aliments synthétiques ou la commercialisation d'hormones de croissance mortelles vendues par des laboratoires pour des enfants, montrent à l'envi que les choses n'ont pas beaucoup changé...

Enfin, sur ce registre des forces de subversion opposées à des forces d'exploitation, des violences prolétariennes levées contre les forces bourgeoises, on peut imaginer et promouvoir l'immobilisation des instruments de production, ce qui rend impossible la fabrication d'objets. La guerre sociale culmine alors puisque les flux sont taris, la circulation des richesses coupée : l'enrichissement tout autant que l'exploitation se trouvent entravés. Plus de cadences infernales, plus d'assujettissement aux machines, plus de soumission des individus au corps social, plus de vexations, de douleurs ni de corps branchés sur des mécaniques décérébrantes. Arrêt des machines de production, triomphe des machines de guerre.

Et pour finir, là où ne suffiraient pas ces forces opposées à d'autres, cette dynamique des forces sublimes lancées contre la mécanique de celles qui sont mortifères, le révolté, le résistant et l'insoumis disposent encore de saturnales ou de dionysies d'un genre particulier inaugurées dans l'Angleterre contemporaine des balbutiements de la révolution industrielle, à la fin du XVIIIe siècle. On sait qu'un jour, huit mille travailleurs ont attaqué une usine et l'ont brûlée de fond en comble pour signifier leur méfiance instinctive à l'endroit de sa froide efficacité mécanique. En 1811, une vague de protestation analogue a déferlé, toujours sur le même pays. On disait alors que Ned Ludd était passé par là.

La rumeur courait que Ned Ludd était un roi ou un général, un genre de Spartacus à sa manière, qui invitait à mettre le feu partout où de nouvelles usines apparaissaient, de façon sporadique comme obéissant à un genre de génération spontanée — je songe, par exemple, à celle qui surprend Rousseau par son cliquetis lors d'une herborisation. Or, évidemment, il n'y avait aucun roi, aucun général à l'origine des feux de joie. Tout juste des *luddistes,* c'était leur nom, annonciateurs de l'insurrection vantée toute son existence par Blanqui, théorisée par Pelloutier et Sorel, ces trois pointes d'un triangle noir incandescent. Leur motivation ? Le mépris des usines qu'ils voyaient comme des

prisons et leur refus du travail salarié pressenti comme
une nouvelle occasion d'esclavage. En ces temps
sombres, l'esprit et l'action de nouveaux luddistes
seraient nécessaires, et je souscrirais volontiers à leur
volonté de feux furieux...

CONCLUSION

Quarante-trois camélias pour Blanqui

Pour François Doubin, malgré Ledru-Rollin...

Cher Blanqui,

Les existences sans flexions, compromissions et accrocs sont rares, vous le savez plus que quiconque. Combien paraissent, en cours de route, avant même le trépas qui fixe l'ensemble, percées, déchirées, salies de voltes et de renoncements, souillées de compositions fébriles avec les pouvoirs pour de minables prébendes, et c'est le cas de la plupart dès qu'un avantage est en jeu, dès qu'une rétribution pointe. J'en sais qui tinrent des propos avec lesquels ils auraient envoyé à l'échafaud ceux qu'ils disaient alors leurs amis et qui, aujourd'hui, avancent les idées exactement contraires. Faut-il, d'ailleurs, encore parler d'idées ? Bien sûr, à cette heure, ils se pavanent le col raide et le ventre en avant, la figure arrogante et le verbe théâtral, en débitant, péremptoires, les phrases contre lesquelles ils lançaient des anathèmes, dans le désert de leur solitude d'alors. Ils sont maintenant en bande, grégaires, en troupeaux, semblables aux animaux de Grandville, monnayant leurs petites représentations pour deux ou trois avantages symboliques avec lesquels ils jouissent de se montrer faisant une roue ocellée et poussant des cris de volaille domestique.

J'aime, chez vous, cette inflexibilité pendant toute votre existence, malgré mille occasions qui vous ont été données de devenir un renégat. Ceux-là mêmes qui n'ont rien eu à payer pour leurs idées libres, hier, sont les plus ardents à abjurer aujourd'hui dès qu'a été connu le prix, bas, auquel on a pu les acheter. Vous êtes resté incorruptible, méritant plus qu'un autre l'épithète, sûrement plus que ce sinistre vendeur d'Être suprême pour lequel vous aviez, si justement, un profond mépris. Car il s'agissait de jouer votre liberté contre vos idées, ou l'inverse. Vous avez sacrifié votre liberté de mouvement, la volupté d'un corps mobile, pas vos pensées. Pas de flexion, donc, de reniement ou de compromissions, de compositions ou d'arrangements avec le diable : vous n'avez pas failli. Il est d'ailleurs singulier qu'en ces temps où je vous écris il y ait une sympathie généralisée pour les plus doués dans l'art de se renier. Cette rhétorique du caméléon impressionne d'aucuns qui y voient même un talent, de l'art, sinon du génie. L'admiration pour ceux qui n'ont pas failli finit par ressembler, aux yeux des opportunistes, à une addiction appuyée pour les procureurs du peuple, les tombeurs de tête ou les commissaires politiques les plus sanguinaires : fêter la fidélité à des idées paraît suspect à l'heure où le plus grand nombre n'est attaché qu'à ce qui lui permet une carrière, un statut social. Vous, vous avez sacrifié tout cela, dès vos plus jeunes années, au point qu'en dehors d'une formation de juriste qui n'aboutira pas on ne peut vous donner aucune profession fixe, outre des collaborations épisodiques à la presse d'opposition.

D'un côté triomphent l'argent, les honneurs, les richesses, le pouvoir, qu'à force de compromis — l'époque le permettait comme toute autre — vous auriez fini par obtenir, entre Gambetta et Jules Ferry. Pour ce faire, il vous aurait suffi de mettre vos idées et votre talent d'orateur au service de ce qu'il est convenu de dire quand il s'agit de briller, paraître, et emporter les suffrages. Se mettre dans le sens de l'histoire pour en capter un peu de l'aura, d'aucuns excellent en la matière. Depuis toujours, les plus médiocres brillent dans cet art : on peut chercher dans votre vie ce qui ressemblerait à une faille de cet ordre, on ne trouvera rien.

De l'autre se conjuguent la prison, la déportation, l'exil, les vexations, l'humiliation, le mépris, la déconsidération, ou l'honneur sali par des faux qui n'ont manqué ni de rédacteurs, parmi les ennemis politiques, ni de propagateurs, du côté des prétendus alliés. Soit, pour tribut payé en fidélité à vos idées, une quinzaine de prisons, du Mont-Saint-Michel à Belle-Île, du Fort du Taureau à Sainte-Pélagie, de Clairvaux à la Force, soit, également trente-trois années et sept mois et demi de prison auxquels il faut ajouter exil et surveillance policière, résidence forcée et même prison volontaire puisque, à Tours, vous avez refusé de bénéficier d'une grâce impériale. Total du temps offert en sacrifice : quarante-trois années et huit mois. Autant dire que, sur une existence d'un demi-siècle de vie adulte, vous avez connu moins de sept années de liberté.

Dois-je vous dire que je suis particulièrement impressionné par le fait qu'ayant connu tout cela, souffrances physiques et tortures morales, privations généralisées et ajout pervers de tout ce qui rend insupportable la vie carcérale, vous avez profité de la libération qu'on vous accorda sur la fin de votre existence pour créer un journal dont le titre est *Ni Dieu, ni maître*. Votre âge, alors ? Soixante-seize ans... Autant dire qu'on n'a guère entamé votre détermination et votre résolution en faisant de vous cet enfermé perpé-

tuel traversant le siècle à l'ombre des geôles. On n'a
d'ailleurs pas plus anéanti votre volonté que touché à
votre humour.

Ainsi, au tribunal où le profil bas pouvait valoir
comme une demande de clémence, un argument de
taille pour laisser imaginer à l'autorité qu'elle triom-
phait et pouvait jouir de croire brisé un caractère, un
tempérament, vous ne vous êtes jamais défait de votre
sourire et de votre regard que tous ont dit impression-
nant de malice et d'incandescence. Après les journées
de 1830, vous profitez de la tribune qui vous est offerte
à la barre dite de justice pour faire, en bonne et due
forme, une critique radicale de la société bourgeoise.
Plus tard, après celles de 1848, alors qu'on assimile
l'improvisation de votre discours de deux heures à
l'Assemblée nationale à une tentative de renversement
du pouvoir, aux magistrats réunis, trois heures durant,
vous rétorquez d'abord qu'on ne fait pas un coup
d'État en l'annonçant par un propos public laissant à
la police ou à l'armée le temps d'arriver, ensuite, vous
dites dans le détail comment vous vous y seriez pris
pour faire un coup de force, dans l'illégalité et le secret

Bien sûr, les gens de justice qui ont l'habitude d'une
déférence intégrale et d'une infantilité savamment
entretenue dès qu'on leur adresse la parole dans une
enceinte de tribunal n'aiment guère cette liberté revendiquée haut et clair, en public, devant eux qui jubilent
de mater mais ne parviennent qu'aux simulacres d'un
assujettissement. Chacune de vos interventions dans un
palais de justice apparaît sur le mode de la tribune car
il s'agit contre vents et marées de faire avancer les
idées auxquelles vous croyez.

D'aucuns aimeraient vous confiner dans ce seul rôle
de tribun, d'excellent rhéteur au pouvoir magnétique,
au regard fascinant et au verbe envoûtant. Ils opposent
votre excellence de théoricien de l'action à vos piètres

talents d'acteur de vos pensées. Il est vrai qu'ici ou là, vous vous contentez d'agir sur le mode de la confidentialité et des sociétés secrètes, vous semblez aller au-devant de l'échec en évitant une trop grande proximité avec les insurgés qui aiment le contact, dont ils ont besoin, alors que vous optez plutôt pour ce que Nietzsche appelait « le pathos de la distance ». Mais, pour autant, faut-il oublier quel acteur vous avez été au service desdites idées ? Par exemple, le combat de rue dès que possible, des blessures au sabre à deux reprises, une balle dans le cou une autre fois témoignent de l'ardeur investie dans l'affrontement physique ; ensuite, lors des Trois Glorieuses ; plus tard avec la fabrication d'explosifs en 1836 ; la préparation d'une insurrection deux années après et le passage à l'acte, même défaillant ; l'organisation des journées révolutionnaires de 1848 ; la participation active aux émeutes de 1870, alors que vous avez passé soixante-cinq ans.

Par ailleurs, il faut également penser au temps que vous avez consacré à la création, la rédaction et la diffusion des journaux nombreux, ainsi qu'aux tout aussi nombreuses réunions, tant secrètes, du temps de la Charbonnerie, que publiques, aux époques plus glorieuses et populaires de la fin. Si l'on sait se souvenir que tout cela se fit entre les incarcérations, les peines de prison, en moins de sept années, on peut juger du degré d'implication qui fut le vôtre dans l'action et la propagation de vos idées, toujours les mêmes.

Je me suis d'ailleurs demandé d'où vous venait cette indéfectible hargne, cette volonté irréfragable de ne jamais abandonner le combat. Et vous en donnez les raisons, précisément, nettement, en renvoyant à une scène vécue l'année de vos dix-sept ans. Il s'agit de l'exécution capitale publique par guillotine de quatre sergents carbonari qui s'étaient rendus coupables, aux yeux du pouvoir, de conjuration contre le gouvernement de la Restauration. Là, devant le public amassé, avide de spectacle dégoûtant, alors que certains étaient accrochés aux arbres, grimpés sur les toits, vous avez entendu Goubin, Pommier, Raoulx et l'instigateur du complot, Bories, monter dignement à l'échafaud et crier : « Vive la liberté ! » Ce jour-là, vous avez juré de les venger. Votre vie, dans le moindre de ses détails, fut à la hauteur de cette volonté d'adolescent.

J'aime qu'on enracine un caractère, une vie durant, dans ce qu'il est convenu d'appeler aujourd'hui une expérience existentielle fondatrice imprimée dans la chair dès les plus jeunes années. Pas de rebelle sans un sang vif, fouetté dès l'enfance par le spectacle de l'injustice, le dégoût et l'écœurement, l'envie et le désir de ne jamais oublier et de porter la tempête ailleurs, là où elle doit nettoyer, en signe de fidélité, pour dire la mémoire dans une époque veule où triomphe l'amnésie. Vous n'avez pas démérité, il me semble, malgré toutes les tentatives du pouvoir pour vous briser, vous casser, vous détruire. Des années plus tard, plus de quarante en l'occurrence, certains vous ont vu porter un bouquet de violettes sur la tombe des quatre sergents. Et je veux voir là votre indéfectible fonds romantique.

Bien sûr, je sais votre détestation du romantisme politique historique, votre refus de leur goût pour les ruines, le gothique et ce christianisme sulfureux, sinon leurs options monarchistes ou libérales. Mais vous détestez les romantiques en romantique — et j'aime votre trace dans l'histoire comme celle d'un rebelle familier des architectures carcérales de Piranèse, un inflexible jamais consolé de la mort de sa femme, la seule, l'unique, dont l'absence fut votre plus grande douleur. Les jeteurs de fiel, baveurs de haine disaient vos perpétuels gants noirs revêtus pour cacher une gale, un genre de lèpre. À un intime vous avez confié un jour qu'avec ce noir vous portiez le deuil de votre femme et vouliez soustraire au regard du tout-venant ce triple anneau que vous n'avez cessé de porter du jour de votre mariage à celui de votre enterrement.

Romantique, vous l'avez été, me semble-t-il, en vous dressant, solitaire, individu rebelle et souverain, devant l'ensemble des groupes, des masses, des puissances cristallisées par l'instinct grégaire. Singulier en tout, y compris en ce petit corps indocile, lui aussi, résistant à l'extrême aux conditions d'agression et d'exposition les plus impitoyables, malgré une santé toujours précaire. Pas de chauffage, jamais, et même dans les chambres de liberté, entre deux incarcérations, vous dormiez toujours les fenêtres grandes ouvertes, vous réveillant avec du givre, de la glace ou de la neige sur vos couvertures. Vous avez pratiqué une diététique rigoureuse en prison, évitant qu'on atteigne et contraigne votre corps plus que de raison. L'entrave de mouvement suffisait. Quarante années dressées comme un roc au milieu des tempêtes...

Héros tragique et unique, je vous vois traversant les toiles de Géricault, familier des énergies rebelles et des frissons qui parcourent les muscles de chevaux frémissants et furieux. Je vous imagine chez Goya, en génie hanté par les songes et les monstres déchaînés par le sommeil de la raison. Je vous entends en écho à Berlioz et à ses traits magnifiques et épiques, entre deux phrases homériques et deux explosions de cuivres ou de percussions, claires comme des aurores magnifiques. Delacroix et Wagner ou encore Vigny et son individu dans une relation de perpétuelle antinomie avec la société. Baudelaire, également, fut de votre Société républicaine centrale, avec Toussenel, et fit de vous un portrait de profil à la plume — pour le satanisme sombre. Hugo, enfin, le dernier Hugo, celui des alexandrins qui font le pendant aux pages écrites par Dante. Dans cette famille-là, vous êtes celui qui porte à son point d'incandescence la révolte comme un art, la rébellion comme une esthétique. La politique en forme de sacerdoce que rien ne vient entamer, voilà l'occasion de votre puissance et de votre force, ces variations sublimes sur le thème du génie colérique de la révolution.

M'accorderez-vous, enfin, que, non loin de l'ornithologie passionnelle de Toussenel ou de la copulation des planètes de Fourier, votre astronomie poétique, celle qu'on peut lire dans *L'Éternité par les astres,* vaut comme un presque aveu de romantisme ? Car vous parlez des galaxies, des planètes et des astres en métaphysicien lyrique, en philosophe passionné. Au fond des bouges où l'on vous confine, vous songez, tête dans les étoiles, et racontez l'odyssée des nébuleuses, les vertus de la foudre, l'archipel des comètes, en penseur déterminé à résoudre les antinomies kantiennes concernant l'origine du monde ou la naissance du temps ou encore le principe d'éternité. Dans le ventre de la citadelle du Taureau, vous affirmez la toute-puissance d'un esprit qui se meut, libre, dans l'éternité de l'espace et l'immensité des temps.

Enfin, je ne peux m'empêcher de voir sur votre existence le poids sinistre d'un destin tragique que je sais un signe distinctif des romantiques : cette femme aimée, dont les deux prénoms vous ont fourni l'occasion d'un pseudonyme, et que la mort vous prend si vite. Ce fils dont les prisons vous ont privé, devenant un étranger pour son père, au point de vous proposer d'arrêter tout combat politique afin de couler des jours heureux et imbéciles à vos côtés, non loin de La Ferté-sous-Jouarre, où il officie sous un costume de pompier — vous, l'incendiaire viscéral ! Ces hommes, qui auraient pu être des vôtres par la proximité du combat politique révolutionnaire et qui, derrière Barbès, chauffés à blanc par lui dans l'enceinte même du fort de Belle-Île, propagent les rumeurs hystériques fomentées par la police impériale et font de vous un traître à la cause. Ces faux amis rencontrés sur votre chemin, lors de l'une de vos évasions, lorsque vous vous êtes jeté dans le piège d'un collaborateur de la police, Judas en son genre, qui vous vendit, vous et votre complice, pour quelques pièces d'argent.

Ce destin tragique, je le vois également, manifeste, dans votre relation aux événements, car vous semblez, à leur endroit, subir les motifs et la nécessité d'un évitement, toujours constatable, sans cesse enregistré et réitéré. J'aime vos rendez-vous manqués avec l'histoire, ils disent un perpétuel décalage dans lequel je vous sais installé comme une comète trace dans la Voie lactée, en une posture singulière, toujours en travers des trajets trop droits, rectilignes à la façon dont les architectes ordonnent un monde qui, par ailleurs, ne cesse de résister. La résistance de la matière du monde démontre votre puissance de feu, sinon de frappe, à l'endroit du réel : votre subjectivité solaire contre la noirceur de tous les jours.

Après 1830, là où se fait l'histoire concrète, dans les faits, dans le sang et la boue, vous n'êtes pas. Ni trop loin, ni trop proche, bien sûr, mais chaque fois dans une situation contiguë. J'en veux pour preuve 1848 et 1871, deux moments forts de ce siècle que vous traversez : dans les deux cas, vous vous trouvez en province. À Tours une fois, à Cahors une autre, mais pas à Paris, là où s'exprime, radieuse, la mystique de gauche à laquelle vous sacrifiez et aspirez. 1848 ? Vous manquez la fièvre des rues aux premiers moments, vous n'êtes pas là lorsque sont transportés, trois heures durant, en veillée funèbre, sur des voitures à chevaux conduites par des révoltés dignes dont on voit les visages tragiques sous le vacillement des flammes de torches, la quarantaine de cadavres ramassés devant le ministère des Affaires étrangères après que la troupe eut tiré sur les manifestants. Vous êtes absent pour la revendication massive place de la Concorde. Vous ne verrez rien de la fraternisation des gardes nationaux avec le peuple, lorsque les armes seront portées crosse en l'air. Vous ne serez pas sur les barricades la nuit des combats du 23 au 24 et la poudre des cartouches déchirées avec les dents ne dessinera pas sur votre visage les ombres d'une tragédie glorieuse. Car vous êtes en route, laissant Tours derrière vous pour rejoindre le théâtre des opérations. Vous arriverez juste à temps pour apprendre l'abdication de Louis-Philippe et la proclamation d'un gouvernement révolutionnaire. Et le 26, vingt-quatre heures après votre arrivée dans la capitale, vous écrirez *Pour le drapeau rouge* qui signe votre entrée dans le combat, avec le retard qu'on sait.

Même chose pour la Commune. Car la journée qui ouvre l'histoire, le 18 mars, suit celle qui a vu votre arrestation aux aurores. Pendant deux mois, vous serez tenu au secret total, ignorant les détails de l'épisode majeur de la revendication révolutionnaire du siècle. Les 20 000 morts sur la demande de Thiers, le républicain des bourgeois, ce chien pour toujours, ne vous seront connus qu'ensuite. Aux heures où la semaine de feu flamboie, vous êtes une fois encore en cellule. Blanquiste et proudhonienne, cette Commune vous sera interdite directement. Il vous faudra l'apprendre en provincial revenu d'un séjour où tout vous fut caché.

D'aucuns verraient dans ces rendez-vous manqués

un talent pour le fiasco, un art d'exceller dans le ratage, le décalage, une formidable preuve de votre manque d'instinct. Je veux préférer dans ces signes la cohérence d'un inconscient qui se dit sans masque et sans travers en vertu de quoi vous exprimeriez, chaque fois, et à votre corps défendant, le savoir confus, diffus, mais certain, que le rapport direct avec le réel induit indéniablement le basculement des tenants de l'éthique de conviction dans les pratiques motivées par l'éthique dite de responsabilité. Dans l'histoire, la réalisation des idées pures suppose les mains sales et des pratiques impures. Toutes les horreurs consubstantielles aux époques révolutionnaires ont pris racine dans cette faille. Le passage à l'acte implique le sang, la poudre, les moyens que réprouvent les morales ordinaires. Vous n'avez jamais caché votre défense de l'attentat, de la bombe. Et l'on sait votre soutien à Pépin lorsqu'il fit exploser sa machine infernale sur le passage du cortège d'un Louis-Philippe tout à la célébration anniversaire des journées de Juillet. Jamais, donc, vous n'avez condamné la violence dont vous savez le rôle architectonique dans l'histoire.

Mais votre destin vous a préservé de trop souvent rencontrer l'histoire en face, de front, et d'avoir eu à pratiquer les violences, les mensonges, les hypocrisies, les reniements que suppose l'exercice du pouvoir. Dans le peu de temps où vous avez été libre, entre toutes ces années sacrifiées aux prisons, vous avez été requis pour d'autres œuvres, une fois en route, pour rejoindre le lieu où se faisait l'histoire, une autre fois aux arrêts, pour devenir moins une figure active dans l'action révolutionnaire qu'un symbole sommé de durer dans sa nature. Ni quarante-huitard, ni communard, vous avez persisté, à votre corps défendant, dans le mythe, ce rôle imparti par le destin : l'individu persécuté sans relâche par le pouvoir politique qui a fait de vous un emblème négatif. De sorte que vous devenez, pour ceux qui honnissent ledit pouvoir un emblème positif. Vos incarcérations, vos frôlements de l'histoire sont la cause d'une onction singulière qui vous installe au cœur même de l'histoire universelle : vous vouliez être un acteur des rues, ivre de pratique, vous êtes un parangon de figure rebelle, dans la droiture théorique.

Certains auraient reconnu vos qualités d'homme de pouvoir, ils ont regretté que vous n'ayez pu les exercer dans un gouvernement. Celui de Lamartine ? Soyons sérieux. Vous n'avez pas souhaité, vous, l'homme du drapeau rouge opposé au drapeau tricolore qu'a imposé le poète des nuits de pleine lune, finir titulaire d'un maroquin, dans un ministère. Votre magistère est dans l'opposition, radicale et rebelle, définitive et sans concession, éternelle. Privé d'anecdote et d'organisation, d'intendance, vous vous êtes retrouvé promu figure de style : prosopopée libertaire. Vous, en ministre, en président de ceci ou cela, en chef de commission ? Vous qui êtes feu et braise, incandescence et violence, rigueur et rectitude ? Vous qui jamais n'auriez composé sous prétexte de responsabilité quand toujours vous avez vécu selon vos seules convictions ? Je ne crois guère à vos prétendues qualités de chef d'État...

Dans ces frôlements de l'histoire qui se fait, même si ces fiascos relèvent parfois de ce qui ne dépend pas de vous, cette prise de corps à l'aube communarde, par exemple, alors que vous êtes dans votre lit, je vois la force d'un destin qui se manifeste, d'une puissance qui vous déborde, d'une énergie qui vous requiert. Vous vous voudriez ici, en acteur, vous êtes là, en emblème. Ruse de la raison incarnée, les moments où l'histoire vous évite supposent qu'elle vous retrouvera, à son heure, pour le dessein qu'elle a pour vous. Il était dit que vous laisseriez une trace en romantique de l'action, en mystique brûlant pour la passion de la liberté, en insoumis radical et viscéral.

Vaincu, vous ? Je n'en crois pas un mot. Vaincus Barbès et Raspail, Ledru-Rollin et autres célèbres inconnus qui ont touché le pouvoir des doigts, voire à pleines mains, mais qui n'ont jamais incarné une idée, un principe avec lesquels on fait les gnomons et les portulans. Les rendez-vous manqués ici font là des réussites qui, sans eux, n'auraient pas existé. L'empêchement d'un jour produit les conditions d'un avènement le lendemain et votre existence semble se dérouler, se déployer dans un sens de plus en plus net : il vous fallait exprimer la quintessence libertaire, incarner le principe de résistance et d'insoumission. Et pour ce faire, point n'était besoin d'agir dans le marécage des combinatoires et des agencements qui font le réel politique au quotidien. Vous avez évité l'intendance pour exceller dans la mystique. Qui envierait un destin dans le ravitaillement du district, quel qu'il soit, ou dans l'administration municipale, quoi qu'elle vise ?

Par ailleurs, lorsque je tâche de saisir ce qu'il en est du document Taschereau, ce texte composite dans lequel la livraison d'informations concernant des noms et des actions afférents au milieu révolutionnaire vous est imputée sur le mode de la délation, je me dis qu'il paraît bien impossible, à distance, de faire la part du montage, du travestissement, du collage d'informateurs, de la fausse information, voire de la véritable. Certains posent l'hypothèse que vous auriez pu fournir des pistes déjà connues par la police, pour mieux couvrir ce qui méritait d'être véritablement préservé. Technique du joueur d'échecs que vous étiez...

Toujours est-il que dans ce monde de l'action concrète, du pragmatisme relevant de l'éthique de responsabilité, vous auriez entamé alors un peu ce qui demeure de vous aujourd'hui : le caractère impeccable d'une nature rebelle. Quoi qu'il en soit, l'ensemble de votre existence témoigne de l'invariabilité de vos options, du fond. Seule ici la forme, qui pose la question des moyens de l'action, vous installe dans les parages du lion, du renard et de la seiche, ces animaux familiers du bestiaire machiavélien, sinon machiavélique. L'art du compromis vaut toujours comme un exercice célébrant la compromission. Or votre excellence scintille dans le talent que vous avez pour demeurer impossible à entamer. Les années de prison ou de surveillance policière, les brimades, les coups, les déconvenues, les persécutions au quotidien, rien ne parvint à vous faire douter, rien ne vous fit fléchir. Lamartine, président du gouvernement provisoire, vous propose-t-il audience au ministère ? Vous y allez. Il craint que la journée du lendemain ne soit faite de troubles révolutionnaires et entend vous séduire ? Vous le laissez parler, vous lui dites votre goût indéfectible pour les complots et les conspirations, vous ne lui répondez rien, même, lorsqu'il vous propose de servir la république comme vous le souhaiteriez et, sorti de cette rencontre, vous reprenez votre chemin là où vous l'aviez laissé, en direction de la lumière.

J'aime que vous n'ayez jamais fait l'économie de l'éthique en abordant la politique, que vous n'ayez pas consenti à des coupures rhétoriques, des oppositions de casuiste afin de légitimer les moyens immondes pour des fins sublimes, que vous ayez affirmé la nécessité de mettre en conformité ce que l'on se propose et les moyens d'y parvenir. Pour autant, l'économie de la ruse, du mensonge, de l'hypocrisie, de la fausse dissimulation, de la trahison, de la fourberie ne vous fait pas sombrer dans l'irénisme et l'optimisme des niais : vous savez qu'à refuser ces moyens-là, il devient nécessaire de dire lesquels on propose en lieu et place.

Votre option n'a pas varié : résistance, insoumission pour l'éthique, et violence active pour incarner celle-ci. Force morale contre brutalité légale, opposition radicale contre barbarie triviale, vous n'avez cessé d'inviter à pratiquer la politique en moraliste. Votre responsabilité, c'était votre conviction, et vice versa.

Dans votre ardeur à ne pas penser la politique séparée de l'ordre et du registre éthique, vous fondez la pensée libertaire, vous lui donnez ses lettres de noblesse. De votre vie quotidienne aux derniers jours passés à travailler à *Ni Dieu ni maître,* vous avez exprimé la quintessence de cette option : ne pas congédier la morale, mais soumettre l'action à des principes qui procèdent de l'athéisme, de l'immanence, du matérialisme, de l'antichristianisme et de la haine de tout idéal ascétique promu archétype social. Moins révolutionnaire professionnel ou inventeur de pratiques bolcheviques avant l'heure qu'homme révolté, éternelle conscience rebelle, vous avez formulé l'esprit de la philosophie libertaire : *opposer un caractère et un tempérament droit à tout ce qui vise la soumission de l'individu,* son dos rond et sa domesticité, à tout ce qui entretient son talent pour le fléchissement et le genou en terre.

J'aime, à ce titre, vos *Notes inédites sur Robespierre* dans lesquelles vous dites la nécessité d'une éthique politique qui dispense de croire au fonctionnement séparé des deux registres. Votre refus de Robespierre, auquel je souscris, se fait au nom de l'intégrité et de la sensibilité. Vous qu'on n'a cessé de présenter en cœur glacé, en âme froide comme la peau d'un serpent, vous fustigez le prétendu incorruptible qui a remplacé les bûchers par la guillotine et qui a travaillé à la restauration de l'idéal dévot, avec l'ascétisme qu'on lui connaît. De Robespierre vous écrivez : « Un regard de travers lui suffisait pour envoyer à la guillotine son meilleur ami. » Pauvre Camille Desmoulins, l'ami d'enfance, qui en fit l'expérience... Et vous n'avez de cesse, en vous opposant aux insensibles sanguinaires, aux consciences que vous dites véreuses, d'opposer les hommes intègres. Ce mot signifie-t-il d'ailleurs encore quelque chose en politique ? Je crains que non.

Je vais maintenant prendre congé et l'heure est au bilan. De votre existence fulgurante, je veux garder quelques leçons : le désir de verticalité, quand tout invite à la reptation et facilite l'avachissement, ce gramscisme avant l'heure en vertu de quoi la culture digne de ce nom est une arme critique et non un auxiliaire des pouvoirs en place, cette volonté libertaire intégrale, ne connaissant et ne supposant aucune composition, l'envie faustienne de mettre la politique au service d'un hédonisme au quotidien, incarné dans le plus infime détail qui fait une existence, même banale. Je veux aussi garder cette idée, si juste, que la guerre contre les facilités offertes à ceux qui collaborent exige un engagement quotidien, perpétuel, sans répit ; le mouvement est ici aussi essentiel que celui qui lie tous les phénomènes consubstantiels à la course des astres car les déflagrations lisibles parfois dans la Voie lactée valent également pour les hommes.

Voilà pourquoi à votre bouquet de violettes déposé sur la tombe des sergents, je voudrais répondre en contrepoint, sur la vôtre, avec autant de camélias, qui disent la constance, que d'années passées par vous derrière les barreaux. Veuillez croire, cher Blanqui, à mon affection admirative, et à mes sentiments insoumis,

Michel ONFRAY.

ANNEXE

En guise d'invite à poursuivre

L'ensemble de mon travail, ce livre compris, reste soumis au désir d'élaborer une philosophie hédoniste, libertine et libertaire qui permette la formulation d'un nietzschéisme de gauche pour nos temps postérieurs à la mort de Dieu. Avant vingt ans, j'ai lu trois livres qui m'ont marqué dans l'esprit et la lettre, dans leur liberté et pour le souffle qu'ils m'ont apporté. Dans l'ordre chronologique de leur publication : Max Stirner, *L'Unique et sa propriété,* 1844, trad. M. Leclaire, Stock, 1972 ; Alain Jouffroy, *L'Individualisme révolutionnaire,* 10/18, 1972, réédition augmentée, coll. « Tel » Gallimard, 1997 ; et Marcel Moreau, *Discours contre les entraves,* Christian Bourgois, 1979. C'est alors, également, le temps de ma première lecture intégrale et systématique de Nietzsche. Je demeure fidèle à ces livres qui furent des initiations.

Pour suivre, voici les lectures que j'ai faites pour chacun des chapitres de cet ouvrage. Dans l'ordre d'apparition.

DU TROU NOIR

La littérature concentrationnaire est abondante, inégale et parfois d'autant plus difficile à écarter que les
bons sentiments autobiographiques sont à profusion, là
où fait défaut un essai de pensée propre sur le sujet.
Les ouvrages qui entament ou ébauchent une réflexion
sont : Primo Levi, *Si c'est un homme,* trad. M. Schruoff-
feneger, Julliard, 1987, bien sûr, mais aussi : Robert
Antelme, *L'Espèce humaine,* Gallimard, et *Robert
Antelme. Textes inédits. Sur l'espèce humaine. Essais
et témoignages,* Gallimard, 1996. Le corps y joue un
rôle majeur. Et dans le second volume, on trouvera
« Pauvre-Prolétaire-Déporté », un article bref de huit
pages, daté de 1948, mais dense et majeur pour l'élaboration de mon premier chapitre. On lira aussi, pour
l'impertinence et l'audace de la réflexion, l'art de poser
les questions que la plupart évitent — exemples : « Les
intellectuels ont-ils plus souffert que les manuels dans
les camps ? », « Faut-il entretenir le ressentiment ? » —, les deux superbes livres de Jean Améry,
*Par-delà le crime et le châtiment. Essai pour surmon-
ter l'insurmontable,* trad. de l'allemand par F. Wuilmart, 1995, et *Porter la main sur soi. Traité du suicide,*
trad. de l'allemand par F. Wuilmart, 1996, plus spécifiquement consacré au suicide auquel recourra son
auteur. Ils sont publiés chez Actes Sud tous les deux. De
même, il faut lire de David Rousset, *Les Jours de notre
mort,* Le Pavois, 1947, un livre présenté comme un
roman et qui est surtout un témoignage. De Claude
Lanzmann, *Shoah,* Le Livre de Poche, et de Louis Mar-
tin-Chauffier, *L'Homme et la bête,* Gallimard, 1947,
parce qu'il raconte la vie à Mathausen, le camp de Pierre
Billaux, dédicataire de mon chapitre. Enfin, la biographie de Primo Levi par Myriam Anissimov, sous-titrée
La tragédie d'un optimiste, J.-C. Lattès, 1996.

Du principe d'Antigone

Bien sûr, pour retrouver l'histoire dans le détail, on lira de Sophocle, *Antigone, Théâtre complet,* trad. R. Pignarre, Garnier-Flammarion, 1964. Sur le mythe et la multiplicité des lectures possibles, de George Steiner, *Les Antigones,* trad. de l'anglais par Ch. Blanchard, Gallimard, 1986. Pour la pensée du droit naturel, on aura du mal à éviter les lectures soit scolastiques, soit aristotéliciennes ou chrétiennes, ce qui, finalement, n'est pas loin d'être la même chose... De Leo Strauss, *Droit naturel et histoire,* trad. de l'anglais par M. Nathan et E. de Dampière, Champs Flammarion, 1986, un recueil d'articles à l'intérieur desquels les promesses du titre ne sont pas tenues. Modèle du genre scolastique le « Que sais-je ? » signé Alain Sériaux intitulé *Le Droit naturel,* PUF, 1993. À l'inverse, de Jean Marquiset, dans la même collection, *Les Droits naturels,* PUF, 1961, donnent au corps la place qu'il mérite dans la considération de ce sujet. Pour suivre les méandres du droit naturel et ses avatars du côté des jusnaturalistes qu'on ferait bien de relire — Grotius, Pufendorf ou Althusius par exemple —, voir de Michel Villey, qui ne cache pas ses options catholiques, *La Formation de la pensée juridique moderne,* Montchrétien *(sic),* 1975.

De la géographie infernale

Dante, évidemment, l'*Enfer,* dans la traduction d'André Pézard pour La Pléiade, *Œuvres complètes,* Gallimard, 1965, mais aussi dans celle, récente, de Jacqueline Risset, Garnier-Flammarion, 1992. C'est après avoir écrit ce livre que j'ai lu Edmond Jabès, *L'Enfer de Dante,* Fata Morgana, 1991, j'y ai trouvé cette phrase que je pourrais mettre en exergue à ce livre : « L'enfer n'est pas le lieu de la douleur. *Il est le lieu où l'on fait souffrir.* »

De la misère sale

On laissera de côté la sociologie ouvrière du siècle dernier, celle de Jules Simon par exemple, elle vaut comme témoignage pour l'historien. En revanche, on retiendra les analyses, toujours d'actualité, d'un P. J. Proudhon, *Système des contradictions économiques, ou Philosophie de la misère,* Guillaumin, 1846, en morceaux choisis chez 10/18, 1964, à quoi l'on ajoutera, *Qu'est-ce que la propriété ?,* 1840 en édition de poche chez Garnier-Flammarion, 1966. On économisera la réponse de Marx, publiée sous le titre *Misère de la philosophie,* qui se trompait d'ennemi et qui était d'autant plus virulent ou oublieux qu'il avait à cacher ou travestir ses nombreux emprunts à ceux qu'il fustigeait, comme pour les punir d'avoir eu l'idée avant lui. Les philosophes, silencieux sur la question de la misère sale, peuvent s'honorer du livre, rare, de Simone Weil, *La Condition ouvrière,* Gallimard, 1951, témoignage d'expérience ouvrière d'une intellectuelle qui surclasse avant l'heure le théâtre des établis maoïstes d'après Mai 68. De la même : *Réflexions sur les causes de la misère et de l'oppression sociale,* Gallimard, 1955. Récemment, le travail de photographie sociologique coordonné par Pierre Bourdieu, *La Misère du monde,* Seuil, 1993, présente un intérêt évident pour ceux qui voudraient approcher ce continent à part entière.

DU CORPS IMPRODUCTIF

Le corps nomade a son philosophe avec Michel Foucault. *Naissance de la clinique. Une archéologie du regard médical,* PUF, 1963, *Histoire de la folie à l'âge classique,* Gallimard, 1972, *Surveiller et punir. Naissance de la prison,* Gallimard, 1975, disent sur ce sujet tout ce que l'on peut penser : enfermement, discipline, refus, rejet, normal, pathologique, maladie, santé, toutes ces notions qui valent aussi peu ou prou pour le clochard sont analysées avec un tempérament libertaire, anti-autoritaire. Sur ce que pourrait être un corps libéré, réconcilié avec lui-même, voir *L'Usage des plaisirs* et *Le Souci de soi, Histoire de la sexualité,* tomes II et III, Gallimard, 1984. On lira aussi, pour l'improductivité du corps âgé, le beau livre de Simone de Beauvoir, *La Vieillesse,* 1970, Gallimard. Sur le corps libertaire, aux antipodes du corps improductif de nos civilisations, on méditera Raoul Vaneigem, *Le Livre des plaisirs,* Encre, 1979, *Adresse aux vivants sur la mort qui les gouverne et l'opportunité de s'en défaire,* Seghers, 1990, *Nous qui désirons sans fin,* Le Cherche-Midi, 1996. Sur le corps à l'école, le corps improductif du lycéen, *Avertissement aux écoliers et lycéens,* Mille et Une nuits, 1995.

DE L'AXIOMATIQUE DES PRODUCTEURS

Depuis que certains philosophes officient dans les cafés et consultations privées en sophistes libéraux, tout en se cachant derrière le socratisme subversif, on ne s'étonnera pas de voir certains agrégés de philosophie, à défaut d'être philosophes, mettre leur culture et leur rhétorique au service des entreprises. Emblématique, Alain Etchegoyen, administrateur d'une société sidérurgique — d'aucuns sont bien à l'Académie française, décorés de la Légion d'honneur ou amis de ministres — et son hilarant *Les entreprises ont-elles une âme ?*, François Bourin, 1990, et autres ouvrages du même acabit, comme *Le Capital-Lettres,* François Bourin, 1991, sur le recyclage des agrégés de lettres dans les entreprises. Globalement, les producteurs sont plutôt kantiens et la boutade en vertu de quoi les sectateurs de Kant ont les mains pures, bien qu'ils n'aient pas de mains, leur va comme un gant.

DE LA RELIGION DU CAPITAL

Traitée sur le mode humoristique, voire ironique, on prendra soin, sur cette question, de recourir à Paul Lafargue, déjà célèbre auteur d'un beau *Droit à la paresse,* Mille et Une nuits, 1994, et sa *Religion du capital,* Micro-Climats, 1995, qui a conservé toute sa puissance et sa vérité depuis sa première parution en 1887. Des idées afférentes sont abordées par André Gorz dans *Métamorphoses du travail. Quête du sens. Critique de la raison économique,* Galilée, 1988, un ouvrage majeur qui propose une critique de la raison économique doublée d'une série de propositions qui font école, notamment chez ceux qui réfléchissent aujourd'hui à ce que l'on appelle la fin du travail, à savoir Jeremy Rifkin, *La Fin du travail,* La Découverte, 1996, Dominique Méda, *Le Travail, une valeur en voie de disparition,* Aubier, 1995, ou Michel Godet, *L'Emploi, c'est fini, vive l'activité,* Fixot, 1994. Plus réaliste, moins iréniste ou optimiste, on lira l'excellent *La Société en sablier. Le partage du travail contre la déchirure sociale,* La Découverte, 1996, un livre d'Alain Lipietz qui énonce ce que pourrait être un athéisme susceptible d'être opposé à la religion du capital. Car il est peu probable, ne serait-ce que pour ses vertus castratrices, que la civilisation dans laquelle nous vivons finisse par faire du travail un vieux et mauvais souvenir. On lira avec bonheur Kazimir Malevitch, *La Paresse comme vérité effective de l'homme,* trad. du russe par R. Gayraud pour les éditions Allia en 1995, un texte écrit en 1921, de même Renaud Camus, *Qu'il n'y a pas de problème de l'emploi,* POL, 1994, deux redoutables petits livres qui proposent un athéisme radical devant la religion du travail telle qu'elle sévit en ce siècle. Si le problème paraît moins dans la fin du travail que dans ses métamorphoses, sa répartition, sa reconsidération philosophique, alors il faut lire, Jean Bancal, *Proudhon. Pluralisme et autogestion,* tome I : *Les fondements,* tome II : *Les Réalisations,* Aubier-Montaigne, 1970.

DE LA SAINTETÉ DE L'ARGENT

Étrange proportion : l'argent est partout, fait tout, peut tout, détermine tout, décide de tout et il est presque nulle part dans les bibliographies. Les ouvrages spécifiquement consacrés à ce sujet sont rarissimes. On retiendra les actes du colloque *Comment penser l'argent ?,* Le Mans, Le Monde éditions, 1992. Voir plus particulièrement les contributions de Michel Henry, « Penser philosophiquement l'argent », de Bernard Guibert, « Le fétichisme de l'argent » et de Jacques Derrida, « Du "sans prix", ou le "juste prix" de la transaction ». L'ouvrage de référence reste, de Georg Simmel, *Philosophie de l'argent,* PUF, 1987.

Lire aussi Serge Moscovici, *La Machine à faire des dieux,* Fayard, 1988. Dans *Qu'est-ce que l'argent ?,* trad. de l'allemand par L. Cassagnau, L'Arche, 1994, Jospeh Beuys invite à la transmutation de « la valeur économique » en « document juridique », un débat passionnant de l'artiste à Ulm en novembre 1984 avec banquiers, économistes et financiers.

DE L'ÉCONOMIE GÉNÉRALISÉE

Le rôle du Collège de sociologie, sur ce sujet, a été capital. Entre 1937 et 1939, Caillois, Klossowski, Bataille échangent sur des notions radicales et perpétuent l'esprit de la critique sociale nietzschéenne. On lira de Caillois, *La Communion des forts,* éd. Sagittaire, 1944, pour les pages consacrées au Vertige, mais aussi aux « dures vertus », dont la Sévérité et l'Aridité. Voir également, du même auteur, *Instincts et Société,* pour le chapitre intitulé « L'usage des richesses », Denoël-Gonthier, 1964. Bataille, *La Part maudite,* précédée de *La Notion de dépense,* Minuit, 1967, Klossowski, *La Monnaie vivante,* Losfeld, 1970, réédition 1994. Historiquement, la suite est prise par le freudo-marxisme d'un Marcuse dont on reprendra avec bénéfice *Eros et Civilisation,* trad. de l'anglais par J. G. Nény et B. Frankel, Minuit, 1963, puis *L'Homme unidimensionnel,* trad. de l'anglais par M. Wittig, Minuit, 1968. Enfin, toujours en avançant dans le siècle, on retrouvera les ouvrages de Deleuze et Guattari, *L'Anti-Œdipe,* Minuit, 1972, puis *Mille plateaux,* Minuit, 1980. De J. F. Lyotard, *L'Économie libidinale,* Minuit, 1974, puis, du seul Deleuze, *Pourparlers,* Minuit, 1990. Tous pensent le corps dans ses connexions avec les forces économiques, la relation, la marchandise, les flux et leur circulation. Là où l'économie libérale propose une soumission à l'idéal ascétique, ils invitent à une dépense libertaire et à une économie libidinale.

DE LA MYSTIQUE DE GAUCHE

Il ne me semble pas trouver nettement un livre qui dise avec précision, sans ambages, directement, ce que pourrait être une gauche historique dont procéderait une mystique. Le souffle passe dans l'*Histoire de la Révolution française* de Michelet, deux tomes, La Pléiade, Gallimard, lorsqu'il est question des forces obscures du peuple, du génie colérique de la révolution, de la religion individuelle du poignard et autres considérations qui supposent une lecture de l'histoire où le progrès n'est pas une notion vaine. Au mieux, on pourra parcourir le *Grand Dictionnaire socialiste* de Compère-Morel, Publications sociales, 1924, et circuler dans les entrées diverses qui finissent par construire un paysage. On évitera la lecture de Jaurès aussi bien que Blum, Lénine tout autant que Mao, Mendès France et, bien évidemment, Mitterrand, pour préférer les pages laissées après son suicide par Condorcet, génie emblématique de cette mystique.

DE L'AVÈNEMENT DU TRAVAILLEUR

De Jünger, *Le Travailleur,* trad. de l'allemand par J. Hervier, Christian Bourgois, 1989. Une lecture qui souffre des avantages et des inconvénients associés habituellement à ce penseur : obscurité germanique

entretenue, registre et vocabulaire sinon syntaxe allemands, le tout pour cet ouvrage qui vaut comme un
genre de conversation intellectuelle avec Heidegger,
mais aussi, trouées de lumière, fulgurances, intuitions
et traits éclairants sur la question. Quoi qu'il en soit,
sur cette figure singulière, son avènement, sa nature et
sa fonction, son devenir et son portrait philosophique,
on n'a pas mieux fait. Sûrement pas dans la littérature
marxiste ouvriériste et idéaliste.

DE LA MORT DE L'HOMME

Morceau de choix dans le corpus de Foucault. On
trouvera les lignes consacrées à cette question dans la
conclusion de *Les Mots et les Choses. Une archéologie
des sciences humaines,* Gallimard, 1966. On évitera les
gloses, toutes plus arbitraires les unes que les autres
pour préférer les éclairages donnés par Foucault lui-
même dans un certain nombre de textes repris dans
Dits et écrits, tome I : 1954-1969, Gallimard, 1994.
Notamment : « L'homme est-il mort ? » entretien avec
C. Bonnefoy. Et plus particulièrement, dans le tome II,
1970-1975 : « Par-delà le bien et le mal », entretien
avec *Actuel.* On lira toute une critique et une interprétation de la mort de l'homme dans le livre de Ferry et
Renaut, *La Pensée 68,* Gallimard ; elle vaut, en plus
rusée et moins ouvertement réactionnaire, celle qu'effectue Jean Brun dans *Le Retour de Dionysos,* Les Ber-
gers et les Mages, 1976. Ferry et Renaut en rajouteront
dans *68-86. Itinéraires de l'individu,* Gallimard, 1987
et réitéreront dans la tentative d'homicide sur Foucault
et Deleuze.

DES NOUVELLES POSSIBILITÉS D'EXISTENCE

L'expression est de Nietzsche et Deleuze l'a rendue populaire. On retrouvera, dans les promoteurs de ces nouvelles possibilités d'existence, des figures déjà rencontrées dans cette bibliographie : Stirner et Bataille, Lafargue et Foucault, Fourier et Marcuse, mais aussi une pensée exprimée chez Guy Hocquenghem et René Scherer dans *L'Âme atomique. Pour une esthétique d'ère nucléaire,* Albin Michel, 1986. Du seul premier, *La Beauté du métis,* Ramsay, 1988, et du second, *Pari sur l'impossible,* Presses universitaires de Vincennes, 1989, *Zeus hospitalier, éloge de l'hospitalité,* Armand Colin, 1993 et *Utopies nomades. En attendant 2002,* Séguier, 1996. À lire pour la proposition d'un corps libertin, libertaire, l'éthique ludique et fouriériste, la politique définie comme une esthétique de l'existence, sinon la promotion de valeurs authentiquement subversives — dont l'hospitalité.

DE LA PHILOSOPHIE ANARCHISTE

Pour qui souhaiterait une histoire introduisant aux courants anarchistes de leur origine à nos jours, il faut lire Michel Ragon, *La Voie libertaire,* Plon, 1991, dans l'excellente collection Terre humaine. On y suivra les pérégrinations libertaires entre terrorisme et individualisme, illégalisme et pacifisme, communisme et esthétisme, des pères fondateurs aux courants contemporains. Du côté de ceux qui n'ont pas refusé l'étiquette d'anarchiste : l'épistémologue Paul Feyerabend, *Contre la méthode. Esquisse d'une théorie anarchiste de la connaissance,* trad. de l'anglais par B. Jurdant et A. Schlumberger, Seuil, 1979. Une bible. Voir également *Adieu à la raison,* Seuil, 1987, *Dialogue sur la connaissance,* Seuil, 1996. Pour en savoir plus sur le personnage, voir *Tuer le temps. Une autobiographie,* tous trois traduits de l'anglais par B. Jurdant, Seuil, 1996 ; le biologiste Henri Laborit, lire son dialogue avec Francis Jeanson, *Discours sans méthode,* Stock, 1978, et *L'Homme imaginant. Essai de biologie politique,* 10/18, 1970, *L'Agressivité détournée. Introduction à une biologie du comportement social,* 10/18, 1970, *Éloge de la fuite,* R. Laffont, 1976. On y voit la biologie au service de l'homme, la société comme une occasion de cristalliser et de châtrer la vitalité, la liberté comme une quête essentielle et la libération comme une tâche cardinale ; on lira également le peintre Jean Dubuffet, *Asphyxiante culture* et *Bâtons rompus,* Minuit, 1986, le compositeur John Cage, *Correspondance* avec Pierre Boulez, Christian Bourgois, 1991.

DE LA PENSÉE 68

Le livre de Luc Ferry et Alain Renaut, sur ce sujet, a déjà été cité. Les ouvrages visés de Deleuze et Foucault également. Pour illustrer cette fameuse Pensée, toujours excellente, toujours d'actualité et à maintenir, compléter, poursuivre, on ajoutera le livre ultime de Félix Guattari, *Cartographie schizo-analytique,* Galilée, 1989, qui achève heureusement *La Révolution moléculaire,* 10/18, 1977, et *Les Trois Écologies,* Galilée, 1989. De même, il faut lire tout ce que Pierre Bourdieu fait paraître. De près ou de loin, on y trouve ce qui fait l'essentiel du marxisme, de la Pensée 68 et d'une pensée critique qui vaut celle de l'école de Francfort : *La Distinction. Critique sociale du jugement,* Minuit, 1979, *Choses dites,* Minuit, 1987, *Ques-*

tions de sociologie, Minuit, 1980, *Raisons pratiques. Sur la théorie de l'action,* Seuil, 1994, *Sur la télévision,* Liber, 1997, un livre qui a trop déplu à ceux qui font le pouvoir médiatique pour qu'on ne soit pas désireux de l'aimer. Deleuze avait annoncé, un jour, un livre sur Marx. Il est mort avant que le projet aboutisse en librairie. En revanche, on trouvera dans ce qui fait le style et le ton de Derrida des pages intéressantes dans *Spectres de Marx. L'État de la dette, le travail du deuil et la nouvelle internationale,* Galilée, 1993. Preuves, s'il en était besoin, que la philosophie n'est pas morte, que de grands philosophes pensent encore à l'heure où certains ne jurent que par le zinc des bistrots ou le petit écran de la télévision libérale.

DE L'ESPRIT DE MAI

La littérature sur le sujet est abondante, la mauvaise, considérable. On évitera *Génération, Les Années de rêve,* tome I, et *Les Années de poudre,* tome II, Seuil, 1987 et 1988, une fausse épopée excédant mille pages où l'on apprend par le menu les faits et gestes des sectaires maoïstes mais où le nom de Raoul Vaneigem n'apparaît qu'une fois, avec une faute, Debord est cité aussi souvent que Dalida et Jacques Martin, Sheila étant mieux servie. L'idéal, pour le détail, reste le *Journal de la Commune étudiante. Textes et documents. Novembre 1967-juin 1968* d'Alain Schnapp et Pierre Vidal-Naquet, Seuil, 1969 et 1988. On ajoutera *L'Insurrection étudiante, 2-13 mai 1968. Ensemble critique et documentaire,* 10/18, établissement de l'édition par Marc Kravetz avec Raymond Bellour et Annette Karsenty, 1968. On ne fait guère mieux pour trouver tous les textes, tracts, papiers distribués alors.

Les ouvrages cardinaux sont *De la misère en milieu étudiant,* un texte de 1966 réédité par Champ Libre en 1976, *Internationale situationniste 1958-69,* Champ Libre, 1975, Guy Debord, *La Société du spectacle,* Buchet-Chastel, 1967, et Raoul Vaneigem, *Traité de savoir-vivre à l'usage des jeunes générations,* Gallimard, 1967. Jean-François Martos et Pascal Dumontier, chacun de leur côté, ont signé de belles études sur le situationnisme et son rapport à Mai 68. Toujours réjouissant Daniel Cohn-Bendit, *Le Grand Bazar,* Belfond, 1975. Et Cécile Guilbert, *Pour Guy Debord,* Gallimard, 1996.

DE LA LIBERTÉ LIBERTAIRE

Je ne sais ce que penserait Régis Debray d'un embrigadement sous la bannière libertaire. Tant pis. Bourdieu et Debray ont tort de se traiter en ennemis, il y a plus et mieux à faire en élisant vraiment les cibles qui finalement sont les mêmes pour l'un et pour l'autre. Ce que Debray formule sur la médiologie me semble valoir comme une critique sociale à la hauteur de ce qu'ont fait les philosophes de l'école de Francfort. Des *Cours de médiologie générale,* 1991, aux *Manifestes médiologiques,* 1994, en passant par *Vie et mort de l'image,* sinon *L'État séducteur* et autres travaux, tous publiés chez Gallimard, on trouve la formulation d'une lecture cohérente et critique de ce qui fait cette fin de siècle sur les terrains politiques et idéologiques. De la même manière, Debray se trompe d'ennemi en écrivant contre Debord dont « *Cette mauvaise réputation...* », Gallimard, 1993, valait mieux que la réception inepte du monde journalistique en place. Il y avait là une mise à plat d'un matériau brut permettant de voir fonctionner la critique médiatique entre renvoi d'ascenseur, désir de promotion personnelle, ressentiment généralisé, blessures d'amour-propre des uns et usages de la référence ou de la citation, détournement d'information, ironie et art du montage, collages et autres procédés de l'auteur qui autorisent à penser que l'après-68 de Debord n'a pas été aussi stérile qu'on a bien voulu le dire. On reprendra donc les *Commentaires sur la société du spectacle*, Gérard Lebovici, 1988, avec un plaisir non dissimulé. La notion de « *spectaculaire intégré* » qui s'y trouve mise en place ne manque pas d'intérêt. Le Vaneigem d'après 68, déjà cité, mérite lui aussi des lectures régulières et attentives jusqu'à ce jour.

DU TERRAIN DE LA RÉSISTANCE

À tout seigneur tout honneur, leur maître à tous, Diogène mérite un arrêt spécial. Lui et les siens. Léonce Paquet a colligé tous les textes de et sur ces philosophes radicaux dans *Les Cyniques,* Presses universitaires d'Ottawa, 1975. L'édition de poche n'est pas intégrale. On retiendra, parmi les résistants aux médiocrités ambiantes, les dandys. Voir Barbey d'Aurevilly, *Du dandysme et de George Brummell, Œuvres romanesques,* tome II, Gallimard, 1966 ; Baudelaire, *Fusées* et « Du dandysme » dans *Le Peintre de la vie moderne, Œuvres complètes,* tome II, Gallimard, 1976. De Wilde, un très beau tout petit texte d'une étonnante actualité : *L'Âme de l'individu sous le socialisme,* dans *Œuvres,* trad. J. Gattégno, Gallimard, La Pléiade, 1996. Stirner, bien sûr, déjà cité, de même qu'Alain Jouffroy dont il faut lire aussi le récent *Manifeste de la poésie vécue,* Gallimard, 1995, un livre dans lequel j'ai retrouvé les mêmes plaisirs que ceux de mon adolescence lors de la découverte de *L'Individualisme révolutionnaire.*

DE LA RELIGION DU POIGNARD

Charlotte Corday, qui a inspiré cette belle expression à Michelet, est emblématique des tyrannicides qui ont ma sympathie. De Spartacus à Jean Moulin, chacun à leur manière. Je voudrais qu'on se souvienne aussi des jeunes Allemands qui ont résisté au nazisme, sans prendre les armes, sans tuer, mais par leurs moyens, en rebelles, en insoumis. Voir le livre de Inge Scholl, *La Rose blanche. Six Allemands contre le nazisme,* trad. de l'allemand par J. Delpeyrou, Minuit, 1955.

DE L'HOMME DES FOULES

Leur maître à tous est Gustave Le Bon. On lira ou relira *La Psychologie des foules,* PUF. Tous ceux qui suivirent, sur ce sujet, n'ont fait que réagir à cet ouvrage. Ainsi Freud, *Essais de psychanalyse,* trad. S. Jankélévitch, Payot, 1981 ; Elias Canetti, *Masse et Puissance,* trad. de l'allemand par R. Rovini, Gallimard, 1966 ; Bernard Edelman, *L'Homme des foules* — l'expression est de Baudelaire —, Payot, 1981. De même Serge Tchakotine, *Le Viol des foules par la propagande politique,* Gallimard, 1952. Un excellent livre, manuel de résistance pour les totalitarismes européens pour qui l'aurait voulu dès 1938 : Jean Grenier, *Essai sur l'esprit d'orthodoxie,* Gallimard. D'aucuns auraient été bien inspirés de lire ce livre alors ; d'autres un peu plus tard pour citer une pensée avec laquelle ils firent leurs choux gras en 1977 avec l'étiquette de « Nouveaux Philosophes ».

DU NATIONAL-ESTHÉTISME

L'État comme œuvre d'art ou phénomène esthétique est une idée qui, je crois, apparaît pour la première fois chez Jacob Burckhardt en 1860 dans *Civilisation de la Renaissance en Italie,* trad. de l'allemand par H. Schmitt, Le Livre de Poche, tomes I, II et III, 1958. Jean-Luc Nancy et Philippe Lacoue-Labarthe qui utilisent beaucoup cette idée, ne citent pas, que je sache, cette source possible. Voir *Le Mythe nazi,* éd. de l'Aube, 1991. Ni Philippe Lacoue-Labarthe seul dans sa *Fiction du politique,* Christian Bourgois, 1987. On trouvera les pages de Walter Benjamin abondamment commentées depuis leur parution dans *L'Œuvre d'art à l'époque de sa reproductibilité technique,* trad. de l'allemand par M. de Gandillac, dans *Poésie et Révolution,* tome II, Denoël-Gonthier, 1971.

DE L'ESTHÉTIQUE GÉNÉRALISÉE

La généalogie de notre modernité esthétique se fait chez les Incohérents sur lesquels la bibliographie est pauvrissime : un seul titre, Catherine Charpin, *Les Arts incohérents (1882-1893),* Syros-Alternatives, 1990. Voir de Daniel Grojnowski et Bernard Sarrazin, *L'Esprit fumiste et les rires fin de siècle,* José Corti, 1990, une belle anthologie où l'on retrouve nombre des faits et gestes Hydropathes, Zutistes, Hirsutes, Jemenfoutistes et autres Incohérents. Breton, bien sûr, *Mani-*

festes du surréalisme, Œuvres complètes, tome I, Gallimard, La Pléiade, 1988. Marinetti et autres futuristes, *Le Futurisme,* L'Âge d'homme, 1980, et Giovanni Lista, *Futurisme. Manifestes-Documents-Proclamations,* L'Âge d'homme, 1973, pour apprendre ou vérifier que tout le futurisme ne fut pas mussolinien. Duchamp, *Duchamp du signe,* Flammarion, 1975. Pour compléter, Jean-Jacques Lebel et Arnaud Labelle-Rojoux, *Poésie directe,* Opus international édition, 1994.

DE LA CULTURE CRITIQUE

Elle est finalement à l'œuvre, en acte, dans tous les livres de Deleuze et Foucault, Bourdieu et Debray, Vaneigem et Debord, Scherer et Gorz dont j'ai déjà cité la plupart des titres essentiels On ajoutera Annie Le Brun, *Vagit-prop, Lâchez tout et autres textes,* Ramsay-Pauvert, 1990, *Qui vive. Considérations actuelles sur l'inactualité du surréalisme,* Ramsay-Pauvert, 1991, *Perspective dépravée,* La Lettre volée, Bruxelles, 1991, trois beaux livres de femme libre auxquels il faut ajouter une préface toute sublime de colère à Unabomber, *Manifeste : l'avenir de la société industrielle,* trad. J. M. Apostolidès, Pauvert-Le Rocher, 1996. De même, on lira Paul Virilio de *Vitesse et Politique,* 1977, à *Un paysage d'événements,* 1996, en passant par *Esthétique de la disparition,* 1989, et *L'Art du moteur,* 1993, tous publiés chez Galilée. De quoi faire la démonstration qu'il y aura eu et qu'il y a encore des pensées, des penseurs, une philosophie dignes de ce nom depuis Mai 68 jusqu'à cet an 2000 qui s'annonce.

Du romantisme révolutionnaire

L'expression se trouve chez Henri Lefebvre, un marxiste hétérodoxe qui a entretenu avec la contestation de Mai, le situationnisme d'avant 68, Guy Debord lui-même, des relations qu'il faudrait expliciter pour tenter de dire l'importance de ce philosophe prolixe et parfois singulier. Sur Lefebvre, voir de Rémi Hess, *Henri Lefebvre et l'aventure du siècle,* A. M. Métailié, 1988, et Patricia Latour et Francis Combes, *Conversation avec Henri Lefebvre,* Messidor, 1991, parfois un peu fleur bleue dans les détails donnés sur le décor de la rencontre, mais intéressant dans la restitution des paroles échangées. Il est l'un des premiers à avoir pensé la possibilité d'associer Nietzsche et Marx, ce qui ne manque pas d'intérêt pour la formulation du nietzschéisme de gauche qui m'intéresse. Dans l'œuvre immense, plus d'une soixantaine de titres, des centaines d'articles, on retiendra *Critique de la vie quotidienne,* t. I : *Introduction,* Grasset, 1947, t. II : *Fondement d'une sociologie de la quotidienneté,* L'Arche, 1962, t. III : *De la modernité au modernisme (Pour une métaphilosophie du quotidien),* L'Arche, 1981. Romantique révolutionnaire, à mes yeux, Fernand Pelloutier dont Jacques Julliard a fait la biographie au Seuil, 1971, sous le titre *Fernand Pelloutier et les origines du syndicalisme d'action directe.*

De l'amitié politique

La notion est définie et précisée, analysée et développée par Carl Schmitt dans *La Notion de politique* avec une préface de Julien Freund, Calmann-Lévy,

1972. On trouverait matière à développement dans un texte plus ancien de Blanchot, *L'Amitié,* Gallimard, 1971. Du même, le chapitre sur Mai 68 comme occasion d'une « communication explosive » dans *La Communauté inavouable,* Minuit, 1983. Voir aussi Jacques Derrida, *Politiques de l'amitié,* Galilée, 1994.

DE L'ÉTHIQUE DE LA VIOLENCE

Tout le monde parle de Georges Sorel, tout le monde a une idée sur lui et sa théorie de la violence, tout le monde aborde son travail moralement, tout le monde sait la relation à Mussolini, Maurras, Lénine — et bien peu ont lu les *Réflexions sur la violence,* Marcel Rivière, 1946, l'édition suivie d'un *Plaidoyer pour Lénine.* Voir également *Les Illusions du progrès,* Marcel Rivière, 1927 et *Matériaux pour une théorie du prolétariat,* Marcel Rivière, 1919. À lire d'urgence. Un cahier de L'Herne, pas très utile. Un choix de textes, bien fait, avec une introduction laborieuse mais précise de Larry Portis, Maspero, 1982. Sur Sorel, la littérature ne manque pas, tout et le contraire de tout. Négliger et aller au texte. Lire aussi Engels, *Théorie de la violence,* titre de trois chapitres de la deuxième partie de *L'Anti-Dühring,* 10/18, 1972.

DE LA DÉSOBÉISSANCE CIVILE

Éviter le rousseauisme de Thoreau, ses histoires de haine de la civilisation et de recours aux forêts, sa pratique mystique d'ermite. Lire *La Désobéissance civile,* trad. de l'anglais par M. Flak, Pauvert, 1968, et le texte

qui suit, *Plaidoyer pour John Brown,* trad. C. Demorel,
L. Vernet, pour éviter de réduire le penseur au précurseur des fadaises non violentes du siècle, de Martin
Luther King à Gandhi. La Boétie, *Discours de la servitude volontaire,* en évitant toutes les préfaces, catholiques, protestantes, libérales, marxistes et autres
variantes destinées à couvrir le texte, superbe. *Œuvres
complètes d'Étienne de La Boétie,* William Blake &
Co, deux volumes, chez un éditeur bordelais dont le
travail est toujours excellent, 1991. Sur La Boétie, rien
de vraiment convaincant.

DU SYNDICALISME RÉVOLUTIONNAIRE

Les textes de Pelloutier sont introuvables. La bibliographie de l'ouvrage de Jacques Julliard, *op. cit,* est
immense. L'ensemble des textes parus pourrait faire
une série de livres utiles. De *L'Art et la Révolte* à *L'Organisation corporative et l'Anarchie* en passant par
Lettre sur la guerre, nombreuses sont les pages qu'on
aimerait lire aujourd'hui. De même pour Émile Pouget
auquel j'ai eu accès par le biais de la librairie anarchiste à Paris qui réédite des textes essentiels en repro-
graphie artisanale. Ainsi j'ai pu lire Manuel Devaldès,
Émile Armand, Charles-Auguste Bontemps, Zo d'Axa,
Joseph Déjacque, et quelques autres, mais surtout
Émile Pouget, *Le Sabotage,* Le Goût de l'Être,
Amiens, 1986.

Enfin, pour ma conclusion sur Blanqui, figure
emblématique de l'insoumission, de la révolte et de la
résistance, j'ai lu Gustave Geffroy, *L'Enfermé,* André
Sauret éd., 1926. L'ensemble des informations se

retrouve chez Alain Decaux, *Blanqui l'insurgé,* Perrin,
1996, qui formule avec efficacité et donne, sur le document Taschereau, les précisions qu'on n'avait pas chez
Geffroy. Les textes de Blanqui sont réunis et en cours
de publication : *Écrits sur la révolution, Œuvres
complètes 1, Textes politiques et lettres de prison,*
Galilée, 1977, et *Œuvres* t. I : *Des origines à la Révolution de 1848,* Presses universitaires de Nancy, 1993.
Intéressante réédition de *L'Éternité par les astres,*
Fleuron, 1996.

PREMIER CERCLE : LES DAMNÉS
Déjections du corps social
(Privation d'humanité)

Sans domicile fixe
Vagabond
Clochard

Fins de droit

DEUXIÈME CERCLE : LES RÉPROUVÉS
Pathologie du corps social
GIRON
Corps improductif
(Privation d'activité)

Vieux
Fous
Malades
Délinquants
BOLGE
Forces improductives
(Privation de travail)

Immigrés clandestins
Réfugiés politiques
Chômeurs
RMIstes

Intérimaires

TROISIÈME CERCLE : LES EXPLOITÉS
Forces du corps social
ZONE
Forces nomades
(Privation de sûreté)

Contractuels
Apprentis
CORNICHE
Forces laborieuses sédentaires
(Privation de liberté)
Adolescents
Scolarisés
Prostituées
Prolétaires

Table

Le suicide d'un juste. Trou noir et mémoire. Au-delà d'Adorno. Conserver et dépasser le nazisme. Contre-théologie négative et théodicée d'un Dieu mauvais. Penser la politique ailleurs. Déchristianiser. Odyssée de la conscience rebelle. Essence de l'espèce humaine et artifice idéologique. Le corps comme vérité. Physiologie et ontologie : généalogie de l'individu. Signe d'irréductibilité métaphysique. Mort de l'homme, naissance de l'individu. Le sujet, exacerbé dans les camps. Contre la personne, fiction de représentation. Au-delà du juridisme, de l'humanisme et du personnalisme : l'individualisme. Du solipsisme. La veine du corps. De la métaphysique à la politique. Dissemblance et circulations libertaires. Camp et monde du travail. Ontologie du pauvre, du prolétaire, du déporté. Éthique du désassujettissement. Pour un hédonisme vitaliste. Nominalisme juridique. Un nouveau droit naturel. Vivre et survivre universalisés. Capitalisme, corps oubliés, âmes négligées. Faillites scolaires, familiales,

culturelles, médiatiques. De nouvelles Lumières. Nuire
à la bêtise. Fascisme français.

Du Léviathan. Misères propres et sales. Une politique
hédoniste. La misère incarnée. Premier cercle : les
damnés. Déjections du corps social. Corps nomade.
Claudication du pied gauche. Inversion du trajet de
l'hominisation. Privation de vie privée. Conditions pré-
historiques. La cueillette transfigurée. Nouvelles
chasses. Espace quadrillé. Crise structurelle et non
conjoncturelle. Damnations vécues. Deuxième cercle :
les réprouvés. Symptômes et pathologie du corps
social. Giron et bolge. Corps improductif. La raison
inadéquate. Santé défaillante. Corps individuel et
modèle du corps social. Le vieillard, le fou, le malade,
le délinquant. Forces improductives. Banlieue, immi-
gration et RMI. Paupérisation. Malédictions du travail.
Répartir autrement. Troisième cercle : les exploités.
Rhétorique des droits et des devoirs. Domination, servitude. Forces laborieuses sédentaires. La science des
esclaves. Scolaires, prostituées et prolétaires. Dans
l'ombilic des limbes. L'esclavage contemporain.

Nihilistes et utopistes. Penser à gauche. Contre le col-
lectivisme. La barrière hérissée d'obstacles. Modes de
production alternatifs. Une révolution copernicienne :
l'économie au service des hommes. Contre la religion
de l'économie. Le syndrome d'Hécaton. Primat de la
marchandise sur l'homme. Économie séparée et alchimie cannibale. Dépenses somptuaires. Logique des

Table 341

capitaux flottants. Religion du capital. Misère des hommes, sainteté de l'argent. La révolution cybernétique. Prostitution et capital. Lutte des consciences de soi opposées. Différences et inégalités. L'art de dispenser les places. Le désir mimétique. De l'esclave. Métaphysique du capitalisme. Science du lugubre et métaphysique de la nécessité. Avènement de l'économisme et effritement du catholicisme. Les usages du cartésianisme. Des physiocrates. Main invisible et harmonie préétablie. Le théisme économique. Les usages du darwinisme. Patrologie et scolastique de l'économisme. Europe libérale et théorie de la nécessité. Un volontarisme libertaire. Économie généralisée et nietzschéisme. Du système des antinomies politiques. Valeur, machinisme, division du travail, concurrence, impôts, crédit, propriété foncière. Métamorphoses du travail et économie libidinale. L'économie soumise au politique. Dionysisme politique contre idéal ascétique économiste Politique des corps libérés.

Mystique immanente. Athéisme politique et économie. Quête d'une énergie. Éloge de la partition droite-gauche. La colère irréfragable et l'idéal hédoniste. Étymologie et sémantique. Volonté libertaire de l'ange déchu, mais libre. Pour l'utopie, réel en puissance. Éthique de conviction. Déchristianiser, attaquer l'idéal ascétique, laïciser. Généalogie de la gauche. Théorie laïque du pouvoir et théorie du pouvoir laïque. Principe de plaisir et vouloir contre principe de réalité et nécessité. La laïcité intégrale : célébrer le divers. Le principe de mosaïque. L'égalité contre l'uniformité. Avènement de la démocratie et du citoyen. Le principe d'unidimensionnalité. L'ange de la révolution. Le premier drapeau noir. La fraternité. Avènement du socialisme et du travailleur. La force, l'action, la technique. Le socialisme français. La propriété. Gauche et capitalisme. Le génie colérique de la révolution. La liberté.

Avènement de l'individu. Principe d'Antigone. Mai 68, généalogie de l'individu théorique. Le tribut situationniste. Désir libertaire et économie libidinale. Fin des arguments d'autorité. L'attraction passionnée. Capitalisme, libéralisme, consumérisme. Achever Mai 68. Éloge de la Pensée 68. Du nietzschéisme de gauche.

Le triangle noir du nietzschéisme de gauche français. Naissance et mort de l'homme. Mai 68, nouveaux repères. Formes et promesses du mouvement. Les anciens et les modernes. Politique dionysienne et administration apollinienne. Fin de l'humanisme classique. Droits de l'homme et légitimation de fait. Humanisme et charité contre justice et équité. Du côté du surhumain. Après Dieu et l'homme : l'individu souverain. Une philosophie du corps immanent. La racine de l'assujettissement. La figure de l'homme : âme, conscience et liberté. L'humanisme contre les hommes. Nouvelles intersubjectivités libertaires contre Famille et Travail. Ludisme et corps nouveau. Sexualité nomade et loisir généralisé La drogue. Faire jouir. Le surhumanisme libertaire. Au-delà de l'anarchisme ancien, le lignage artiste. Une nouvelle philosophie libertaire. Le bouc émissaire étatique et le pouvoir polymorphe. Ni monothéiste, ni localisable, ni fixe, ni idéal, ni essentiel. L'électrification intersubjective. Micro-physique du pouvoir. Pli de Dieu, dépli de l'homme, surpli de l'individu. Du local au global. Métamorphoses du capitalisme. Le modèle de l'homme calculable. Complicité de l'humanisme et des droits de l'homme. Philosophie officielle et philosophie radicale. De l'homme à l'individu désassujetti. Théorie de l'individu souverain.

Table 343

L'éjouissement mutuel. Société de contrôle et micro-fascismes. Nouveaux régimes de domination.

La leçon de Mai. Échecs et succès. Ton libertaire et pouvoir généralisé. Logique agonique. Pouvoir d'État, état du pouvoir. L'exercice libertaire contemporain. Au-delà de la fétichisation de l'État, la résistance libertaire. Contre le pouvoir d'assujettir. La caste des gouvernants. Révolution moléculaire et devenir révolutionnaire des individus. Contre le millénarisme, l'instantanéisme. L'oligarchie des élus et la haine des célibataires. Portrait du libertaire. Les fonctions contre les individus. Damnation des assujettis perpétuels. Le ressentiment. Jouissance d'exercer et de subir. La peur de la liberté. Liberté désirable, liberté indésirable. Liberté libérale, liberté libertaire. Désir mimétique et grégarisme. Aliénation, mort de l'individu, naissance du sujet. De la résistance et de l'insoumission. Du condottiere, encore. De l'énergie au célibat. Cynisme et dandysme, libertinage et romantisme. Stratégie, tactique et mécanique. Diplomate et exote. Le tempérament résistant. Insolence et désinvolture, savoir contre pouvoir, ironie contre sérieux. Passion cynique et pouvoir des princes. Volonté aristocratique et dandysme révolutionnaire. Le souci de sublime. Contre le populisme. Foules nationales et planétaires. Dandysme contre pouvoir des masses. L'euphorie constante. Libertin et politique du corps. Contrat hédoniste et volonté de jouissance. Procession, capillarité et action du pouvoir. Anticléricalisme athée et sagesse tragique. L'engagement romantique et l'impossible tâche. Solaire, solitaire et rebelle. Sublime et réenchantement du monde.

Puissance de l'art. L'esthétique qui veut la vie. L'art, antidote au pouvoir. Contre la métaphore de la politique esthétique. L'État comme œuvre d'art ? Artisans du politique et artistes. Le modèle religieux de l'Église. Esthétisation de la politique et politisation de l'art. L'hypothèse du national-esthétisme et son support : le mythe. Mythe et raison. Un autre usage de la raison. De la nécessité du mythe en politique. La grève générale. Nazisme et politisation de l'art. Modèle biologique contre modèle esthétique. La métaphore cinématographique virtuelle. Pour une esthétique généralisée. Un art sans musée. Généalogie de cette énergie. L'archipel des rieurs. Ludisme et modernité. Au-delà du marché et de la récupération de l'art. Pour un art de résistance. Critique de l'exposition et du musée. Le vitalisme dispendieux. Contre l'élitisme et le populisme, un gramscisme culturel. Oubli, dépassement et haine de la culture. Culture et puissance de feu libertaire. Option critique et démontage du système. Option pragmatique et formulation d'une alternative. L'existence d'une culture critique. Le pouvoir du savoir. Fascisme ordinaire et guerre culturelle. Violence libérale et force libertaire. Mythe, praxis et action. Microfascisme et romantisme révolutionnaire. Syndicalisme révolutionnaire et culture du moi. L'usage des médias. Du sublime en politique.

Théorie des barricades. Lutte des classes et entrecroisement des cercles sociaux. Servitude et domination. Le dualisme politique. Dynamique, force, inertie et irradiation. La dissociation d'idées : liberté et loi, autono-

Table   345

mie et droit, souveraineté individuelle et contrat social, particulier et universel. Dilution des conflits. Raison d'État. Mithridatisation de la pensée critique. Lecture de Sorel. Déconstruire Marx à gauche. Le malentendu de la violence. Force contre violence. Les formes de la violence : insoumission, rébellion, résistance, insurrection. Adret et ubac de la barricade. Pessimisme historique et société ouverte. Contre le marxisme et le réformisme. Mystique de l'action et carriérisme politicien. Grande et petite politique. Le théâtre parlementaire. La perversion électoraliste. Vertus domestiques de l'élu. Impossibilité de réformer le système parlementaire. Grande politique, mythe du sublime et héroïsme. Critique du sang : ni Terreur, ni propagande par le fait, ni reprise individuelle. Du syndicalisme révolutionnaire. Éloge de la coordination. Le pouvoir syndical. L'individualisme altruiste. L'action collective. Désobéissance civile et révolution paisible. La résolution de ne plus servir. Impuissance et limites de la force d'inertie. Objection de conscience et non-violence. Association des forces. De la grève à la destruction de l'appareil de production. Obstructionnisme, *go canny* et sabotage : agir sur le temps de travail. Label, boycott, association de consommateurs, immobilisation des instruments : agir sur la quantité de travail. Saturnales politiques et feux furieux.

Du même auteur :

AVANT LE SILENCE. *Haïkus d'une année,* Galilée, 2014.

À CÔTÉ DU DÉSIR D'ÉTERNITÉ, *Fragments d'Égypte,* Mollat, 1998. Le Livre de Poche, 2006.

ANTIMANUEL DE PHILOSOPHIE, *Leçons socratiques et alternatives,* Bréal, 2001.

L'APICULTEUR ET LES INDIENS, *Leçons Socratiques et alternatives,* Galilée, 2009.

APOSTILLE AU CRÉPUSCULE, Pour une psychanalyse non *freudienne,* Grasset, 2010.

ARCHÉOLOGIE DU PRÉSENT, *Manifeste pour l'art contemporain,* Grasset-Adam Biro, 2003.

ARS MORIENDI, *Cent petits tableaux sur les avantages et les inconvénients de la mort,* Folle Avoine, 1994.

L'ART DE JOUIR, *Pour un matérialisme hédoniste,* Grasset, 1991. Le Livre de Poche, 1994.

BESTIAIRE NIETZSCHÉEN, *Les Animaux philosophiques,* Galilée, 2014.

BRÈVE ENCYCLOPÉDIE DU MONDE. *Cosmos : une ontologie matérialiste*, Flammarion, 2015.

LES BÛCHERS DE BÉNARÈS, *Cosmos, Éros et Thanatos,* Galilée, 2008.

LE CANARI DU NAZI, *Essais sur la monstruosité,* collectif, Autrement, 2013.

CÉLÉBRATION DU GÉNIE COLÉRIQUE, *Tombeau de Pierre Bourdieu,* Galilée, 2002.

LE CHIFFRE DE LA PEINTURE, *Valerio Adami,* Galilée, 2008.

LA COMMUNAUTÉ PHILOSOPHIQUE, *Manifeste pour l'Université populaire,* Galilée, 2004.

LE CRÉPUSCULE D'UNE IDOLE, *L'affabulation freudienne* Grasset, 1992.

CYNISMES, *Portrait du philosophe en chien*, Grasset, 1990. Le Livre de Poche, 1992.

DÉCADENCE, Flammarion, 2017.

L'ÉCLIPSE DE L'ÉCLIPSE, *Avant le silence, III*, Galilée, 2016.

ÉPIPHANIE DE LA SÉPARATION, *La peinture de Gilles Aillaud*, Galilée, 2004.

ESTHÉTIQUE DU PÔLE NORD, *Stèles hyperboréennes*, Grasset, 2002. Le Livre de Poche, 2004.

L'ÉTOILE POLAIRE, Grasset, 2015.

FÉERIES ANATOMIQUES, *Généalogie du corps faustien*, Grasset, 2003. Le Livre de Poche, 2004.

FIXER DES VERTIGES, *Les photographies de Willy Ronis*, Galilée, 2007.

LA FORCE DU SEXE FAIBLE, Autrement, 2016.

LES FORMES DU TEMPS, *Théorie du sauternes*, Mollat, 1996, Le Livre de Poche, 2009.

HAÏKUS D'UNE ANNÉE, *Avant le silence*, Galilée, 2014.

HAUTE ÉCOLE, *Brève histoire du cheval philosophique*, Flammarion, 2015.

HOMMAGE À BACHELARD, Regard, 1998.

LES ICÔNES PAÏENNES, *Variations sur Ernest Pignon-Ernest*, Galilée, 2003.

L'INNOCENCE DU DEVENIR, *Une vie de Frédéric Nietzsche*, Galilée, 2008.

L'INVENTION DU PLAISIR, *Fragments cyrénaïques*, Le Livre de Poche, 2002.

MANIFESTE HÉDONISTE, Autrement, 2011.

MÉTAPHYSIQUE DES RUINES, *La peinture de Monsu Desiderio*, Mollat, 1995.

LE MIROIR AUX ALOUETTES, Plon, 2016.

NIETZSCHE, *Se créer liberté*, Le Lombard, 2010.

L'ŒIL NOMADE, *La peinture de Jacques Pasquier*, Folle Avoine, 1993.

L'ORDRE LIBERTAIRE, *La vie philosophique d'Albert Camus*, Flammarion, 2012.

OXYMORIQUES, *Les photographies de Bettina Rheims*, Jannink, 2005.

La pensée de midi, *Archéologie d'une gauche libertaire*, Galilée, 2007.

Les petits serpents, *Avant le silence II*, Galilée, 2015.

Physiologie de Georges Palante, *Portrait d'un nietzschéisme de gauche*, 2002, Le Livre de Poche, 2004.

Politique du rebelle, *Traité de résistance et d'insoumission*, Grasset, 1997. Le Livre de Poche, 1999.

Le Postanarchisme expliqué à ma grand-mère, *Le Principe de Gulliver*, Galilée, 2012.

Prêter n'est pas voler, Mille et une nuits, 2000.

La Puissance d'exister, *Manifeste hédoniste*, Grasset, 2006. Le Livre de Poche, 2008.

La Raison des sortilèges, *Entretiens sur la musique*, Autrement, 2013.

La Raison gourmande, *Philosophie du goût*, Grasset, 1995. Le Livre de Poche, 1997.

Le Recours aux forêts, *La Tentation de Démocrite*, Galilée, 2009.

La Religion du poignard, *Éloge de Charlotte Corday*, Galilée, 2009.

Rendre la raison populaire. Autrement, 2012.

La Sagesse des abeilles, *Première leçon de Démocrite*, Galilée, 2012.

La Sagesse tragique, *Du bon usage de Nietzsche*, Le Livre de Poche, 2006.

La Sculpture de soi, *La morale esthétique*, Grasset, 1993 (Prix Médicis de l'essai). Le Livre de Poche, 1996.

Le Songe d'Eichmann, Galilée, 2008.

Le Souci des plaisirs, *Construction d'une érotique solaire*, Flammarion, 2008.

Splendeur de la catastrophe, *La peinture de Vladimir Vélikovic*, Galilée, 2002.

Suite à La communauté philosophique, Galilée, 2006.

Théorie du corps amoureux, *Pour une érotique solaire*, Grasset, 2000. Le Livre de Poche, 2001.

Théorie du voyage, *Poétique de la géographie*, Le Livre de Poche, 2006.

TRAITÉ D'ATHÉOLOGIE, *Physique de la métaphysique*, Grasset, 2005. Le Livre de Poche, 2006.

TRANSE ET CONNAISSANCE, *Un chamane nommé Combas*, Flammarion, 2014.

UN REQUIEM ATHÉE, Galilée, 2013.

LE VENTRE DES PHILOSOPHES, *Critique de la raison diététique*, Grasset, 1989. Le Livre de Poche, 1990.

LA VITESSE DES SIMULACRES, *Les sculptures de Pollès*, Galilée, 2008.

VIE ET MORT D'UN DANDY, *Construction d'un mythe*, Galilée, 2012.

VLADIMIR VELICKOVIC, *Karton*, Thalia, 2006.

Journal hédoniste :

I.   LE DÉSIR D'ÊTRE UN VOLCAN, Grasset, 1996. Le Livre de Poche, 1998.

II. LES VERTUS DE LA FOUDRE, Grasset, 1998. Le Livre de Poche, 2000.

III. L'ARCHIPEL DES COMÈTES, Grasset, 2001. Le Livre de Poche, 2002.

IV. LA LUEUR DES ORAGES DÉSIRÉS, Grasset, 2007.

V.   LE MAGNÉTISME DES SOLSTICES, Grasset, 2013.

Contre-histoire.de la philosophie :

I.   LES SAGESSES ANTIQUES, Grasset, 2006. Le Livre de Poche, 2007.

II. LE CHRISTIANISME HÉDONISTE, Grasset, 2006. Le Livre de Poche, 2008.

III. LES LIBERTINS BAROQUES, Grasset, 2007. Le Livre de Poche, 2009.

IV. LES ULTRAS DES LUMIÈRES, Grasset, 2007. Le Livre de Poche, 2009.

V.   L'EUDÉMONISME SOCIAL, Grasset, 2008. Le Livre de Poche, 2010.

VI. LES RADICALITÉS EXISTENTIELLES, Grasset, 2009. Le Livre de Poche, 2010.

La Philosophie féroce :

Composition réalisée par NORD COMPO

Imprimé en France par CPI
en mai 2017
N° d'impression : 2029193
Dépôt légal 1re publication : juin 1999
Édition 16 - mai 2017
LIBRAIRIE GÉNÉRALE FRANÇAISE
21, rue du Montparnasse - 75298 Paris Cedex 06

42/4282/2